新媒体·新传播·新运营 系列丛书

短视频营销与运营

| 第 2 版 | 视频指导版 |

冯娟 柴蓓蓓◎主编

王荣 赵红霞◎副主编

New Media

人民邮电出版社

北 京

图书在版编目（ＣＩＰ）数据

短视频营销与运营：视频指导版 / 冯娟，柴蓓蓓主
编. -- 2版. -- 北京：人民邮电出版社，2024.6
（新媒体·新传播·新运营系列丛书）
ISBN 978-7-115-64322-3

Ⅰ. ①短… Ⅱ. ①冯… ②柴… Ⅲ. ①网络营销
Ⅳ. ①F713.365.2

中国国家版本馆CIP数据核字(2024)第086025号

内 容 提 要

在营销方式日新月异、市场竞争激烈的当下，以短视频为载体的内容营销成为各方角逐和深耕的新战场。本书系统剖析了短视频营销与运营的策略与方法，内容涵盖初识短视频运营、短视频账号运营规划、短视频内容策划、短视频拍摄、短视频后期剪辑、短视频推广引流、短视频流量变现，以及短视频运营数据分析。

本书内容新颖、案例丰富，理论与实践并重。本书既适合作为院校相关专业的教学用书，也可供对短视频营销和运营感兴趣的广大读者学习和参考。

◆ 主　　编　冯　娟　柴蓓蓓
　　副主编　王　荣　赵红霞
　　责任编辑　侯潇雨
　　责任印制　王　郁　彭志环
◆ 人民邮电出版社出版发行　　北京市丰台区成寿寺路 11 号
　　邮编 100164　电子邮件 315@ptpress.com.cn
　　网址 https://www.ptpress.com.cn
　　北京天宇星印刷厂印刷
◆ 开本：787×1092　1/16
　　印张：12.75　　　　　　　　2024 年 6 月第 2 版
　　字数：309 千字　　　　　　　2024 年 6 月北京第 1 次印刷
　　　　　　　　　定价：42.00 元
读者服务热线：(010)81055256　印装质量热线：(010)81055316
反盗版热线：(010)81055315
广告经营许可证：京东市监广登字 20170147 号

前言
FOREWORD

在新媒体时代，短视频已经成为热门媒体形式之一。对短视频用户来说，短视频既是一种记录美好生活的方式，又是获得有价值资讯的通道，也是让自己实现流量变现的重要渠道；对商家来说，短视频是推广商品、提高品牌影响力的有效工具；对创业者来说，制作与运营短视频是一个新兴的创业领域。

虽然短视频的制作门槛不高，但创作者想要创作出优质的短视频，在短视频领域取得好成绩，仍然需要采用一定的技巧和策略。创作者要具有前瞻性的眼光，做好短视频账号的前期运营规划；懂得抓住用户的痛点，做好短视频的内容策划；掌握一定的拍摄和剪辑短视频的技巧，提高短视频的画面质量；还要懂得运用各种渠道为短视频引流，扩大短视频的传播范围和影响力。

党的二十大报告指出："教育、科技、人才是全面建设社会主义现代化国家的基础性、战略性支撑。必须坚持科技是第一生产力、人才是第一资源、创新是第一动力，深入实施科教兴国战略、人才强国战略、创新驱动发展战略，开辟发展新领域新赛道，不断塑造发展新动能新优势。"

短视频行业的发展日新月异，当前短视频行业需要更多具有前瞻性、技术性、创新性的短视频营销与运营人才。为了紧跟行业发展，更好地满足在当前市场环境下读者对短视频营销与运营相关知识的需求，编者结合短视频行业的新发展、新趋势，在保留第1版教材特色的基础上，进行了全新改版。本次改版主要修订的内容如下。

• 根据短视频行业的发展变化，对原书主体内容进行了部分调整，并对第1版中比较陈旧的数据和案例进行了全面更新，新版教材内容更新颖，案例更丰富，更能体现当下短视频营销与运营工作的特点。

• 将全书体例调整为项目任务式，每个项目分为若干具体的任务，每个任务以"任务目标"—"知识储备"—"任务实施"—"任务思考"的流程进行安排，采用理论与实践相结合的方式讲解相应的知识点，最后通过项目实训的形式让学生将所学知识应用于实践，提升学生运用所学知识进行实践的能力。

• 在正文中添加了两个特色栏目："经验之谈"栏目主要补充介绍与知识点有关的注意事项或相关经验；"动手做"栏目旨在让学生根据课堂知识进行练习，提升学生的动手能力。

• 本书以立德树人为根本任务，注重对学生素养的培养，致力于跟上时代发展的步伐，培养高素质、重应用、善创新的应用型人才。

　　本书提供了丰富的立体化教学资源，包括微课视频、PPT、教学大纲、教案、课程标准等，教师可以登录人邮教育社区（www.ryjiaoyu.com）搜索本书书名下载获取。

　　由于编者水平有限，书中难免存在不足之处，恳请广大读者批评指正。

编　者

2024年5月

目录
CONTENTS

项目一 初识短视频运营

学习目标

➢ 了解短视频的特点、发展历程和产业链。

➢ 掌握短视频的创作流程和爆款短视频的共性特征。

➢ 掌握短视频账号在导入期、成长期和稳定期的运营要点。

➢ 掌握短视频运营团队的人员结构及团队规模。

➢ 能够熟练掌握短视频创作的基本流程。

➢ 能够对短视频账号进行阶段性运营规划。

➢ 能够根据自身情况组建规模合适的运营团队。

➢ 响应国家创新驱动发展号召，不断推进短视频行业健康发展。

➢ 与时俱进，培养探索新事物、新技术的能力。

随着新媒体行业的不断发展，短视频应运而生，并迅速发展成为移动互联网的重要入口和平台之一。了解短视频的发展历程、创作流程、爆款短视频的共性特征，以及主流短视频平台的特色等，有助于短视频运营人员进行优质短视频营销和运营工作。

任务一 初识短视频

与传统图文类内容相比，短视频能够更加直观、全面地满足用户表达、沟通、展示与分享的诉求。在快节奏的生活中，短视频还可以让人们在碎片化的时间中获取信息。同时，凭借自身特性，短视频也成为品牌商进行品牌营销推广的重要渠道之一。

▋ 任务目标

本任务主要介绍了短视频的基础知识，希望读者通过本任务的学习，掌握以下知识和技能。

（1）短视频的特点和发展历程。

（2）短视频行业产业链。

（3）短视频的创作流程。

（4）爆款短视频的共性特征。

（5）主流短视频平台及其特点。

（6）短视频营销的优势。

▋ 知识储备

短视频是新媒体时代基于互联网诞生的新型媒介形式，这种媒介形式因其自身的传播特点符合大众碎片化的使用习惯而迅速火爆，现在已经成为人们生活、娱乐必不可少的组成。

一、短视频的特点

短视频是指在各种媒体平台上播放的、适合在移动状态和短时休闲状态下观看的、高频推送的视频内容，其时长从几秒到几分钟不等。与传统视频相比，短视频主要具有以下特点。

1. 内容精练，符合用户使用习惯

短视频的时长一般为15秒到5分钟，其内容有技能分享、幽默娱乐、时尚潮流、社会热点、街头采访、公益教育、广告创意、商业定制等。短视频短小精悍，内容丰富，题材多样，灵动有趣，娱乐性强，注重在短时间内吸引用户的注意力，且其内容紧凑、节奏快，符合用户碎片化的使用习惯，方便用户直观、便捷地获取信息，节省用户的时间成本。

在新媒体时代，短视频的表现形式更加多元化，短视频App中自带的多种功能可以让用户用各种有趣的方式自由地表达个人想法和创意，符合"90后"和"00后"个性化和多元化的审美需求。

2. 制作简单，维护成本低

与电视广告、网页广告等传统视频广告高昂的制作和推广费用相比，短视频在制作、上传、推广等方面具有极强的便利性，成本较低。

用户可以运用充满个性和创造力的制作方法创作出精美、震撼的短视频，以此来表达个人的想法和创意。例如，运用比较动感的节奏，或者加入幽默的元素，或者进行具有吸引力的解说和评论等，可以让短视频更加出彩。

短视频拥有数量庞大的用户群体，制作精良、内容丰富的短视频内容能够提升用户对短视频所宣传的商品的好感与认知，从而使商品以较低的成本得到有效的推广。短视频的迅速传播并不会耗费太多的成本，只要其内容真正击中用户的痛点和需求点即可。

3．互动性强，满足用户社交需求

短视频并非传统视频的时间微缩版，而是一种传递信息的新方式。用户可以通过短视频App拍摄内容并将其分享到社交平台，参与热门话题讨论，突破时间、空间、人群等的限制，获得了良好的参与感和互动感。短视频这种社交方式给用户带来了全新的社交体验。

短视频几乎都可以促成单向、双向甚至多向的交流：短视频发布者能够获得用户的反馈信息，从而更有针对性地改进内容；用户可以通过短视频与发布者互动，对短视频的形象或品牌等进行传播，表达自己的意见和建议。这种互动使短视频不仅能满足用户的社交需求，还能使商品或品牌的宣传、营销效果等得到有效提升。

4．传播速度快，覆盖范围广

短视频容易实现裂变式传播，用户可以在平台上分享自己制作的短视频，以及观看、评论、点赞他人的短视频。丰富的传播渠道和方式使短视频传播的范围广、力度大。

很多短视频平台不仅允许短视频在自身平台进行转发，还允许短视频在其他平台或渠道进行传播，这样可扩大短视频的传播范围，为短视频带来更多的流量，进而提升短视频的营销效果。

二、短视频的发展历程

总体来说，短视频的发展经历了萌芽期、探索期、成长期、成熟期和突破期5个阶段。

1．萌芽期：短视频初露锋芒

短视频的源头有两个，一个是视频网站，另一个是短的影视节目，如短片、微电影，后者出现的时间比前者更早。2004年，我国首家专业的视频网站——乐视网成立，拉开了我国视频网站的序幕。2005年，土豆网、56网、激动网、PPTV等相继上线，成为我国视频网站发展初期的主要成员。

视频网站在国内刚兴起时，主要以用户上传分享的短视频为主，例如，2006年年初，《一个馒头引发的血案》引发了广泛关注。但在PC互联网时代，视频网站内容仍以传统影视传媒的内容为主，而短视频只是作为补充。进入移动互联网时代之后，短视频才得到发展。

2．探索期：短视频平台崛起

随着移动互联网时代的到来，信息传播的碎片化和内容制作的低门槛促进了短视频的发展。2011年3月，北京快手科技有限公司推出一款叫"GIF快手"的产品，用来制作、分享GIF图片。2012年11月，"GIF快手"转型为短视频社区，2014年11月，正式改名为"快手"，但该短视频社区一开始并没有得到特别多的关注。2014年，随着智能手机的普及，短视频的拍摄与制作更加便捷，智能手机成为拍摄短视频的利器，人们可以使用智能手机随时随地拍摄与制作短视频。

伴随着通信技术的成熟，人们通过手机拍摄、分享短视频成为一种流行文化。2014年，美拍、秒拍迅速崛起，2015年，快手也迎来了用户数量的大规模增长。

短视频的特点不只是时长短，更重要的是其生产模式由专业生产内容（Professional

Generated Content，PGC）转向了用户原创内容（User Generated Content，UGC），这让短视频的数量剧增，各类短视频平台也如雨后春笋般纷纷涌现。

3. 成长期：短视频行业爆发

2016年是短视频行业井喷式爆发的一年，各大公司合力完成了超过30笔的资金运作，短视频市场的融资金额更是高达50亿元。随着资本的涌入，各类短视频App涌现，用户的使用习惯也逐渐形成，平台和用户对优质内容的需求不断增加。

伴随着更多独具特色的短视频App的出现，如抖音、火山小视频（后升级为抖音火山版）等，创作者也纷纷涌入，短视频市场开始向精细化和垂直化方向发展。此时，主打新闻资讯的短视频平台开始出现并急速增长，如《南方周末》的"南瓜视业"、《新京报》的"我们视频"、界面新闻的"箭厂"等。在短视频的成长期，内容价值成为支撑短视频行业持续发展的主要动力。

4. 成熟期：短视频行业发展趋于稳定

2018年，快手、抖音相继推出商业平台，短视频行业的产业链条逐步形成。而后平台方和内容方不断丰富并进行细分，用户数量大增的同时商业化也成为短视频平台的发展目标。但随着以抖音、快手为代表的短视频平台月活用户环比增长率下降，短视频行业的用户红利逐步减弱。在商业变现模式、内容审核、垂直领域、分发渠道等方面更为成熟，成为短视频行业发展的新目标。

5. 突破期：多元化发展提升用户体验

随着5G技术的发展和增强现实（Augmented Reality，AR）技术、虚拟现实（Virtual Reality，VR）技术、无人机拍摄技术、全景技术等短视频拍摄与制作技术的日益成熟及广泛应用，短视频为用户创造了越来越好的视觉体验，有力地促进了短视频行业的发展。

（1）"短视频+"模式逐渐成熟并走向正轨。

"短视频+直播""短视频+电商"成为短视频发展的新赛道。5G+VR技术的应用，促使"短视频+社交"成为用户的一种新社交方式。

（2）短视频变现模式呈现多元化发展趋势。

短视频内容越来越垂直化、专业化，其变现模式呈现多元化的发展趋势。综合的短视频平台，如秒拍、西瓜视频等，采用"频道+关注"形式分流。美拍、小红书70%的用户为女性用户，它们成为美妆、服装、母婴等细分领域的主流媒体平台。

（3）短视频与长视频融合发展。

短视频"变长"、长视频"变短"已经成为各视频平台探索的新方向，以抖音、快手为首的短视频平台在长视频领域持续发力。自2020年，抖音旗下的西瓜视频提出"中视频伙伴计划"，标志着抖音驶入了中长视频发展的快车道。2023年9月初，抖音推出中长视频App"抖音精选"（原"青桃"App）。在2023年9月12日至13日举办的抖音创作者大会上，抖音宣布将加强对图文内容和中长视频的激励，可见抖音对中长视频已经从起初的摸索层面提升到了战略发展的层面。

快手也在中长视频领域持续加码，逐步建立以短剧为主的中长视频体系。2020年12月，快手启动"快手星芒计划"，以吸引和激励创作者创作并发布优质短剧；2021年，快手将"快手星芒计划"升级为"快手星芒短剧"。2022年4月，快手又推出了重点扶持剧情内容创作者的"扶翼计划"。快手逐渐成为较大的短剧平台。兴趣知识是中长视频的一个重要细分场景，快手同样在该领域加码布局，打造了泛知识品牌"快手新知"。在2023年快手光合创作者大会上，快手升级"新知创作人"计划，并上线"噗叽"App，这也是其对泛知识内容的一次尝试。

三、短视频行业产业链

短视频行业产业链主要包括上游的内容生产端、中游的内容分发端和下游的用户终端，以及其他参与方，如基础支持方（如技术服务商、视频创作服务商等）、品牌商、广告代理商和国家监管部门等。其中，内容分发端拥有较大话语权，它连接着内容生产端和用户终端两个端口，控制着内容分发和流量分配。

由于短视频具有较高的去中心化特征，内容生产端、广告代理商等多端资源较为分散，为多频道网络（Multi-Channel Network，MCN）服务机构提供了发展机会，它们进行资源整合并与内容生产端、品牌商、广告代理商实现对接，成为产业链中不可或缺的一个环节。

短视频行业产业链结构如图1-1所示。

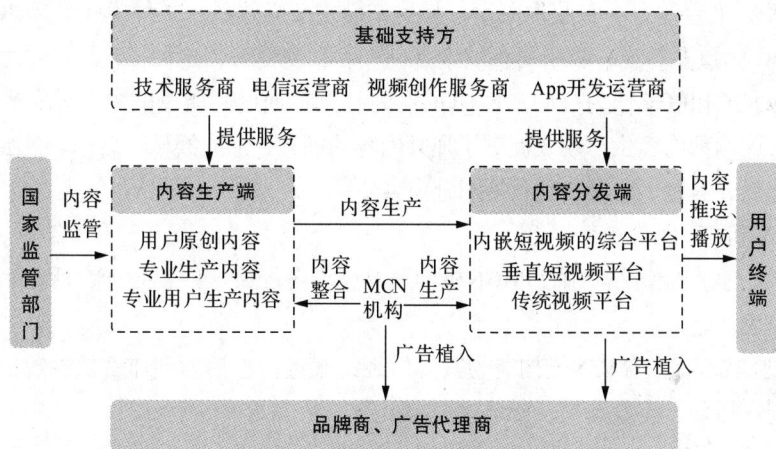

图1-1 短视频行业产业链结构

在短视频行业产业链结构中，内容生产端和内容分发端是核心，MCN机构也在其中发挥着重要作用。

（1）内容生产端。

内容生产端有多种内容生产方式，如UGC、PGC和专业用户生产内容（Professional User Generated Content，PUGC）。

- **UGC**。UGC主要指普通用户自主创作并上传的内容，此类内容大多以搞笑娱乐或记录日常生活为主题，具有很强的社交属性，可以帮助短视频平台提升用户活跃度和增强用户黏性。此外，此类内容类型比较单一，制作成本低，内容质量难以保证，因此其商业价值较低。

- **PGC**。PGC生产者具备专业的知识、技能和资质，主要包括垂直领域的专家、传统媒体从业者、自媒体团队和专业的娱乐影视团队等，他们的专业水平保证了短视频的质量，同时也丰富了各垂直领域的短视频内容，所以拥有越来越多的流量。

- **PUGC**。这里所说的专业用户是指拥有粉丝基础的"网红"，或者拥有某一领域专业知识的关键意见领袖（Key Opinion Leader，KOL）。这类短视频内容生产方式的特点是成本较低，但由于有人气基础，所以其内容的商业价值较高。

（2）内容分发端。

内容分发端主要包括内嵌短视频的综合平台、垂直短视频平台和传统视频平台。

- 内嵌短视频的综合平台，主要是社交平台或资讯平台，自身用户体量巨大，代表应用有微信、微博、今日头条等。
- 垂直短视频平台，内容丰富多样，侧重个性化推荐，代表应用有抖音、快手、美拍、西瓜视频等。
- 传统视频平台已有大量的视频用户，起点高，代表应用有爱奇艺、腾讯视频和优酷视频等。

内嵌短视频的综合平台布局短视频的目的是利用短视频的特性增强平台自身的用户黏性，促进平台跟随短视频趋势发展。传统视频平台的内容多为长视频，无法充分满足现今用户的需求，所以需要布局短视频弥补长视频的不足，并满足各类用户的兴趣需求。

垂直短视频平台致力于专业化探索，其生产模式渐成体系。一种模式是以UGC为核心，PUGC和PGC作为重要补充，吸引更多的内容创作者和观看者，这种模式以快手为代表；另一种模式是以PUGC和PGC作为核心，以UGC作为补充，通过高质量的内容分发来保证平台流量，如抖音。这两种内容生产模式促进了视频内容的细分，形成娱乐、音乐、社会、科技、财经、游戏、母婴、美食、动漫、美妆等细分内容体系。

（3）MCN机构。

在短视频行业产业链结构中，MCN机构兼具创作者经纪、内容生产、活动运营、供应链支持等多重角色。

对内容创作者来说，MCN机构能为其提供经纪服务，包括为创作者提供短视频运营技能培训、内容创作指导、流量曝光、资源对接等服务。

对短视频平台来说，MCN机构以机构团体的形式入驻平台，帮助平台整合、管理分散的个体创作者，并输出短视频内容，帮助短视频平台吸引流量。

对品牌商来说，MCN机构为其提供短视频账号运营和短视频营销服务，输出定制化短视频内容，帮助其实现商品转化和品牌宣传。

四、短视频的创作流程

一个完整的短视频的创作流程大致分为以下4个步骤。

1. 确定选题

短视频的创作关键是确定选题，选题决定内容的深度、广度和受欢迎程度，以及会不会引发短视频病毒式传播。确定选题环节考验的是创作者的创意表达能力，以及对热点、用户喜好等信息捕捉的敏锐度。

选题策划需要创作者有良好的知识、创意积累，是一项需要投入精力的难度较大的工作。优秀的选题通常新颖、有创意、独树一帜，如"会说话的刘二豆"的选题，其创意很难被模仿，他人只能学习创作思路和创意点。

短视频选题必须注重用户体验，以用户为中心，优先考虑用户的喜好和需求，投其所好，这样才能创作出受用户欢迎的短视频。

2. 策划内容

确定选题之后，创作者就要策划短视频的具体内容，每一条短视频主题风格的设定、内容环节的设计、视频时长的把控、脚本的编写都需要在短视频拍摄前期策划好，同时这也是短视频创作的核心环节。创作者在策划短视频内容时，要充分发挥创造力和想象力，通过演绎故事、渲染情感、借助热点等方式，激发用户的共鸣，触动用户痛点，打造出有价值、有深度、传播力强的优质作品。

创作者如果处于刚起步阶段，可以结合自己的想法考虑采用什么样的展示方式来表达。如果实在没有思路，也可以参考一些优秀的短视频作品，或者收集用户的想法，挖掘一些值得学习的方面进行内容策划。如果有成熟的制作团队，就需要策划团队人员共同参与策划，不断优化和创新，完成高质量的作品。

3. 拍摄剪辑

创作者在拍摄短视频前需要准备好拍摄器材。适合拍摄短视频的器材包括手机、单反相机、微单相机、迷你摄像机、专业摄像机等，还有一些辅助性工具，如三脚架、遮光板、各种相机镜头等。此外，创作者还要考虑好拍摄表达手法与场景、机位的摆放和切换、灯光位的布置、收音系统的配置等。待一切准备就绪后，就可以进行拍摄了。

视频素材拍摄完成后，就要进入剪辑环节。创作者可以根据自己的需求选择合适的剪辑工具，如剪映、快影、秒剪、Premiere等。

4. 发布运营

一个经过周密策划、精心拍摄和制作的优质作品，虽然具有很好的爆款潜力，但是如果没有好的投放渠道和运营方案，也许只能达到播放量还不错的效果，并不会被"引爆"，成为网络上人们争相观看和转发的内容。

短视频制作完成后，创作者需要考虑将其投放到合适的平台上，以获得更多的流量和曝光。创作者需要根据短视频类型来确定投放时间及频次，把握好节奏，并及时地把短视频推到"点"上，这是非常关键的。创作者要熟知各个平台的推荐规则，同时还要积极寻求商业合作、互推合作等来拓宽短视频的曝光渠道，增大流量。

将短视频推送出去之后，创作者还要及时跟进各个平台的数据，同时要和粉丝进行互动，查看粉丝的评论和反馈，引导粉丝参与内容建设并形成黏性。此外，创作者要有好的运营思路，学会分析运营数据，通过复盘把经验变成能力。

经验之谈

短视频的创作并不是一定要一切准备就绪才开始，简单的一部手机或相机，就可以完成前期准备。重要的是创作者要敢于迈出第一步，大胆地拍，不断地试错，逐渐厘清自己的思路，创作出优质的短视频，运营好互动氛围良好的粉丝社区，这是提升知识产权（Intellectual Property，IP）价值的基础。

五、爆款短视频的共性特征

爆款短视频必定是主题鲜明、内容有价值的作品。爆款短视频通常具备以下共性特征。

1. 标题新颖

广告大师奥格威在其《一个广告人的自白》中提到，用户是否会打开文案，80%取决于标题。同样，对短视频来说，标题是最先给用户留下印象的，短视频的标题有创意、吸引人非常关键，短视频的标题是影响短视频播放率的重要因素。新颖、有创意的标题不仅能激发用户的认同感，吸引用户的探索兴趣，提高短视频的播放率，还能引发评论区热议，增加互动量。

2. 内容优质

能够吸引用户观看的短视频内容通常具有以下两个特点。

（1）用户能够从中获取有价值的信息。

创作者创作有价值的内容需要把握三点，即具象、有结论、可执行。具象，即内容不能空洞、抽象，要能击中用户的痛点，针对用户遇到的具体问题进行解答；有结论，即创作者创作知识类内容时，要用结论式观点来描述，为自己树立专业、权威的形象，以赢得用户的信任；可执行，即创作者创作的内容不仅要为用户提供有价值的思想或知识，还要让用户能够直接拿来应用到实际工作和生活中。

（2）用户能够从中获得情感共鸣。

短视频内容表达的思想要能引发用户产生相同的感受。例如，一位美食领域创作者发布了一个系列的短视频，记录了自己每天为退休的父母制作全国各地美食的情景。这一系列短视频击中了很多用户希望陪伴父母、关心父母的内心，因此获得了很多点赞、评论与转发。

3. 配乐优美

配乐是短视频作品中一个重要的元素，在短视频的传播过程中发挥着不可替代的作用。配乐决定着短视频的整体风格，短视频是以视、听来表达内容的形式，而配乐作为"听"的元素，能够增强短视频给用户传递信息的力量。恰如其分的配乐能够增强短视频的表现力，带给用户听觉上的享受。

4. 画质清晰

短视频画质清晰与否决定着用户观看视频的体验感。清晰的视频画面能够给用户带来舒适的视觉享受，从而让短视频获得更多用户的关注。很多受欢迎的短视频，其画质就像电影大片一样，画面的清晰度非常高，这一方面取决于拍摄视频的硬件设备，另一方面也取决于视频制作后期的编辑工具。

5. 整体精致

各方面、全角度优化短视频能够提升短视频的整体价值，专业的短视频创作团队会在编剧、表演、拍摄和后期制作等方面精雕细琢，从而打造出颇具创意、与众不同、具有核心竞争力的短视频。精品化是短视频发展的必然趋势。随着短视频行业竞争越来越激烈，短视频的制作门槛越来越高，创作者需要不断提升自己的能力，以拍摄和制作出更加精良的短视频。

动手做

浏览并收集一些点赞量、评论量、转发量、收藏量较多的短视频，以及点赞量、评论量、转发量、收藏量较少的短视频，说一说你认为这些短视频的点赞量、评论量、转发量、收藏量为什么多或少。

六、主流短视频平台

目前，主流短视频平台有抖音、快手、西瓜视频、小红书、哔哩哔哩、腾讯微视等。

1. 抖音

抖音最开始是北京字节跳动科技有限公司开发的一款音乐创意短视频社交软件。该软件于2016年9月上线，最初定位为年轻人记录美好生活的音乐短视频平台，用户可以自由选择背景音乐，拍摄原创短视频。

目前，除了最基本的浏览视频、录制视频功能以外，为了避免人们刷短视频时出现"审美疲劳"，抖音还推出了直播、电商、抖音付费等功能，并推出了独立的中长视频App"抖音精选"，不断探索新的商业模式。

抖音的成长历程非常具有代表性，它在初期邀请了一批音乐短视频领域的KOL入驻平台，这些KOL带来了大量的流量，为抖音赢得了第一波核心用户。而后抖音通过内容转型进一步扩大用户群体，一跃成为当下受用户追捧的短视频社交平台之一。

在目标用户方面，抖音以新生代用户为目标，及时把握目标用户的需求偏好，对不同年龄段的人进行归类分析，选出短视频主流板块，不断"下沉"连接多层次用户，打造老少咸宜的娱乐化社交平台。

抖音基于用户的年轻化属性特征——热爱音乐、偏爱潮流、具有强烈的社交需求和表达欲望，打造了潮流的短视频内容。

抖音短视频的产品设计具有以下特点。

• 抖音采取霸屏阅读模式，减小了用户注意力被打断的概率。

• 抖音的默认打开方式是进入"推荐"页面（见图1-2），用户只需用手指轻轻滑动，就可以观看下一条视频，给用户的不确定感更强，吸引用户观看，从而打造沉浸式的娱乐体验。

图1-2　抖音"推荐"页面

- 抖音凭借自身丰富的工程师储备和人工智能实验室的支持，能够基于用户过去的观看行为生成用户画像，为其推荐感兴趣的内容，这种个性化推荐机制是抖音的核心竞争力之一。

2. 快手

快手是北京快手科技有限公司旗下的短视频软件，创建于2011年3月，最初是用于制作和分享GIF图片的一款手机软件。2012年11月，快手（此时叫"GIF快手"）从纯粹的工具应用转型为短视频社区，定位为记录和分享大家生活的平台，2014年11月，正式更名为"快手"。

快手在发展过程中并没有采取以知名艺人和KOL为中心的战略，没有将资源向粉丝较多的用户倾斜，也没有设计级别图标对用户进行分类，其目的是让平台上的所有用户都敢于表达自我，强调人人平等，是一个面向普通用户的平台。

快手依靠短视频社区自身的用户和内容运营，致力于打造社区文化氛围，依靠社区内容的自发传播，促使用户数量不断增长。快手满足了普通人群表达自我的需求，是一个为普通人提供记录和分享生活渠道的短视频平台。快手坚持不对某一特定人群进行运营，也不对短视频内容进行栏目分类，不对创作者进行级别分类。

为了方便用户发布更多的原生态内容，快手的设计以简单、清爽为主，使用户更专注于内容。在快手发布短视频的用户及其作品，都有可能在"发现"页面获得展示的机会，即使是刚注册的新用户也不例外。用户发布的短视频获得的点赞越多，被系统选中推荐的概率就越大。

快手会在一个页面里呈现很多短视频，用户可以滑动手机屏幕从众多短视频中选择自己感兴趣的观看，这样系统就能够比较精准地了解用户的兴趣偏好。快手的内容丰富，人格化较强。快手强调的是通过产品搭建和推荐算法逻辑打造平等、普惠的社区。快手多年来培育的社区氛围能够很好地调动用户进行互动，用户黏性强，信任度高。

快手的内容特色主要体现在以下几个方面。

- **个性化**：进入快手页面后，首先显示的是"发现"页面（见图1-3），以期将创作者最新发布的短视频个性化地推荐给用户。
- **注重生活**：快手更注重真实、生活化的内容，用户可以在快手上看到真实的人和事，从而获得共鸣和情感上的满足。
- **加速布局中长视频**：快手在中长视频领域加速布局，推出"放映厅"板块，在该板块中用户可以观看电视剧、电影、动画和短剧。此外，用户还可以在"放映厅"板块通过直播的方式分享影视剧、综艺节目等视频内容，并通过观众的打赏和赞赏来获得收益。

图1-3 快手"发现"页面

3. 西瓜视频

西瓜视频是北京抖音信息服务有限公司旗下的个性化推荐中视频平台。2016年5月，西瓜视频的前身头条视频正式上线，2017年6月8日正式升级为西瓜视频。

西瓜视频拥有众多垂直分类，专业程度较高。在西瓜视频中，95%以上的内容属于职业生产内容（Occupationally Generated

Content，OGC）和PGC。该平台采用人工智能为用户精准匹配他们感兴趣的内容，致力于成为"最懂你"的中视频平台。

西瓜视频的本质是信息流资讯软件。创作者为西瓜视频提供内容，同时获得资金；广告商为西瓜视频提供资金，同时获得流量；用户为西瓜视频提供流量，同时获得内容。创作者、广告商、用户三者形成一个闭环，彼此赋能。

西瓜视频有一套成熟的培训体系，能够提供定期的技能培训，帮助创作者快速成为专业的内容生产者。此外，西瓜视频有利好的政策扶持（如平台分成），能够帮助创业者实现商业变现。

4. 小红书

在小红书上，用户可以采用文字、图片、视频等形式记录生活点滴，分享生活方式，并基于兴趣形成互动。

小红书从社区起家，其生活方式社区运营方向是通过用户"线上分享"消费体验引发"社区互动"，并推动其他用户"线下消费"，反过来又推动更多用户"线上分享"，最终形成一个正循环。小红书以内部商业闭环（"种草"笔记、带货直播、购物频道）为核心，发展更开放的平台内部、外部双循环，这不仅有利于小红书的发展，也能更好地满足小红书用户和品牌商家的多样化需求。图1-4和图1-5所示分别为小红书"发现"页面和小红书"购物"频道页面。

图1-4 小红书"发现"页面　　图1-5 小红书"购物"频道页面

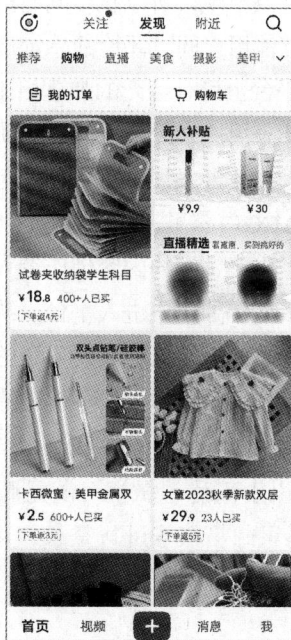

用户线上分享的内容，又称小红书笔记。浏览笔记的用户可能会对笔记中推荐的商品产生兴趣，从而被"种草"。创作者无论是营销产品、服务，还是营销个人品牌，都可以在小红书上写笔记分享，达到曝光和引流的目的。当下很多品牌都通过在小红书上发布笔记，分享商品使用体验或商品测评实现了品牌影响力的提升。

小红书上有精准的女性用户群体，品牌商家可以基于KOL的粉丝标签、行为偏好等大数据来提升营销的精准度。小红书以独特的"种草"氛围、贴合消费者偏好的图文内容，再加上KOL的强势引导，持续吸引着用户的关注。

5. 哔哩哔哩

哔哩哔哩（英文名Bilibili，简称"B站"）创建于2009年6月26日，是一个ACG（即Animation（动画）、Comics（漫画）与Game（游戏）的首字母缩写）弹幕视频分享网站。经过十几年的发展，现在的哔哩哔哩已经形成了一个以泛二次元视频为核心，以PUGC为辅助的综合视频社区。

用户通过注册可以成为注册用户，但要想成为正式会员需要通过答题考试。这是哔哩哔哩故意设置的障碍，以引起用户兴趣，让用户获得身份认同感。同时，这种过滤机制也屏蔽了很多跟平台不匹配的用户，留下的通常都是平台的忠实用户。

哔哩哔哩是一个重社交、粉丝价值高的平台，对粉丝基数大的"UP主"（UP是Upload（上传）的简写，"UP主"是指在视频网站、论坛上上传视频、音频文件的人）来说，从哔哩哔哩迁移到其他平台所花费的成本较高，可能会流失大部分粉丝，往往需要在新的平台上重新运营账号。

哔哩哔哩引领了弹幕这种独特的社交潮流。弹幕就是在网络上观看视频时弹出的评论性字幕。弹幕可以给用户营造一种实时互动的感觉，虽然不同弹幕的发送时间有区别，但其只会在视频中特定的时间点出现，所以在相同时刻发送的弹幕基本上具有相同的主题，用户在参与评论时就会产生与其他用户同时评论的感觉。

与其他视频平台上可有可无的弹幕相比，哔哩哔哩平台上的弹幕已经成为视频内容的一个组成部分。对一部分用户来说，他们看的就是弹幕，而视频只是背景画面。

随着哔哩哔哩的不断发展，其内容服务范围也在不断扩大。从内容分区上，现在的哔哩哔哩已经不局限于ACG内容了，还开拓了生活、时尚、娱乐、数码、美食、财经、知识分享等内容分区，吸引了更多领域的内容创作者入驻哔哩哔哩，使平台的内容更加多元化。而多元化的内容又吸引了多元化的用户进入平台，从而形成用户数量增长与内容丰富程度增长的正向循环。哔哩哔哩已经成为一个既能满足用户的娱乐需求，又能满足用户学习技能、传递信息需求的平台，成为以整个年轻群体为目标用户的大型文化社区。

6. 腾讯微视

腾讯微视（以下简称"微视"）是腾讯旗下的短视频创作与分享社区，用户可以通过QQ号、微信及腾讯邮箱账号进行登录，可以将拍摄的短视频同步分享给微信好友，分享到朋友圈、QQ空间。QQ、微信为微视注入了社交属性，让微视具备了"短视频＋社交"的属性。

用户可以通过微视模板制作互动视频，并通过微信、QQ等社交平台分享给好友；好友可以直接在微信、QQ上浏览该互动视频，并进行互动操作。

微视有众多酷炫、好玩的卡点模板，用户可以选择任意数量的照片或视频，一键生成卡点视频。使用卡点模板，短视频内容能够与配乐的节奏相匹配，从而使短视频更具感染力。微视首创歌词字幕玩法，即用户在选择背景音乐之后，录制视频时可以选择显示歌词字幕，从而实现轻松跟唱。

微视通过整合腾讯平台的音乐、游戏、动漫、影视、综艺等内容，为用户提供了丰富的创作素材。例如，QQ音乐中的音乐作品可以作为短视频的背景音乐。腾讯视频为微视提供影视、综艺节目版权。

微视的定位非常清晰，就是快速切入短视频社交领域，挖掘更多的机会点，打造战略级产品。在渠道和营销方面，微视借助微信、QQ等社交平台的导流降低了用户的获取成本，再借助现金红包推广、腾讯视频综艺联动（如微视拥有专属点赞通道、选手独家内容）等玩法，使用户跨越"注意—兴趣—记忆—欲望—行动"的漫长链条直接进入微视。

七、短视频营销的优势

营销是短视频的一项重要功能，当短视频用于营销时，一般需要符合内容丰富、观赏性强等标准。符合这些标准的短视频才更容易赢得用户的青睐，使用户产生购买商品的强烈欲望。与其他营销方式相比，短视频营销具有以下优势。

1. 有利于实现精准营销

短视频具有指向性优势，因为它可以准确地找到目标受众，从而实现精准营销。短视频平台通常会设置搜索框，并会对搜索引擎进行优化，用户可以在平台上搜索关键词，用户的这一行为使短视频营销更加精准。电商企业还可以通过在短视频平台发起活动和比赛等来聚集用户。

2. 营销具有高效性

短视频营销的高效性体现在用户可以边看短视频边购买商品，这是传统的电视广告所不具备的重要优势。在短视频平台中，营销者可以将商品的购买链接放置在短视频播放界面，从而实现用户"一键购买"。

3. 数据清晰，营销效果可衡量

短视频运营者可以对短视频的传播和营销效果进行分析和衡量，如分析点赞量、关注量、评论量、分享量等。短视频运营者通过分析这些数据可以衡量短视频的营销效果，然后筛选出可以促进销售的短视频，为营销方案提供正确的指导。

▌任务实施

短视频创作者要了解各个短视频平台的特性，从中选择适合自己的平台进行深耕，这样才可能取得良好的运营效果。请结合本任务所学知识，进入抖音、快手、西瓜视频、小红书、哔哩哔哩、腾讯微视等平台，浏览这些平台上的内容，说一说这些平台的功能设置有什么特点，不同平台上的短视频风格、类型有什么特点，对这些平台的感受是什么，并填写表1-1。

表1-1 短视频平台分析

短视频平台	功能设置	短视频风格、类型	使用感受
抖音			
快手			

续表

短视频平台	功能设置	短视频风格、类型	使用感受
西瓜视频			
小红书			
哔哩哔哩			
腾讯微视			

▌任务思考

通过本任务的学习，思考并回答以下问题。

1. 近些年，短视频行业获得了快速发展，你认为是什么在推动着短视频行业的发展？
2. 说一说短视频营销与传统的电视广告营销有什么区别。

（任务二） 短视频账号阶段性运营要点

事物的发展都需要经历不同的阶段，短视频账号也不例外，在短视频账号不同的发展阶段，创作者需要关注的运营要点也不同。

▌任务目标

本任务主要介绍短视频账号在不同阶段的运营要点，希望读者通过本任务的学习，了解并掌握以下知识及技能。

（1）短视频账号导入期的运营要点。

（2）短视频账号成长期的运营要点。

（3）短视频账号稳定期的运营要点。

▌知识储备

创作者要想成功打造短视频账号，实现曝光、变现的目标，应该将短视频账号当作一个内容产品来进行运营规划。创作者要以内容为核心，做好账号在导入期、成长期、稳定期的阶段性运营规划。

一、导入期运营要点

在导入期，创作者需要重点考虑账号的定位问题，关注以下四点。

1. 定位目标人群

定位目标人群就是筛选目标用户，把资源投向合适范围的群体。创作者定位的目标人群范围不能过于宽泛，否则容易导致宣传低效，资源浪费；定位的目标人群范围也不能过于狭窄，如果创作者只选择目标人群中的核心客户，排除一般客户和潜在客户，则容易导致接收人群过窄、目标群体的基数过小，最终虽然达到了传播或变现的精准度，但缩小了发展的空间。

2．触达用户认知

越复杂的信息越难被用户记忆，越简单的内容定位越容易触达用户的认知。短视频一般都比较短小，传递给用户过多的信息，反而会给用户造成负担，无法给其留下统一而深刻的印象。因此，短视频账号的内容定位宜少不宜多。例如，抖音账号"一禅小和尚"，其内容定位就是暖心治愈的小和尚与充满智慧的师傅阿斗之间一系列有趣而充满温情的对话，向人们传达人生哲理。

3．定位与变现不可断开

有些创作者在开始运营短视频账号时，过分追求粉丝数而忽略了变现。创作者运营短视频账号要有长远变现的打算，盲目追求粉丝数而不求质，或者抱着走一步看一步的想法运营账号，容易限制账号的变现能力。有些创作者认为可以先积累粉丝数，再考虑变现，可是在账号运营了一段时间后，却发现账号的变现能力很弱，甚至无法变现，这时再调整定位，有可能要付出很多的成本和精力，有时甚至不如重新运营一个新账号。

变现是创作者在进行内容定位时就需要考虑的一个重要因素，例如创作者做美妆/搭配类内容，可以通过电商进行变现；做搞笑剧情类内容，可以通过承接商业广告进行变现；做唱歌跳舞类内容，可以通过直播变现。因此，账号内容定位与变现不可断开，创作者要灵活调整定位，将粉丝转化为用户，提升自身账号的变现能力。

4．定位影响个性化推荐

账号内容影响着系统个性化推荐的分发对象。以抖音为例，其具有强大的算法、智能化和个性化的推荐机制。无论是发布视频的抖音账号还是浏览视频的用户，都会被贴上相应的标签。一方面，创作者的自我介绍，发布的视频的标题、话题、画面、音频等都会被系统识别并贴上标签；另一方面，用户在浏览视频时，同样会被系统记录相应的信息，如用户观看、点赞、评论、转发、停留时间等信息，然后系统会根据用户的喜好和习惯为其推荐相关的内容。

因此，创作者要坚持垂直定位并持续输出内容，不断地强化自身账号标签，并在该类型的内容上提升被推荐的权限，这样系统就会优先将创作者的内容分发给具有相应标签的用户，使短视频账号的营销更加精准。

二、成长期运营要点

在短视频账号运营成长期，创作者需要不断地研究平台规则、优化定位，反复打磨作品，积累经验，为短视频账号引入更多的资源进行推广并尝试变现。另外，成长期也是短视频创作团队高速成长的阶段，对短视频创作团队而言，成长期是打磨技能、培养默契、提升团队协作能力的重要阶段。

在成长期，创作者需要全方位提升内容质量、提高产出效率、梳理运营策略，达到账号运营的标准化、规范化、流程化，规避可能存在的风险。具体来说创作者需要从以下几个方面着手。

1．制订内容标准

制订内容标准有利于创作者把控短视频的统一性，保障质量与生产效率。内容标准包括短视频的内容来源、价值观、过程执行规范、发布规范要求等。内容标准要遵循清晰、明确、可操作的原则。

（1）制订价值标准。

创作者应制订价值标准，如图1-6所示。

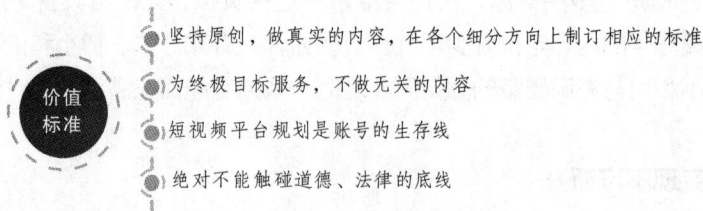

图1-6　价值标准

（2）制订审核标准。

短视频运营的每个环节要达到一定的标准，才可以进入下一环节。例如，创作者要针对短视频选题、拍摄、剪辑、发布等重要环节制订相应的审核标准，如图1-7所示。

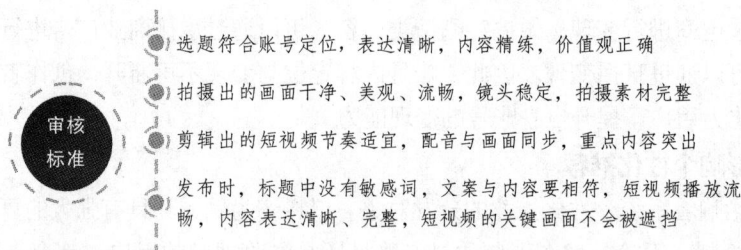

图1-7　审核标准

（3）制订执行标准。

创作者在创作过程中要把控好内容生产的效率与质量，制订相应的执行标准。执行标准的基本要求是具体、可操作。如何制订执行标准，创作者可以从审核标准进行倒推，尤其对容易出现问题的地方要具体说明。例如，最基础的视觉要求是画质清晰、视觉聚焦于屏幕中央、重要内容不被遮挡，无噪点等。

其实，制订内容标准只是一个起点，最关键的是要严格执行标准，并在执行中不断优化。

2. 形成内容模板

创作者最好能形成自己的创作模板，以提高创作效率，并通过模板形成自我特色，提高短视频账号的辨识度。短视频创作可以分为开头、正文和结尾部分，创作者可整理不同部分的内容模板。例如，开头可以是开门见山地对正文内容进行引入，如提问或者对场景的引入，或者突出账号特性的内容，如自我介绍等。正文即完整地展示要表达的主题内容。结尾部分可以引导用户进行互动，如关注、点赞、评论等。这样三段式的内容有利于让用户拥有一种循序渐进的、完整的观看体验。

3. 完善内容产出流程

创作者根据团队、个人与业务的实际情况，可梳理出内容创作的具体分工、对接流程等，这样做既可以节省人力、物力，降低生产成本，又可以提升内容生产效率。

为了激励用户积极创作，短视频平台会对内容发布频率高的用户提供流量支持。因此，用户发布短视频的频率会对账号的权重产生影响，从而影响账号中短视频在发布时获得的初始流量。高效地生产内容，在内容质量和数量上把握好一个平衡点，有利于让短视频账号在系统中的评分越来越高，这样账号发布的短视频也更容易获得系统推荐。

4. 梳理运营策略

创作者要确定发布内容的时间与数量、发布后的运营策略、变现方式等，梳理运营策略后最好形成相应的书面文档，以供团队成员各司其职，沟通协作，默契配合。

（1）短视频发布时间。

同样的短视频内容，发布时间不同，播放效果的差距会很大。创作者最好选择在用户浏览短视频的高峰期发布短视频。每天用户浏览短视频的高峰期基本上是午休时段和晚饭后睡前休息时段，基本与微信、微博的用户使用高峰期一致。

（2）提高运营效果的策略。

- **互动**：创作者在内容发布后1小时内积极、快速地回复粉丝评论，有利于提高账号的活跃度，有助于增加内容的播放量。
- **音乐**：创作者最好选择热门、节奏快的音乐作为短视频的背景音乐。
- **话题**：创作者可以参与热门话题，增加曝光。

🎓 **经验之谈**

创作者在创作短视频的过程中，无论是创作剧本、拍摄素材，还是剪辑素材，每个环节都要进行审核。待一个环节审核完成后，如果没有发现问题才能进入下一环节，这样做是为了保证内容生产的效率，把握内容生产的节奏。

三、稳定期运营要点

稳定期，即短视频账号的用户数量增加速度变缓、步入平稳的时期。创作者在稳定期的主要目标是对用户进行留存与转化，实现最终的变现目标。短视频变现的方式有很多种，主要有电商变现、广告变现、直播变现及IP变现等。

1. 电商变现

以抖音为例，短视频通过产品链接、购物车功能链接，可实现电商变现。需要注意的是，创作者必须考虑电商产品是否与自身账号的定位、受众相符，若不相符，不仅会影响变现效果，还可能会对短视频账号产生不良影响。

2. 广告变现

对自媒体类账号而言，为商家提供广告是主流的变现方式。不少商家为了推广产品会找到与产品形象相符合、面向群体相符的KOL合作，借助其人气、资源进行品牌与产品的推广。

3. 直播变现

直播变现主要有以下5种方式。

直播带货：创作者通过创作短视频积累一定数量的粉丝后，再通过直播销售商品。

粉丝打赏：创作者开启直播，粉丝在观看直播的过程中购买平台上的虚拟礼物赠送给创作者，创作者可以将虚拟礼物按照一定的比例兑换成现金。

直播内容付费：创作者提供优质的直播内容，用户支付一定的费用才能观看直播。

企业品牌宣传：企业通过品牌直播间宣传品牌或商品，促进商品销售，提高企业销售额，从而实现变现。

承接广告：创作者通过直播为品牌方进行广告宣传，并收取推广费用。

4. IP变现

不少创作者成功打造个人品牌，拥有上百万甚至上千万粉丝时，就拥有了非常大的影响力。这类创作者通常能利用自己的人气变现，尤其是创作者孵化公司旗下的艺人，他们在公司的运营下拥有不少优质资源，可以参加各种电视节目，承接各种商业广告，做各种代言，等等。

经验之谈

短视频账号在建设的不同阶段有不同的重点：在导入期，账号的定位是重点；在成长期，提升内容质量，提高生产效率，明确运营策略是重点；在成熟期，变现是重点，需要挖掘各种变现方式来提高收入。

动手做

收集5~8个粉丝量、点赞量较多的短视频账号，说一说这些短视频账号是否实现了变现，采用的是哪种变现方式。

任务实施

创作者在短视频平台发布短视频需要遵守平台制订的相应规则，短视频的内容符合平台相关规定才会被允许发布。请在网络上搜索抖音、快手、小红书、西瓜视频、哔哩哔哩、腾讯微视等平台制订的信息内容发布规范，了解各个平台对短视频内容的要求，并讨论在进行短视频创作时应当遵守的价值标准。

任务思考

通过本任务的学习，思考并回答以下问题。

1. 你一般是在什么时间浏览短视频？你觉得在什么时间段发布短视频比较好？说一说原因。

2. 除了本任务讲解的内容，你认为在短视频账号的运营过程中还应该注意哪些问题？

任务三 组建短视频运营团队

当下短视频领域的竞争越来越激烈，创作者要想持续地生产优质内容，实现精细化运作，仅靠个人单枪匹马、单打独斗是比较困难的，因此组建专业的短视频运营团队就显得非常重要。

任务目标

本任务主要介绍短视频运营团队的人员结构和运营团队规模，希望读者通过本任务的学习，掌握以下知识和技能。

（1）短视频运营团队的人员结构及其基本职能。

（2）根据自身情况组建合适规模的运营团队。

知识储备

越是专业的短视频运营团队，分工就越精细，每部分的工作都应由专人负责。创作者要了解团队人员的构成，根据实际工作需要确定团队人员配置。

一、运营团队的人员结构

创作者组建专业短视频运营团队的第一步是了解团队人员构成和各类人员的基本职能。一般来说，一个专业的短视频运营团队的人员构成包括导演、编剧/策划、演员、摄像师、剪辑师和运营人员。

1. 导演

在短视频创作过程中，导演的角色非常重要，他既是团队中的领导者，又是监督者、协调者。短视频导演要思维敏捷，网感强，有创新意识，思路开阔，并掌握多种创作风格，熟悉短视频制作流程，并且要有很强的责任心，具有良好的沟通能力与团队管理能力。

导演是短视频创作的总负责人，负责人员的组织、工作的协调、短视频的质量把控等，其岗位职责如下。

- 根据项目要求挖掘选题，完成选题素材、故事的收集与整理，完成项目前期策划。
- 负责组织和协调内外部团队，保持多方密切沟通，保障项目顺利完成。
- 参与短视频的剪辑工作，以及后期调色，包装输出。
- 参与监督整个短视频的制作过程，并对短视频内容的整体质量负责。
- 根据作品运营数据与用户消费需求对短视频内容持续创新。

2. 编剧/策划

编剧/策划主要进行短视频剧本的创作，负责内容的选题与策划、人设的打造。编剧/策划要具有较强的策划能力，能够独立撰写脚本大纲，对色彩、构图、镜头语言比较敏感。编剧/策划的岗位职责如下。

- 根据项目要求，制订符合市场需求的短视频策划方案及完整的创作构思方案。
- 参与拍摄与录制，推动拍摄任务的实施。
- 参与后期剪辑，负责视频包装与发布等。

3. 演员

演员根据剧本进行表演，包括唱歌、跳舞等才艺展示，根据剧情、人设进行演绎等。演员需要具备表现人物特点的能力，在某些情况下，团队中的其他成员也可以灵活充当演员。

不同类型的短视频对演员的要求也不同，具体如下。

- 脱口秀类短视频一般要求演员表情比较夸张，演员可以用带有喜剧张力的方式生动地诠释台词。
- 故事叙述类短视频对演员的肢体语言表现力及演技的要求较高。
- 美食类短视频对演员表现食物吸引力的能力有着很高的要求，演员最好能够用自然的演技表现出美食的诱惑力，以达到突出短视频主题的目的。
- 生活技巧类、科技数码类等短视频对演员没有太多演技上的要求。

4. 摄像师

摄像师要按剧本要求完成短视频的拍摄工作。摄像师的水平在一定程度上决定着短视频的质量，因为短视频的表现力及意境很多都是通过镜头语言来表现的。一名优秀的摄像师能够顺利地完成拍摄任务，并给剪辑师留下非常好的原始素材，可节约制作成本。

摄像师的主要工作虽然是拍摄短视频，但在前期也要参与创作团队的建设、视频拍摄风格的确定等工作。

一名优秀的摄像师需要具备以下专业技能。

- **了解镜头和脚本语言的能力**。编剧制作完脚本以后会发给摄像师，摄像师要深刻理解脚本的内容，并用镜头传达脚本想要展现给观众的内容。因此，摄像师只有具备了解镜头和脚本语言的能力，才能拍摄出符合编剧构想的短视频内容。
- **精湛的拍摄技巧**。摄像师要懂得运用镜头的技巧，如推拉镜头、旋转镜头、跟镜头、移镜头、甩镜头等拍摄技巧。
- **基本的视频剪辑能力**。摄像师要了解基本的剪辑原理，懂得剪辑中的镜头组接规律，这样才能更好地按照剪辑原理拍摄视频素材，让视频的后期剪辑变得更加简单。

5. 剪辑师

剪辑师是短视频制作不可或缺的人员。剪辑师主要负责对短视频画面素材和声音素材进行筛选、整理、剪辑，合成分割的素材，制作一个完整的短视频作品。

在短视频拍摄完成后，剪辑师往往要对拍摄的素材进行选择与组合，舍弃不必要的素材，保留精华部分，并借助剪辑软件为短视频配乐、配音、添加特效等，更加准确地突出短视频的主题，保证短视频结构严谨、风格鲜明。

剪辑师需要具备以下专业技能。

- 能够分辨素材的好坏，并对素材进行快速整理。
- 能够熟练地剪辑素材，例如完成完整的动作连接，不出现动作不连贯或重复的画面。
- 能够找准剪切点，在画面的顶点处进行剪切。所谓画面的顶点，就是指动作、表情的转折点，如篮球上升即将下落时、人物表情由笑转悲时，在此时进行剪切能够给用户留下深刻的印象。
- 懂得选择配乐，能够在短视频的高潮阶段或温馨时刻加入符合此情此景的音乐。这样不仅可以增强画面的感染力，还能使画面的衔接显得更加自然。

6. 运营人员

运营人员负责短视频账号的日常运营与推广，包括账号信息的维护与更新、短视频的发布、用户互动、数据收集与跟踪、短视频的推广、账号的广告投放等。

运营人员需要具备以下专业技能。

- **案例分析能力**。善于学习其他短视频作品的精华，并将其运用到自己的作品中。
- **学习创新能力**。在工作中不断摸索前行，及时学习短视频运营的各种知识，形成自己的运营方式。
- **人际交往能力**。运营人员要对工作产生极大的热情，擅长与不同类型的人互动，并在互动过程中获取信息。
- **自我调节能力**。运营人员通常有较大的工作压力，所以要有很强的自我调节能力。

🎓 **经验之谈**

> 短视频运营人员的工作直接关系着短视频的影响力和变现能力。因此，运营人员要时刻保持对外部环境及用户需求的敏感度，准确把握用户需求，深入了解用户的喜好、习惯及行为等，以便更好地完成短视频的传播与推广工作。

二、运营团队规模

在短视频账号运营初期，创作者可以根据资源投入和目标要求，以及短视频内容创作的工作量和难度的不同，确定运营团队规模。如果创作者属于全面型人才，还可以选择自编、自导、自演、自拍、自剪。但是，对企业账号来说，初始的团队一般需要配置2～3人，1名把控整体内容的运营人员，1名视频制作人员；如果对出镜人员的要求较高，则至少还要配置1名演员。短视频账号运营具有一定的成效后，就需要组建更专业的团队。

1. 3～5人团队

根据实践经验，一支规模较小的短视频运营团队通常需要3～5人。以3人配置为例，具体分配为：导演、编剧/策划、运营人员的工作由1人负责；摄像师、剪辑师的工作由1人负责；演员的工作由1人负责。一般这种人员配置就可以完成不同类型短视频的制作与推广。在这种情况下，短视频运营团队最好选择实拍的形式，可以选用的内容类型有剧情表演、知识讲解、技能教学等。这种团队配置的优势在于适合打造IP。随着后期业务量的增加，可以根据各板块的需要酌情增加人手。

2. 5人以上团队

5人以上的团队，人力比较充足，发展的空间更大、可能性更多。短视频运营团队可以根据业务的需求、团队人员的实际情况等因素在短视频深度或广度上寻求发展。

- **深度，即更专业化的内容生产**。例如，拍摄多人剧场型短视频，在剧本、拍摄和表演上都选用专业人员；拍摄动画类短视频，选用专业的漫画师、策划人员、特效师、剪辑师等，制作上可以达到精良、专业的水平。专业度越高，内容的可替代性越低，就越容易打造IP。
- **广度，即多账号短视频矩阵式运营**。短视频运营团队可以制作不同类型的短视频，打造多个不同的IP，采用矩阵式推广，在数量和类型的丰富度上取胜，从而取得更高的回报。

经验之谈

短视频运营团队做的是创意工作，应当保持队伍结构的精炼，切不可变成臃肿的庞大组织，这样才有足够的灵活性和高效率来应对瞬息万变的内容营销市场。

▌任务实施

收集3~5条不同类型的短视频，如美食制作类短视频、搞笑剧情类短视频、技能讲解类短视频等，分别分析这些短视频中演员表演的特点、画面质量，以及画面衔接、背景音乐设置的特点，填写表1-2。然后总结在创作不同类型的短视频时，演员、摄像师、剪辑师应该注意哪些问题。

表1-2　短视频创作分析

序号	短视频类型	演员表演的特点	画面质量	画面衔接、背景音乐设置的特点
1				
2				
3				
4				
5				

▌任务思考

通过本任务的学习，思考并回答以下问题。

1. 你认为作为专业短视频运营团队中的成员，应该具备哪些能力？
2. 如何加强短视频运营团队中各成员之间的协作？

项目实训：浏览并分析短视频的特点

1. 实训目标
了解短视频的特点，掌握热门短视频的特点。

2. 实训内容
3~5人一组，以小组为单位，在各个短视频平台上浏览短视频，总结短视频的特点，分析热门短视频的特点。

3. 实训步骤
（1）浏览短视频
在各个短视频平台上浏览短视频，说一说对这些短视频的感受。然后说一说图文、长视频、短视频等内容类型各有什么特点，填写表1-3。

表1-3 图文、长视频、短视频的特点

内容类型	特点
图文	
长视频	
短视频	

（2）分析热门短视频的特点

选择5~8个热门（点赞量、评论量、收藏量、转发量都比较高）短视频，说一说这些短视频有什么特点。

4. 实训总结

学生自我总结	
教师总结	

项目二 短视频账号运营规划

学习目标

➢ 掌握短视频账号运营定位的关键点。

➢ 掌握短视频账号内容类型定位、内容表现形式定位的方法。

➢ 掌握短视频账号目标用户定位的方法。

➢ 掌握短视频账号人设定位的方法。

➢ 掌握短视频账号名称、账号头像、账号简介的设置方法。

➢ 能够为短视频账号确定合适的内容类型及表现形式。

➢ 能够为短视频账号定位合适的目标用户。

➢ 能够为短视频账号设置合适且鲜明的人设。

➢ 能够为短视频账号设置具有辨识度的名称、头像和简介。

➢ 保持对短视频行业的敏感度，敢于开拓创新。

随着短视频的火爆发展，短视频领域的竞争越来越激烈，创作者要想在激烈的市场竞争中获得一席之地，就必须做好运营规划，全面布局账号运营，这样才有利于确保正确的创作方向，打造出优质的短视频作品，从而提升账号的核心竞争力。

（任务一） 明确短视频账号运营定位

创作者做好短视频运营的第一步就是明确账号的运营定位，找到合适的运营方向，以更明确地输出短视频内容，打造特定人设，让自己的短视频在用户心中留下深刻印象。

▌ 任务目标

本任务主要介绍短视频账号内容类型定位、内容表现形式定位、目标用户定位和人设定位的方法。希望读者通过本任务的学习，掌握以下知识和技能。

（1）短视频账号运营定位的关键点。

（2）常见的短视频账号内容类型。

（3）常见的短视频账号内容表现形式。

（4）短视频账号目标用户定位的方法。

（5）短视频账号人设定位的方法。

▌ 知识储备

从注册一个短视频账号开始，不管是个人账号还是企业账号，首先要做的是账号定位。账号定位决定了短视频内容的创作方向，也在一定程度上影响着账号的引流效果。

一、账号运营定位的关键点

做好短视频运营的第一步也是最重要的一步，就是明确账号的运营定位，只有定位清晰、准确，创作者才能在创作短视频时做到有的放矢，而这对账号后续的发展和推广也能起到事半功倍的作用。

创作者在进行账号运营定位时，要把握好以下3个关键点。

1. 内容垂直

创作者要想运营好短视频账号，就要重视内容的垂直度。垂直度是指在某个领域的专精程度，如果创作者创作的短视频内容特别杂乱，其中掺杂了美妆、搞笑、情感、旅行、美食、唱歌、跳舞等各类内容，就很难引起用户的注意，也很难在短视频领域占有一席之地。短视频账号的运营要专一，创作者持之以恒地深耕才会让短视频吸引人。

创作者在确定进入某一内容领域之后，就不要轻易更换，否则会由于短视频账号的垂直度不够而导致用户不精准。因此，创作者要在某一个领域长期输出有价值的内容，不断提高自己在该领域的影响力，这样更容易获得流量。

例如，抖音账号"球球是只猫"中的所有短视频都是以一只叫"球球"的猫为中心展开的，作品展现了猫的各种萌态和其与主人之间的"对话"，记录了人与猫之间的趣味小故事，充分体现出猫的调皮与可爱，使该账号迅速"圈粉"，如图2-1所示。

2. 坚持原创

原创短视频的趣味性强，能让用户产生强烈的情感共鸣，进而愿意评论与转发短视频。短视频只有具有自身的创意和个性，才会有发展前景。现如今，短视频领域竞争激烈，那些具有独特创意的原创短视频具有较高的辨识度，更容易被用户记住。

图2-1 "球球是只猫"原创短视频

每个人有每个人的特点，创作者创作短视频就是去发现自己和别人身上不同的点，使自己的短视频脱颖而出，使用户对短视频印象深刻。

3. 保证价值

用户通常更加关注对自身有价值的内容，因此，能解决用户的某种需求，给用户带来价值的短视频更容易获得用户的关注。有价值的短视频通常具有知识性、娱乐性、实用性和情感性。

短视频的知识性体现在内容的实用、专业、易懂，用户容易理解，便于实践。例如技能类短视频，操作步骤和操作方法要介绍得清晰明了，使用户可以轻松上手。

短视频的娱乐性是指短视频内容可以带给人们有趣的、放松的、愉悦的感官享受。很多头部短视频账号都具有娱乐性，这些短视频呈现的内容能直抵用户的内心。

短视频的实用性是指短视频的内容可以在某些方面提升人们的生活质量。人们在生活中会遇到很多问题，如脸上长了痘痘、衣服上的污渍去不掉等，如果不解决这些问题，其生活质量就会受到影响。如果短视频可以针对这些问题提出合理的解决方案，帮助用户解决难题，提升其生活品质，就会被用户认为有实用价值，从而获得大量的点赞和转发推荐。

短视频的情感性也是影响用户选择短视频内容的关键因素之一，在用户感兴趣的短视频类型中，带有感动、搞笑、励志、震撼、治愈、解压等因素的内容都具备情感性，这些内容是人们内心的折射和情感的体现，可以激发用户的共鸣。

二、短视频账号内容类型定位

短视频账号的内容类型多种多样，包含趣闻搞笑、美食分享、知识分享等主题。创作者最好从自己擅长的领域出发来确定短视频账号的内容类型，并在创作短视频时融入自己独特的创意，从而形成强大的竞争力。

1. 情景短剧类内容

情景短剧类内容的短视频通常是由几个人一起演绎一些故事情节，像微型电视剧。创作者创作这种内容类型的短视频，关键是要让故事情节引发用户的情感共鸣，这样才能吸引用户主动对短视频进行点赞、评论和转发。

情景短剧类内容的制作成本相对较高，对剧情的要求也较高，创作者需要提前准备优质的文案脚本。这种内容类型的短视频通常由2个以上的人来表演，并且可能要拍很多次，后期制作也比其他类型的短视频复杂很多。不过，这种内容类型的短视频往往对用户的吸引力比较强，短视频的剧情如果能够让用户产生情感共鸣，"吸粉"效果会很强。

2. 美食类内容

美食在人们的生活中占据着重要的位置，因此美食类内容的短视频一直拥有众多受众。在实际操作中，创作者可以参照以下创作方向来创作美食类短视频，如表2-1所示。

表2-1　美食类内容短视频的创作方向

创作方向	具体说明
美食教程	在短视频中讲解各种美食的制作方法，如讲解家常菜的做法、制作婴幼儿辅食的方法、制作甜点的方法等。此类短视频又可分为两类：一类是纯教学短视频，即创作者在短视频中单纯地讲解美食的制作方法，以展示食物本身为主，搭配声音讲解或者用字幕解释美食的制作方法，美食制作者较少出镜甚至不出镜；另一类则在短视频在突出美食制作方法的同时，从短视频的镜头到文案都比较注重打造创作者的人设
品尝、推荐美食	创作者在短视频中品尝各类美食，向用户分享吃美食的乐趣，或者向用户推荐自己吃过的美食
美食探店	短视频展现创作者在不同的地方探寻美食、品尝美食的过程，创作者可以讲述各种美食的特点、制作方法和相关故事等。有时创作者可以在短视频中加入店铺的地址，引导用户前去品尝
美食测评	创作者在短视频中向用户分析食物的包装、口感、气味、味道等，尽可能客观地向用户传递自己对某种食物的评价，为用户提供有价值的参考意见
传递生活方式	创作者通过在短视频中展现美食的制作流程，烘托出一种美好的生活场景。这类美食类短视频通常以农村或田园为生活场景，为用户营造一种返璞归真的感觉。在短视频中不仅会展现美食的制作过程，还会展现主人公与家人互动的情节，用故事类情节推动美食的制作过程，美食从选材到烹饪都给人一种回归乡野的闲逸舒适感
创意美食	向用户展现各种创意美食或创意美食的制作方法，如3D打印糖果、分子美食等

在各大短视频平台上，美食类短视频数不胜数，竞争非常激烈，创作者要想在这个领域占据一席之地，就要充分发挥创意，体现出自身的特色。

3. 美妆类内容

美妆类内容的短视频通常以展示美容、化妆技巧为主，创作者可以参照以下创作方向来创作美妆类短视频，如表2-2所示。

表2-2　美妆类内容短视频的创作方向

创作方向	具体说明
化妆、护肤教学	在短视频中分享各种化妆、护肤技巧，可以分享使用某些化妆品画眉毛、画眼影、画眼线的技巧，也可以针对特定人群分享化妆技巧、护肤技巧，如戴眼镜的女孩如何化妆、敏感肌人群如何护肤等。创作者在分享化妆和护肤方法的过程中，可以讲解使用到的化妆品、化妆工具或护肤品的特点

创作方向	具体说明
美妆变装	在短视频中对主人公进行妆容改造，展现妆容改造前后的反差。在改造妆容的过程中，可以展示化妆过程、化妆技巧等
美妆测评	在短视频中通过实验测评、对比测评等方式客观地评价某些化妆品、化妆工具等，可以重点讲解化妆品的成分、使用效果、使用体验等
开箱	在短视频中展示化妆品、化妆工具的开箱过程，在开箱的一瞬间最好能给用户惊喜，为用户解读化妆品、化妆工具的包装、尺寸、成分等，还可以分享化妆品、化妆工具的使用体验
美妆科普	在短视频中分享与美妆相关的知识，向用户介绍正确的美妆理念，创作者还可以推荐化妆品、化妆工具
解读成分	在短视频中解读某些化妆品的成分，并一一分析这些成分的作用，然后再引出化妆品的功效，这样的内容更适合化妆品推广
分享体验	在短视频中向用户分享自己使用某类美妆产品的心得与体验，向用户提供"种草"或"拔草"建议
榜单盘点	在短视频中引入榜单的概念，对不同美妆品牌的同种单品进行对比，或者对同一个美妆品牌下某一品类的美妆商品进行对比，讲解这些单品的优缺点，为用户提供选购建议

4. 服装类内容

服装类内容的短视频以展示服装为主题，在服装类内容的短视频账号运营中，创作者可以参照以下创作方向来创作服装类短视频，如表2-3所示。

表2-3 服装类内容短视频的创作方向

创作方向	具体说明
图片轮播	在短视频中展示服装的图片或穿着服装的模特的图片，并搭配合适的音乐进行图片轮播。创作者要保证图片清晰、美观，音乐的风格与服装的风格相适应
试穿服装	由模特试穿服装，展示服装的试穿效果，并介绍服装的设计细节
卡点变装	配合适当的音乐节点，在短视频中不断变换展示模特穿着不同服装的画面，从而展现不同服装的穿搭效果
服装测评	模特试穿各种服装，向用户展示服装的上身效果，并讲解服装在面料、设计细节等方面的优缺点，为用户选购服装提供参考，帮助用户不购买不适合自己身材的服装，或者质量不好的服装
穿搭教学	在短视频中讲解服装穿搭技巧，可以主要针对某类人群讲解穿搭技巧，例如，针对身材微胖的女生，讲解穿搭显瘦的技巧；也可以针对某些场景来讲解穿搭技巧，例如，针对职场场景讲解穿搭得体、干练的技巧等
摆拍	如街拍、生活摆拍、门店内摆拍。街拍即户外拍摄，随机拍摄街上的行人（实际上这些行人很多是演员），通过展示行人行走、站立、跳舞等行为，从不同角度展现服装上身的效果。生活摆拍主要是在短视频中分享自己聚会、旅行等日常生活场景，并展示各种服装穿搭效果。门店内摆拍即在线下门店内拍摄模特穿着各种服装的效果
穿搭对比	在短视频中通过对比的形式展示创作者进行服装搭配的能力，例如，对素人进行服装穿搭改造，通过改造前后的对比吸引用户对视频中的服装产生兴趣
展示手工制作过程	在短视频中展示创作者改造旧衣服（使用旧衣服重新设计并制作服装）、手绘服装（创意服装设计）、裁剪缝制衣服（从设计到制作成品服装）的过程等

5. 知识技能类内容

知识技能类短视频是非常实用且容易"涨粉"的短视频类型，创作者可以在短视频中分享一些实用知识技能，如摄影知识、制作PPT的方法、实用生活小妙招等，让用户观看短视频后能够学有所得。

在创作这类短视频时，创作者首先要保证短视频的内容通俗易懂，要能对用户起到很好的指导作用；其次是短视频的内容要具有较强的实用性，能够切实解决用户在工作或生活中遇到的问题或困难；最后是短视频要为用户提供良好的观看体验。创作者创作这类短视频要注重知识传播，并形成自己的风格特色，从而促使用户关注。

6. 才艺展示类内容

才艺展示包含唱歌、跳舞、乐器演奏、健身、曲艺表演等，这类短视频只是单纯地展示才艺，强调观赏性和娱乐性，是目前短视频中比较主流的类型。在抖音、快手上，有一部分创作者在短视频中展示自己唱歌的才艺获得了大量粉丝的关注和喜爱。

7. 萌娃/萌宠类内容

萌娃/萌宠类内容主要是指在短视频中展示萌娃、萌宠等。这类短视频关键是"以萌制胜"，利用各种萌态达到快速吸引用户目光的效果。在创作这类短视频时，创作者要尽情地展现视频中人物或宠物的可爱之处或一技之长，再配上其具有辨识度的声音，往往能获得超高的人气。例如，在短视频中展示小猫、小狗的日常生活，并根据具体的画面内容配上特色鲜明的声音解说和字幕，凸显小猫、小狗的可爱，给用户带来欢乐。

8. 运动健身类内容

现代社会人们的工作和生活压力普遍比较大，出门运动的时间比较少，然而运动健身与短视频的结合很好地解决了这一痛点。这类短视频一方面可让用户不需要花钱请专业教练，就可以在线学习专业健身动作；另一方面，短视频中教授的都是简单的健身动作，用户在家就能完成。

这类短视频内容可以是健身教练以科普的形式分享专业的健身知识，以及一些简单的锻炼动作，简单易学，还可以是健身爱好者分享自己的健身日常。

9. 商品测评类内容

商品测评是以商品为对象进行测评，先"测"后"评"，创作者通过对某种商品进行试用，或者按照一定的标准对商品进行功能性或非功能性的检测，然后得出分析结果，并对商品做出客观的评价，帮助用户从众多商品中筛选出质量有保障、体验感好、适合自己的商品。

做好商品测评类内容短视频的关键是测评人一定要保持客观、公正的态度，通过功能检测、使用体验给出数据分析和客观评价，使用户对所需商品理智购买。在这类短视频中，创作者一般会把通过测评的商品链接呈现出来，让用户可以自行点击购买。

10. 旅行类内容

很多旅行爱好者会通过短视频分享自己的旅行经历，同时为了提高短视频的话题性，往往会为短视频设置一个主题，如徒步旅行、骑车去西藏、滑轮滑去三亚等，他们边走边发视频，每到一个地方、一个景点就发视频，吸引粉丝持续关注。

创作者创作旅行类内容的短视频，除了可以在短视频中分享旅行经历，还可以分享旅行攻略，推荐旅游胜地、美食、美景，给出门票价格、行程规划等。这类内容的短视频不仅有较强的趣味性，还有很强的实用性。创作这类内容的短视频的成本较低，有一个好标题会更容易吸引用户观看或点赞。

11. 探店类内容

探店是指创作者通过到实体店中探访与体验，记录、分享探访与体验过程。这类内容的短视频适合餐饮、旅游行业，创作者可以记录饮食、消费的整个体验过程，向用户展示环境、美食、服务细节等，引导用户进行消费。由于地域限制，这类短视频通常会被平台贴上地域标签，基本上只向相关地域定位的用户精准展示。

创作者可以在短视频中分享逛街购物指南，并向用户展示店铺特色、商品口味、商品价格等，使用户如同亲临现场一样。

12. 街头访谈类内容

街头访谈类内容就是在短视频中展示创作者针对一些话题对路人进行街头采访的过程，从中获得一些真实、有趣的回答，从而吸引用户关注。

13. 影视剧解说类内容

影视剧解说类内容就是创作者在短视频中解说一些影视剧的片段，让用户了解某些影视剧的剧情。在制作这类内容的短视频时，创作者不用自己动手拍摄视频，只需提前找好想要解说的视频素材，厘清解说思路，再将剧情片段与解说内容对应，并添加字幕。

虽然这种形式很受欢迎，但目前这类短视频账号的数量激增，如果创作者只是简单地搬运影视剧的片段，很容易造成内容同质化，风格千篇一律，用户的互动意愿也会明显降低。

因此，要想从众多的竞争账号中脱颖而出，创作者就要想办法让用户对自己的短视频形成差别化记忆，从表达方式、视觉呈现方式、语言方式、内容素材选择等方面入手，探索出自己的独特风格。同时，创作者要建立解说者的人设，赋予账号内容之外的温度和情感，使用户在欣赏内容的同时对账号形成特定记忆，增加与创作者的互动。

14. 视频博客类内容

视频博客（Video Blog或Vlog），又称视频网络日志，由创作者以影像代替文字或照片，创作个人日志，并上传分享。这种内容类型的短视频重在记录生活，但不能拍成像记录流水账一样，要有主题，突出重点，并注意拍摄效果。视频博客的拍摄要注重脚本，创作者要提前构思好重要的镜头，做好开场和转场，在后期剪辑时要保证叙事流畅。

动手做

在各个短视频平台上收集一些不同内容类型的短视频账号，并观看其发布的短视频，说一说你观看这些短视频的感受，以及你认为这些短视频有哪些优缺点。

三、短视频账号内容表现形式定位

短视频账号内容表现形式决定了创作者以何种方式来向用户展示短视频的内容，不同的表现形式会给用户带来不一样的观看体验。在创作短视频之前，创作者需要选择并确定符合短视频定位的表现形式。一般来说，比较热门的短视频表现形式主要有实物/人出镜形式、动画形式、图文形式。

1. 实物/人出镜形式

实物/人出镜是指出现在短视频中的人、物和场景都是真实的，而非虚假的。在短视频平台上，实物/人出镜形式是创作者常用的一种内容表现形式。这种内容表现形式的适用范围很广，通过真实的场景、人和物展现出来的内容更具真实感和代入感，更容易引发用户的共鸣。

实物/人出镜形式又分为人物出镜和动物出镜两种类型。

- **人物出镜**。真实的人物不仅展示外在形象，还展示表情、动作、语言，所以真实人物出镜的形式能让短视频的内容变得更加立体、生动、丰满。
- **动物出镜**。在很多短视频中，主角是可爱的动物，如猫、狗、熊猫等，它们憨态可掬的行为，再配上有趣的背景音乐或进行配音，能够给用户带来很多欢乐。

🎓 **经验之谈**

> 创作者在选择人物出镜时，可以采用一些比较有特色的方式，例如，只让人物的双手出镜，出镜人物佩戴面具或使用其他工具遮住面部等，这样有利于制造神秘感。

2. 动画形式

动画是一种综合艺术，是集合绘画、电影、数字媒体、摄影、音乐、文学等众多艺术门类于一体的艺术表现形式。在短视频行业，有一些短视频账号会采用动画的形式来表现内容，如"一禅小和尚""萌芽熊"，如图2-2所示。由于动画制作的专业性较强，且比较耗时，所以采取动画形式来表现短视频内容的通常是一些专业的内容生产公司。

图2-2 动画形式短视频

3. 图文形式

图文形式通常是在一张底图上加上一些文字，通过图片与文字的结合来传达信息，如

图2-3所示。创作者采用图文形式时，需要精心设计其中的文字和图画内容，使其足够惊艳，否则很难吸引用户的注意，也不能给用户留下深刻的印象。

图2-3　图文形式短视频

图文形式是短视频创作中最简单、成本最低的形式，但这种形式具有比较明显的缺点，它会让短视频的内容显得比较单调、呆板。此外，由于短视频的时长较短，所以添加的文字不能太多，否则用户可能需要暂停去阅读，以理解文字内容，这会给用户带来较差的观看体验。而且这种表现形式相当于内容搬运，变现能力比较弱。

动手做

在各个短视频平台上尽可能多地收集美食类内容的短视频账号，说一说这些账号分别采用了哪种内容表现形式，并说一说你观看这些短视频的感受。

四、短视频账号目标用户定位

短视频账号目标用户定位是指创作者要明确自己账号针对的人群，即明确自己的短视频是拍给谁看的。只有确定了自己的目标用户，创作者才能有针对性地进行内容创作，获得更多用户的喜爱。创作者可以按照以下步骤来进行目标用户定位。

1. 分类用户信息

用户信息分为静态信息和动态信息，如表2-4所示。其中，静态信息体现的是用户的固有属性，是实施目标用户定位的基础信息。动态信息体现的是用户的网络行为。用户信息一般是无法穷尽的，不仅仅包括表2-4中所示的这些内容，创作者在具体操作中选择并收集符合自己需求的即可。

表2-4　用户信息的类型

信息类型		具体内容
静态信息	社会属性	如姓名、性别、地址、学历、职业、家庭状况、婚姻状况等
	商业属性	如收入水平、消费等级等
	心理属性	如性格特征、价值观等
动态信息	消费属性	如消费偏好、消费周期、消费态度等
	社会属性	如兴趣、爱好、互动行为等

2. 收集用户信息

创作者要想获得有效、精准的用户信息，往往需要收集并分析大量用户数据，为了节省时间与精力，创作者可以运用飞瓜数据、蝉妈妈等短视频数据分析工具，通过分析竞争账号的用户数据来获取自己所需的用户信息。

例如，创作者想要创作美食类的短视频，就可以选择2～3个与自己账号内容类型、内容表现形式定位高度相似的短视频账号，运用短视频数据分析工具收集这几个账号的用户信息，这样就可以获得自己想要进入的短视频领域的用户信息。

3. 分析用户特点

创作者获得用户信息后，对这些信息进行分析，从而获得比较精准的目标用户特点。以美食类短视频账号为例，其用户特点如表2-5所示。

表2-5　美食类短视频账号用户特点

用户信息类型	说明
性别	女性用户占比为60%～70%，男性用户占比较低
所属地区	山东、浙江、江苏、四川的用户占比较高
婚姻状况	未婚的用户较多
常用的短视频平台	抖音、快手、小红书
活跃时间	12:00—13:00、19:00—20:00
周活跃时长	每周2～8小时
地点	家、公司
感兴趣的美食话题	美食制作、美食推荐
关注账号的原因	画面有美感、学习制作美食、账号保持持续更新
为短视频点赞的原因	内容走心、超出期望值
取消关注的原因	广告太多、账号长时间不更新、内容质量下降
其他特征	动手能力强，喜欢有质感、有格调的物品

创作者了解了用户特点后，就可以确定自己账号目标用户定位——女性；以山东、浙江、江苏、四川地区为主；以未婚为主；喜欢使用抖音、快手、小红书等平台；喜欢在12:00—13:00、19:00—20:00浏览内容；喜欢美食制作、美食推荐类内容；偏爱画面有美感、具有日常实用价值、走心的内容；动手能力强，喜欢有质感、有格调的物品。

动手做

描述自己作为短视频用户的特点，如性别、年龄、感兴趣的内容、常用的短视频平台、浏览短视频的时间，以及产生点赞、评论、转发等行为的原因。

五、短视频账号人设定位

人设是人物设定的简称，指的是人物展现给观众的直观形象，包括人物的外在形象和内在性格。好人设是移动的广告牌，其推荐或代言的品牌能够得到众多用户的信任，能够为短视频账号赢取巨大的流量。

创作者为短视频账号的人设定位需要考虑3个问题。

1. 我是谁

在创作短视频之前，创作者首先要问自己：我是谁，我适合创作哪种题材的短视频。只有确定了短视频的题材，才能明确短视频的创作方向，并沿着这个方向进行具体的内容生产工作。

例如，抖音账号"小燕子简笔画"就是以创作者擅长的简笔画为创作方向进行人设定位，如图2-4所示。无论何种题材，创作者都要找到自己的差异化优势，配合好的创意，拍出自己的独特个性，使作品脱颖而出，获得更多的粉丝。

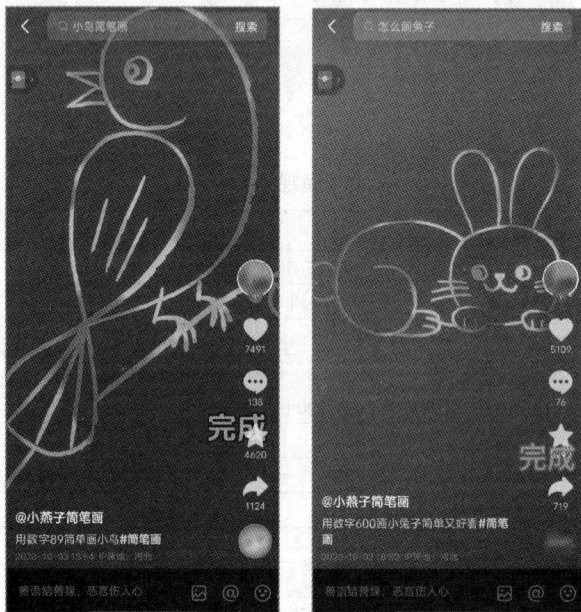

图2-4 "小燕子简笔画"短视频

2. 我要传递何种价值

在确定了题材、明确了创作方向后，创作者接下来就要思考"我要传递何种价值"这个问题。短视频内容要体现出创作者的价值观念，而且要使这个价值观念与用户的价值理念趋于一致，这样才更容易打动用户，使其产生共鸣，促使其传播扩散短视频，进而提高短视频的播放量。

例如，抖音账号"萌芽熊"通过"萌芽熊"自身暖心可爱、愿意付出的人设，讲述了一个个暖人心扉的治愈小故事，其故事轻松、节奏舒缓，能直戳人们心灵最柔软的地方，引发用户的共鸣，加深用户的印象。

对初涉短视频领域的创作者来说，最开始可能既没有人气基础，又没有足够的曝光度和知名度，要想引起用户的关注，内容是最关键的要素。因此，一方面要保证短视频内容立意新颖，内涵丰富，融入价值情感；另一方面，要注重打造内容细节，在细节上要能给用户带来惊喜，这样既能加深用户对内容和账号的印象，又能吸引其持续关注。

3. 我如何传递这种价值

创作者有了创意内容之后，接下来就要思考"我如何传递这种价值"，选择什么样的形式来诠释短视频主题。例如，是用一段完整、连贯的视频，还是用一张张串联起来的图片；是真人出镜，还是采用卡通动画形象；是解说评论，还是街头采访；是想渲染浪漫唯美的气氛，还是选择幽默搞笑的风格。

例如，抖音账号"小燕子简笔画"为了教授喜欢简笔画的用户绘制简笔画的方法，通常以一只手出镜，配上通俗易懂、简洁明了的解说，使用户一学就会，吸引了大量热爱简笔画的用户。

需要强调的是，当创作者选择了一种风格以后，就要长期坚持下去。只有这样，这种风格才会成为账号的标签，深刻地烙印在粉丝心中。

▌任务实施

短视频账号运营定位影响着后续账号运营策略的制订，请结合本任务所学知识，在抖音、快手等短视频平台上搜集一些具有一定粉丝规模的短视频账号，分析这些账号的内容类型、内容表现形式、目标用户、人设。讨论并填写表2-6。

表2-6　短视频账号运营定位分析

短视频账号名称	内容类型	内容表现形式	目标用户	人设

▌任务思考

通过本任务的学习，思考并回答以下问题。

1. 随着短视频行业的发展，新的内容类型和内容表现形式层出不穷，搜集一些内容类型和内容表现形式比较独特的短视频，查看这些短视频的点赞量、评论量、转发量、收藏量，思考这些短视频的内容类型和内容表现形式为什么能获得用户的喜欢，或者为什么不能获得用户的喜欢。

2. 你是否有长期关注的短视频账号？说一说你为什么关注这些账号，以及这些账号发布的短视频有什么特点。

任务二　设置短视频账号主页

每个短视频账号都是独一无二的，账号主页如同一张网络身份证，告诉用户这个账号是干什么的，能给用户带来什么价值，并帮助创作者与用户建立联系。在短视频运营过程中，创作者应重视短视频账号主页的设置。

任务目标

本任务主要介绍设置短视频账号主页的方法，希望读者通过本任务的学习，了解并掌握以下知识及技能。

（1）为短视频账号拟定名称的方法。

（2）为短视频账号选择头像的方法。

（3）为短视频账号设置简介的方法。

知识储备

短视频账号主页的设置必须重视，因为短视频账号主页在很大程度上影响着用户的关注、点赞、评论和转发等行为。短视频账号主页的设置包括账号名称、账号头像、账号简介等的设置。

一、账号名称的拟定

账号名称是账号资料的核心，它直接决定着账号能否被他人记住，以及能否成为品牌。优质的账号名称可以使用户快速了解短视频提供的内容，提升短视频传播效率。

创作者拟定账号名称时，可以采取以下方法。

- **以姓名命名**。以自己的本名命名，真实、简单、易记。
- **以数字命名**。用数字为账号命名不仅能够吸引用户的注意，还能强调数字所表示的概念，如美食类账号"一家三口美食"。
- **以关键词命名**。关键词可以提示账号的内容方向，如果短视频账号定位于某垂直领域，那么账号名称中最好包含该垂直领域的某些关键词，如"好物种草笔记""种草大户萌叔Joey"等。
- **以称呼命名**。这类账号名称要通俗易懂，读起来朗朗上口，没有深奥或冷僻的字词，如"潘姥姥""多肉小朋友"等。
- **以企业简称命名**。如果短视频是以企业为主体进行运营的，就可以用企业名称简称或品牌名称命名，如"小米手机""华为"等，但是需要注意账号名称的字数不要过多，最好不要用企业全称。
- **以媒体、组织机构名称命名**。如果短视频账号属于行政/事业单位，或媒体、社会组织等机构，可以直接以组织的名称命名，如"央视新闻""清华大学""新华网"等。

　　账号名称要简单、易记、易于理解，账号名称中不要有生僻的字词，最好让用户看到账号名称后就知道"你是谁"。

　　账号名称要与所规划的短视频内容密切关联，最好能让用户从账号名称中了解到创作者是做什么的，传播哪些价值信息，能够带给他们什么知识、哪些见解，对其思想观念有什么影响。此外，账号名称不宜过长、过于烦琐，以免增加用户记忆名称的难度。

二、账号头像的选择

　　头像是短视频账号的视觉标识，是用户辨识账号的重要途径之一。创作者选择账号头像时要遵循两个原则，一是头像要符合账号本身的特征，二是头像要清晰、美观。

　　创作者可以采用以下5种方法选择账号头像。

1. 使用真人形象作头像

　　真人形象的头像可以让用户在打开账号之前就能直观地看到人物形象，有利于拉近用户与账号之间的距离。

2. 使用图文Logo作头像

　　使用图文Logo作头像可以明确地展示出短视频的内容方向，有利于强化品牌形象，如图2-5所示。

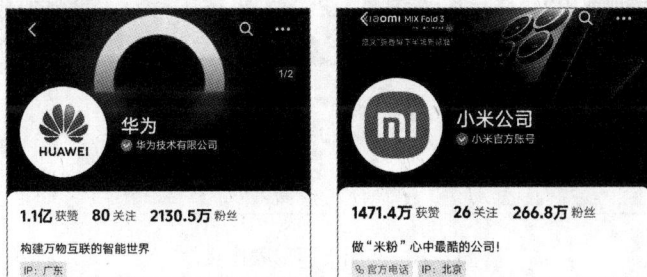

图2-5　使用图文Logo作头像

3. 使用短视频中的角色作头像

　　使用短视频中的角色作头像可以强化短视频内容中的角色形象，有利于打造人物IP，如图2-6所示。

图2-6　使用短视频中的角色作头像

4. 使用账号名称作头像

创作者使用账号名称作头像时，头像的背景最好为纯色，从而突出文字，更直观地呈现账号名称，进而强化IP形象，如图2-7所示。

图2-7 使用账号名称作头像

5. 使用卡通形象作头像

创作者可以选取一个与自己的账号内容相符的卡通形象作头像，如图2-8所示。

图2-8 使用卡通形象作头像

三、账号简介的设置

账号简介又称个性签名，即对账号进行简单介绍，让用户更全面地认识账号。短视频账号简介是用户决定是否关注账号的关键因素之一。短视频账号简介一般有以下4种类型。

（1）表明身份。例如，抖音账号"舞编K文"的账号简介曾为"为战而战，为博而搏，我是一名舞蹈老师，主教零基础"。

（2）表明领域。例如，抖音账号"潘姥姥"的账号简介曾为"分享潘姥姥的乡村生活"。

（3）表明理念和态度。例如，抖音账号"Ethan清醒思考"的账号简介为"提高认知层次，学会清醒思考"。

（4）留下联系方式，如微信号、微博号、手机号、邮箱等。这种账号简介一般与上述账号简介类型同时出现，主要是为了将用户引流到自己的私域流量池，或者开通商业合作的渠道。为了不违背相关平台规则，留联系方式时不要出现"微信""微博"等词语，可以用谐音词或字母代替。

经验之谈

短视频的账号简介其实就是账号的广告宣传栏，可以让用户更清楚地了解短视频的内容方向、定位与业务范围等。在设置账号简介时，如果确实想不出理想的宣传语，可以将自己的具体业务范围或产品名称写进去，这样能够方便用户了解账号的业务范围和产品信息。

任务实施

账号主页是短视频账号的"门面"，它影响着用户对账号的第一印象。请从不同的短视频平台上搜集美食类内容的短视频账号，分析这些账号的名称、头像、简介的类型，并说一说它们的优缺点，填写表2-7。

表2-7　美食类内容短视频账号主页分析

序号	账号名称	账号头像	账号简介
1	类型： 优点： 缺点：	类型： 优点： 缺点：	类型： 优点： 缺点：
2	类型： 优点： 缺点：	类型： 优点： 缺点：	类型： 优点： 缺点：
3	类型： 优点： 缺点：	类型： 优点： 缺点：	类型： 优点： 缺点：

任务思考

通过本任务的学习，思考并回答以下问题。

1. 你认为短视频账号的名称、头像和简介的设置是否需要保持一定的关联性，为什么？
2. 在设置账号简介时需要注意哪些事项？

项目实训：短视频账号运营规划

1. 实训目标

掌握短视频账号运营定位和设置账号主页的方法，学会短视频账号内容类型定位、内容表现形式定位、目标用户定位和人设定位，为账号拟定合适的名称、选择合适的头像，并设置账号简介。

2. 实训内容

3～5人一组，以小组为单位，完成短视频账号的运营规划，选择一个短视频平台，在该平台上创建短视频账号并设置好账号主页。

3. 实训步骤

（1）确定短视频账号的内容类型

小组讨论，确定短视频账号的内容类型。可以先确定一个大的内容类型，如美食类内容、服装类内容、美妆类内容等，然后进一步细化内容类型，例如，是做美食类内容中的美食教程类内容，还是做美食测评类内容，或是做品尝、推荐美食类内容等。

（2）确定短视频账号的内容表现形式

确定内容表现形式，是选择人物出镜，还是只是双手出镜，或是采用图文形式。

（3）确定短视频账号的目标用户

明确短视频账号的目标用户，挖掘并分析目标用户的特点，根据目标用户的特点进行内容创作。

（4）确定短视频账号的人设

明确短视频账号的人设定位，并在运营过程中注意打造鲜明的人设，以提升短视频账号的辨识度。

（5）规划短视频账号主页

根据短视频账号的运营定位确定账号名称、头像和简介。

（6）创建账号

将小组规划的短视频账号运营定位填写在表2-8中，然后选择一个短视频平台，在该平台上创建短视频账号，并设置好账号主页。

表2-8 短视频账号运营定位规划表

项目	具体内容
短视频账号内容类型	
短视频账号内容表现形式	
短视频账号目标用户	
短视频账号人设	
短视频账号名称	
短视频账号头像	
短视频账号简介	

4. 实训总结

学生自我总结	
教师总结	

项目三 短视频内容策划

➢ 掌握策划短视频选题的方法。

➢ 掌握设计短视频内容创作切入方法。

➢ 掌握构建短视频内容创意的方法。

➢ 掌握设计短视频内容结构的方法。

➢ 掌握撰写短视频脚本的方法。

➢ 能够策划优质的短视频选题。

➢ 能够根据选题为短视频设计内容创作切入方法、内容创意和内容结构。

➢ 能够根据短视频的内容设计撰写短视频脚本。

➢ 培养用户思维，以用户需求为导向策划短视频内容。

➢ 坚持弘扬正能量，在短视频中宣传真善美。

在"内容为王"的时代，短视频的内容质量高低是决定短视频账号运营成败的关键因素之一。创作者要想让自己的短视频在众多作品中脱颖而出，就要做好短视频的内容策划，选题要新颖、贴近用户，内容要能满足用户的需求，内容结构要具有吸引力。

任务一　策划短视频选题

创作者要想创作出爆款短视频，策划好选题是关键。选题不能脱离用户，创作者只有保证短视频的主题鲜明，为用户提供有用、有趣的信息，才更容易让短视频吸引用户的关注。

▌任务目标

本任务主要介绍策划短视频选题的方法，希望读者通过本任务的学习，掌握以下知识和技能。

（1）掌握策划短视频选题应该遵循的基本原则。

（2）掌握策划短视频选题的方法。

▌知识储备

短视频的选题就是短视频的主题或内容的主要方向。一个优质的选题可以让短视频更容易吸引用户的注意力，提高短视频的播放量。

一、策划选题的基本原则

创作者在策划短视频选题时要遵循一定的原则，并以此为宗旨，落实到短视频的创作中。

1. 以用户为中心

目前，短视频行业的竞争愈发激烈，用户对短视频的要求也越来越高，所以创作者要注重用户体验，以用户为中心，短视频的内容切忌脱离用户的需求。也就是说，创作者在策划选题时要优先考虑用户的喜好和需求，这样才能让短视频最大限度地获得用户的认可，并保证短视频的高播放量。

2. 注重价值输出

短视频的选题要有价值，要向用户输出干货，这样才更容易激发用户产生收藏、点赞、评论和转发等行为，促进短视频的裂变传播。

3. 保证内容垂直度

创作者确定某一内容领域之后就不要再轻易更换，否则短视频账号会因为垂直度不够而导致用户不精准。因此，创作者要在某一个领域长期输出有价值的内容，提高自己在该领域的影响力，这样更容易获得短视频平台的头部流量。

4. 选题内容多结合热点

创作者要提升新闻敏感度，善于捕捉并及时跟进热点，这样有利于让短视频在短时间内获得大量的流量曝光，快速获得较高的播放量。但是，并非所有的热点都可以跟进，如果创作者跟进不恰当的热点，就容易面临违规甚至被封号的风险。

5. 远离平台的敏感内容

当前，有关部门正在加强对短视频平台的管理，不断出台相关法律法规文件，而且每个短视频平台都对敏感内容做出了规定，所以创作者要时常关注政策导向和平台出台的相关管理规范，以防触发敏感内容而导致违规。

创作者可以参考各种推荐渠道，从中找到选题的关键词，或者使用短视频数据平台中的热词分析功能来确定选题方向。

经验之谈

品牌方可以运营企业号，通过发布带有营销性质的短视频获取忠实粉丝，促进商品销售。与个人号相比，创作者在策划企业号短视频账号的内容时，应以为品牌造势、提高品牌曝光度为主。

二、策划选题的方法

创作者要想持续地输出优质内容，就需要拥有丰富的储备素材。创作者可以采用以下方法来策划选题。

1. 日常积累

创作者要养成日常积累选题的习惯，通过身边的人或事，以及每天阅读的图书和文章等，将有价值的选题纳入选题储备库，训练自己发现选题的技能。

2. 从各媒体平台获取

各媒体平台是创作者获取优质选题的重要渠道之一。

（1）借助各平台的热点。创作者可以在各个平台上的热点榜单获取素材，如微博的"微博热搜"、快手的"快手热榜"、抖音的"抖音热榜"等。

在这些榜单中，创作者可以快速获取整个平台用户关注的热点话题，以及这些热点的热度数值，可以清晰地看出哪些热点的热度快速上升、哪些热点适合创作等。

（2）在短视频平台上搜索相关的话题词。当创作者发布短视频时，需要填写标题、文案介绍，然后搭配和内容匹配的话题，这些都有利于作品得到精确分发。同理，当为创作的短视频选取素材时，创作者也可以在短视频平台内搜索相关的热度话题词，依据话题词的热度选择创作方向，找到创作的内容来源。

例如，当创作者创作与美食相关的内容时，可以在短视频平台上输入"美食"查看与美食有关的话题，如Vlog美食记、美食教程、自制美食、美食分享等与美食相关的话题，选择其中一个话题，查看该话题下最近播放量高、受用户欢迎的短视频，并从中选取适合自己的创作方向。

以抖音为例，创作者在抖音搜索"美食"，然后查看话题，会发现下面有很多与美食相关的话题（见图3-1），创作者可以从中选择播放量高或自己感兴趣的话题作为选题参考。创作者还可以点击相应的话题，浏览该话题中的短视频（见图3-2），并作为自己创作短视频的参考。

3. 分析竞争对手的选题

创作者可以研究竞争对手的选题，从中获得灵感和创作思路，拓宽选题范围。创作者可以通过第三方数据分析工具（如蝉妈妈、飞瓜数据等），收集竞争对手的账号数据，如粉丝量、集均点赞、集均分享、集均评论和爆款选题。

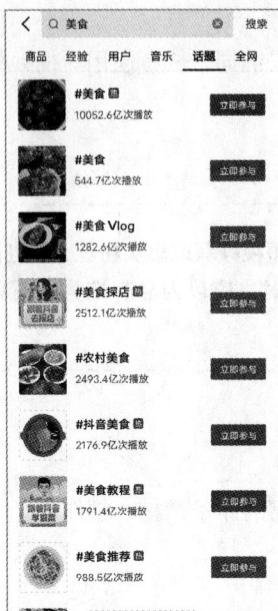

图3-1　与美食相关的话题　　　　图3-2　"美食教程"话题中的短视频

通过关注竞争对手的短视频，创作者可以预先了解用户喜欢与不喜欢的内容，从而避开创作陷阱。创作者采取这种方法来收集选题时，需要注意以下两点。

（1）创作者要关注竞争对手最近一段时间发布的短视频内容，将其作为选题的参考依据，尽量不要将竞争对手发布时间太过久远的作品作为参考，因为经过一段时间的发酵，这类短视频的数量或许已经很多，即使采用，意义也不大。

（2）创作者关注竞争对手发布的内容主要是为了寻找创作方向，但不能照搬照抄。同质化内容不会得到平台的更多推荐，还可能会因为涉嫌抄袭收到下架警告，甚至被封禁账号。

4．收集用户想法

收集用户想法是一种自下而上的选题决策，可以帮助创作者有效利用群体智慧，增强短视频的互动性，丰富短视频的内容。

创作者收集用户想法的方法主要有以下两种。

（1）从自己的短视频账号评论或竞争对手账号评论中寻找有价值的选题。评论是创作者与用户有效交流的渠道，它可以反映出用户的很多态度，如赞同、反对、质疑或者提出新的问题，这些都可以被发掘为短视频的选题。

（2）搜索关键词。在寻找选题时，创作者可以使用不同的搜索渠道搜索关键词，常用的搜索渠道有百度、微博搜索、微信搜一搜等。创作者可以对搜索到的有效信息进行提取、整理、分析与总结。

5．借助短视频平台发起的活动

很多短视频平台会不定期地发起一些话题、挑战活动或创作者扶持计划，创作者可以通过参加这些活动寻找适合自己的选题，以借助短视频平台提供的资源获得更多推荐流量。

6．对关键词进行延展

创作者可以运用发散思维，在综合考虑目标用户痛点的基础上，对商品、服务或行业等核心关键词进行联想，从而找到适合自己的选题。例如，在美食领域，以美食为核心关键词可以延展出不同菜系制作、不同地区特产推荐、减脂餐、糕点烘焙、婴儿辅食制作等；在母婴领域，以母婴为核心关键词，可以延展出母婴好物推荐、育儿经验、辅食制作、产后修复等。

动手做

你观看完短视频后是否发表过评论，或者将短视频分享给朋友？说一说该短视频的哪些特质促使你产生评论或分享的行为。

任务实施

创作者在创作短视频前可以先拆解爆款短视频的创作技巧，从中总结经验，学习创作技巧。从短视频平台上收集3～5条比较热门的短视频，分析这些短视频的选题有什么特点，填写表3-1。

表3-1 短视频选题分析

短视频名称	选题分析

任务思考

通过本任务的学习，思考并回答以下问题。

1. 除了本任务介绍的方法外，你是否还有其他策划短视频选题的方法？说一说你的方法。

2. 什么样的内容是垂直度高的内容？保持垂直度的选题有什么优势？

任务二 设计短视频内容创作切入方法

创作者创作的短视频内容要有趣、有料、有用，符合用户的兴趣爱好，才能吸引用户持续关注。在创作短视频时，创作者需要掌握一定的内容创作切入方法。

任务目标

本任务主要介绍短视频内容创作的切入方法，希望读者通过本任务的学习，掌握以下知识和技能。

（1）运用人群细分切入法进行短视频内容创作。

（2）运用场景细分切入法进行短视频内容创作。

（3）运用价值提供法进行短视频内容创作。

▌知识储备

短视频内容创作切入方法就是指创作者在创作短视频时可以从哪些地方着手。创作者掌握一定的内容创作切入方法，有利于提升短视频内容创作的效率。

一、人群细分切入法

人群细分切入法就是以自己创作内容的目标用户作为切入的参考依据，在此基础上针对性地精耕细作，对目标用户的需求进行完善与更新的切入方法。创作者采取人群细分切入法进行创作时，可以从以下两个维度来把握人群的界定。

1. 目标人群真实存在

短视频创作内容的目标人群不是创作者凭空想象出来的，而是真实存在且有具象、有实际需求的人群。人群细分切入法的创作路径为创作者先找到真实的目标人群，挖掘他们多样化的需求，然后根据自身优势，将目标人群的需求体现在创作内容中。

例如，创作者先切入初入职场的年轻群体，接着寻找这个群体存在哪些真实的需求，如紧跟时尚潮流、学习职场礼仪、学习制作PPT的技巧等，然后对这些真实需求进行进一步细分。以学习职场礼仪为例，可以将其细分为求职面试礼仪、着装礼仪、行为举止礼仪、商务会面礼仪、商务拜访礼仪、职场沟通礼仪等，创作者可以以这些细分需求为内容创作切入点（简称"切入点"）进行短视频创作，将细分需求体现在短视频内容中。

需要注意的是，个人创作者要以自己的个人优势作为前提细分人群，而企业则应一步步细分商品面对的人群。个人创作者可以为目标用户提供场景化的价值输出，而企业则可以以解决用户面临的具体问题为主。例如，有的创作者主要输出旅行类短视频内容，面对的主要人群是普通的上班族。通过人群细分切入法，创作者发现了上班族经常面临时间不自由、没有太多旅游费用可支配等问题，因此他创作的短视频内容以少花钱、少用时的旅行攻略为主。

2. 结合平台定位细分人群

当创作者对各个不同属性的平台上固有的用户群体进行细分时，要找到这些用户群体差异化的需求。差异化的需求是指各个平台上围绕不同用户主打的内容形态不一样，创作者要针对平台的区别创作不一样的视频内容。

例如，在快手，创作者可以主推真实生活的记录与分享，面对的是普通大众；在抖音，创作者可以以栏目化思维创作内容，以展现自己与其他人不一样的一面；在哔哩哔哩，创作者则要以有趣、知识化的形态展现自己的特长与才华，这样更容易赢得用户的喜爱。创作者要记住并遵循平台的定位及用户的固有认知，然后细分内容，找到切入点。

二、场景细分切入法

场景细分切入法是指以用户在现实生活中的使用频率和深度为参考，将用户场景分为高频场景、低频场景、重度场景和轻度场景，分别将其作为切入点进行创作的方法。

1. 高频场景

高频场景是指人们每天都离不开、每天都会面对的生活场景，如吃饭场景、学习场景、工作场景、社交场景、娱乐场景等。高频场景面对的用户群体比较大，几乎是每个人都面临过的场景。

例如，吃早餐基本上是每个人都要面对的生活场景，美食领域的创作者可以以制作省时、省力的早餐为切入点来创作短视频。

对个人账号与企业账号而言，创作者以高频场景作为创作内容切入点时，需要注意以下两点。

（1）当个人创作者以用户高频场景作为内容创作切入点时，可以帮助用户解决问题，提供情绪的力量（如快乐）；当进一步细分垂直领域时，个人创作者需要结合自身的特长与优势，从自身实际情况出发。当企业创作者以用户高频场景作为内容创作切入点时，首先要以自己提供的商品、服务锁定目标人群，然后寻找这些目标人群的高频场景；前期以传递价值为主，以能给用户带来什么改变、解决什么问题为前提，不能只做单纯的商品展示。

（2）当个人创作者以用户高频场景作为内容创作切入点时，要记得前期多寻找一些高频用户的精准需求，然后围绕这些需求创作内容，并搜集各项反馈数据，根据播放量、评论量、点赞量等指标集中做内容，在获取更多流量的同时慢慢拓展其他的内容类型。企业创作者前期可以多收集一些用户感兴趣、迫切想知道答案的内容，进行有针对性的创作，也可以针对用户高频场景下的需求，在创作平台上搜索已有的优质内容，从不一样的角度、观点或解决方法出发进行二次创作，这样更容易得到用户的青睐。

2. 低频场景

低频场景是指人们平时会经历的场景，虽然其频率低于高频场景，但也是人们生活中不可或缺的场景，如驾车、租房、旅行、摄影等能反映人们兴趣爱好的场景等。

当创作者以低频场景为内容创作切入点时，要分清楚必要的低频场景与小众的低频场景。

- **必要的低频场景**：很多人虽然并不会经常面对，但往往是自己一生中绕不开的场景，如买车、买房、养老等。这些都是需要人们长期投入更多的精力和时间去用心对待的事情。
- **小众的低频场景**：围绕一些人的兴趣爱好、某类人所处的年龄段所面临的场景等。此类场景一般需要创作者进行有针对性的内容创作，如教授办公技巧、分享旅行攻略、输出二次元的知识等。

创作者以这两种场景作为内容创作切入点时，个人创作者要具备一定的专业技能或相关背景，这样创作的内容更容易获得用户的信赖。对企业创作者而言，为了拉近与用户的亲近感，可以设置拟人化的品牌形象，以满足某类群体的实际需求。

3. 重度场景

重度场景是指通过细分人群的垂直需求，找到的该人群的高频场景。例如，对上班族而言，在职场提升办公技能、升职加薪是高频场景。

对创作者来说，细分一个垂直领域中人群的高频场景，然后找到内容创作切入点，也是一个方法。创作者在细分人群时，可以以年龄、工作、爱好、所处的人生阶段等为参考依据，之后以单一群体多频次的需求为内容创作切入点。

当个人创作者要以重度场景进行创作时，切忌凭空想象用户存在的伪需求。当企业创作者以重度场景作为内容创作切入点时，应着眼于自身商品的特点、自己能为用户提供的服务，在进行创作时要首先与用户建立信任，多帮助用户解决问题，向用户传授解决问题的方法与技巧。

4. 轻度场景

轻度场景是指一些对很多人而言稀缺的但向往、心仪、羡慕的生活场景。这样的内容多为对自己独特生活方式的记录，以及自己在某个方面的独特阅历的分享，或者分享能够带给人们内心情绪力量的生活方式。

例如，一些创作者通过展示自律带来的积极改变，而获得了很多用户的喜爱。自律表现在自身锻炼、学习及为人处世上，创作者通过故事、经历分享见闻。自律是每个人都希望拥有的品质，但并非每个人都可以做到，可这并不妨碍用户对自律的追求。

轻度场景适合塑造个人IP，因为展现的都是自己成功的一面，容易激起用户的向往与追求。需要注意的是，这种展现应是真诚的分享，将用户看作值得信赖的朋友，给予对方真诚的建议，而不是单纯的炫耀。对企业创作者而言，采用轻度场景作为切入点，最好以用户故事的分享作为前提，然后通过收集用户的建议或意见作为迭代方向，这样就可以找准创作方向，而且更容易赢得用户的信赖。

三、价值提供法

价值提供法，就是创作者在创作短视频时要以帮助用户解决问题、降低成本和突出变化为重点，切入适合自身的细分内容领域。

1. 解决问题

解决问题是指短视频内容针对人们在某个具体场景下出现的具体问题，给予精确的回答，解决用户疑问，给予可执行、可操作的具体方案。当创作者以解决问题作为切入点时，要从用户具象的、场景化的需求出发，直截了当地给出解决方案，让用户可以拿来即用。创作者选择的问题要具体，要有针对性与迫切性，问题本身对用户而言不能可有可无或无足轻重。可以是创作者自己想出的问题，注意问题一定要真实存在，并且能够戳中用户痛点。

2. 降低成本

在信息时代，无论是短视频还是长视频，都有争夺用户注意力的创作目标，而创作者创作内容最好的切入点就是降低用户的选择成本，包括用户的时间、精力等。

从这个维度出发，帮助用户降低成本的短视频内容通常是用户喜欢的，也是很好的切入点。具体来说，这类短视频包括直接给出答案的知识类内容，直接帮助用户总结答案的各种内容，等等。

有些创作者创作记录个人生活的短视频，这些短视频不是简单的流水账，而是围绕生活点滴得出的感悟，简短的内容却能为创作者赢得很多粉丝。这就是直接给出答案的知识类内容，不用用户思考，直接给出答案，节省用户的时间就是最大限度地帮助用户。

3. 突出变化

短视频由于时间较短，需要快速吸引用户的注意力，而内容中呈现的改变可以快速吸引用户的目光，让用户在满怀期待中得到超乎想象的答案。对用户来说，这样的答案是意外的惊喜。

例如，一些美妆类短视频就经常采用这种方法，为了展现自身高超的美妆能力，人物往往一边脸是素颜，另一边脸则用手挡住，营造神秘感。随着背景音乐的高潮迭起，展示用手挡住的一边脸，两边脸做对比，效果让人意想不到。

也有一些创作者在记录自身生活、拍摄Vlog时，采用前后对比的方式，通过展现自身的变化来赢得用户的信赖。还有一些体育爱好者的健身视频内容也采用对比的方式，呈现健身的效果，让用户主动追随。改变是一种力量，创作者要把前后对比的效果呈现出来，刷新用户的认知。

▌任务实施

从短视频平台上收集3～5条比较热门的短视频（也可用本项目任务一中任务实施板块收集的短视频），运用本任务所学知识，分析这些短视频的内容创作切入方法，填写表3-2。

表3-2　短视频内容创作切入方法分析

短视频名称	内容创作切入方法分析

▌任务思考

通过本任务的学习，思考并回答以下问题。

1. 在设计短视频内容创作切入方法时，需要注意哪些事项？

2. 除了以上介绍的内容创作切入方法外，你是否还知道其他内容创作切入方法？请和同学们分享。

（任务三）构建短视频内容创意

内容创意是指创作者创作短视频时的创作方式。创作者要能运用独特、有趣的创意传达出故事或情感，从而增加短视频的吸引力和传播度。

▌任务目标

本任务主要介绍构建短视频内容创意的技巧，希望读者通过本任务的学习，了解并掌握以下知识及技能。

（1）掌握运用搬运法构建短视频内容创意的技巧。

（2）掌握运用模仿法构建短视频内容创意的技巧。

（3）掌握运用场景扩展法构建短视频内容创意的技巧。

（4）掌握运用代入法构建短视频内容创意的技巧。

（5）掌握运用反转法构建短视频内容创意的技巧。

（6）掌握运用嵌套法构建短视频内容创意的技巧。

知识储备

创作者要想持续地生产优质内容，需要找到正确的内容创意方法，然后按照这些方法进行操作，建立规模化的内容生产流水线。

一、搬运法

搬运法，简单来说就是从别的地方把一些自己认为不错的内容搬运过来作为视频素材进行二次创作的方法。创作者即使没有很好的原创能力，借助搬运法也可以打造出爆款作品。

1. 内容搬运的渠道

在信息爆炸的今天，内容搬运的途径多种多样。短视频内容搬运渠道通常有以下3种。

（1）社交媒体。各大社交媒体是成熟的内容制造平台，微信公众号上的文字，以及微信朋友圈、微博中的各种视频等，都可以作为创作者搬运的内容。创作者要善于在社交媒体上发现有创意的内容，并将其应用到自己的短视频创作中。

（2）经典影视剧。很多经典影视剧桥段非常吸引人，创作者可以把这些经典桥段进行重新演绎，也可以对某些经典镜头进行重新剪辑，从而创作出非常精彩的短视频作品。

（3）关注的名人。名人身上自带巨大的流量，其一言一行都容易成为热点。借助名人效应，创作者可以创作出令人瞩目的短视频内容。

2. 对内容进行创新加工

对内容进行创新加工是搬运法关键的一步，创作者要时刻明白"搬运≠照抄"。创作者对搬运的内容进行创新加工，赋予其自身的特色，可以让其焕发出新的光彩。

创作者在对搬运的内容进行创新加工时，可以采用以下3种方法。

（1）创新展现形式。创新展现形式是指改变原来内容的展现形式。例如，如果创作者搬运的内容是文字版的，那么在进行视频展现时，创作者可以把纯文字的内容转换为人物的台词，或者使用方言、说唱等能够展现自我特色的形式来呈现，这样不仅能更好地呈现文字内容，还能彰显个人风采，达到引人注目的效果。

（2）创新内容。创新内容就是对搬运的内容进行加工改造。例如，如果创作者搬运的内容是讲解道理的，就可以用生动的故事来诠释这个道理，这样比单纯地讲道理更容易激发用户的情感共鸣，更容易赢得他们的认可和好感；如果创作者搬运的是剧情故事，就可以改变故事结局，因为故事情节的反转更能激发用户的好奇心，引发用户互动评论，并吸引用户的持续关注。

（3）创新框架结构。例如，如果创作者搬运的内容有一个大的框架，就可以把这个大的框架分成几个小板块。

动手做

选择一部自己喜欢的影视作品或综艺节目，说一说其中的哪些内容可以作为自己的创作素材。

二、模仿法

模仿是创新的基础。创作者在运营短视频账号时，在尚未完全形成自己的风格时要学会模仿，采取模仿的方式创作出比原短视频更有创意的短视频，这是一种帮助自己快速找到内容创意方向、实现快速引流的有效方式。

模仿法又分为随机模仿和系统模仿。

1. 随机模仿

随机模仿是指创作者随机选择比较火爆的短视频进行参考，拍摄同类型的短视频。例如，变装短视频因变装前后的巨大反差给予用户直接的即时视觉刺激，故此类短视频在抖音上快速蹿红，有不少创作者开始模仿创作此类短视频。大家互相模仿，此类短视频才经久不衰。

2. 系统模仿

系统模仿是指创作者寻找一个与自己短视账号运营定位相似的账号，对其进行长期的跟踪与模仿。创作者要先分析该账号中短视频的选题方向、拍摄手法、运营策略等，然后将其运用到自己的短视频创作中，进行模仿拍摄。在模仿时，创作者可以融入一些新的创意，从而形成自己的风格。

🎓 经验之谈

在短视频平台上，简单易学的舞蹈、朗朗上口的歌曲、可被复制的表情、反转剧情等元素都是容易被模仿的，如果短视频中包含这些元素，就很容易引发用户主动传播。

三、场景扩展法

场景扩展法是指创作者明确短视频的主要目标用户群体后，以目标用户群体为核心，围绕他们关注的话题，通过构建九宫格来扩展场景，寻找更多内容方向的方法。例如，短视频的目标人群是30岁左右的为人父母的青年男女，创作者可以围绕他们进行场景扩展。

（1）围绕青年男女画出九宫格，列出与之相关的8对关系，如图3-3所示。

（2）以这8对关系为核心，再分别构建九宫格，并在每个九宫格中都列出8个常见的沟通场景。例如，以"青年男女和孩子"这对关系为核心再构建九宫格，列举出8种常见的沟通场景，如图3-4所示。

爸妈	亲密朋友	公婆
同事领导	青年男女	孩子的老师
兄弟姐妹	伴侣	孩子

图3-3 构建九宫格第一层核心关系

上学	家教	购物
辅导作业	青年男女和孩子	旅游
做游戏	做家务	吃饭

图3-4 构建九宫格沟通场景

（3）分别为九宫格中列出的每个沟通场景规划3段对话。例如，选择"做家务"这个沟通场景，规划 3 段对话，可以是拖地、洗碗、洗衣服时的对话等，然后分别为其他沟通场景规划对话。

（4）为图 3-3 中的剩余 7 对关系分别列出 8 个常见的沟通场景，并分别为每个沟通场景规划 3 段对话。

这样角色之间的冲突关系会在每一个场景里都体现出来，创作者可以拓展出多段对话，为短视频内容创意提供参考。创作者运用这种方法可以持续不断地产生符合现实场景的创意思路。

四、代入法

代入法，即创作者将某个场景作为拍摄短视频的固定场景，然后根据自身需要在这个固定的场景中不断地代入各种不同的元素来填充内容，丰富这个固定场景中的内容表现。

代入法的操作要点具体如下。

- 设置固定的场景。
- 在固定场景中填充不同的内容。
- 用充满创意的方式呈现这些内容。

下面以4S店销售汽车短视频为例，介绍代入法的操作方法。

（1）设置固定的场景，如将 4S 店的大厅作为固定场景。

（2）在固定场景中填充不同的内容。从现实生活中提炼出与客户在 4S 店买车过程相关的内容，如销售员向进入 4S 店的客户发放宣传资料、销售员为客户讲解车型、客户试乘试驾汽车、销售员和客户进行价格谈判、客户成交签约、客户提车、客户来店保养车辆等。创作者可以将这些内容填充到 4S 店的大厅这一固定场景中，即在 4S 店的大厅里设置这些事件来进行拍摄。

（3）用充满创意的方式呈现这些内容。以上内容都是买车过程中经常遇到的情景，如果直接拍摄这些情景，短视频的内容可能会显得过于平淡，为了提高短视频内容的吸引力，创作者可以为这些内容添加新的创意。

例如，销售员可以穿着玩偶服装，边唱边跳，向进入4S店的客户发放宣传资料；销售员为客户讲解车型过程中，客户提出各种搞笑的问题，销售员机智幽默地作答；4S店为提车的客户准备了一场别开生面的特殊仪式；等等。

这样，创作者将日常生活中人们在4S店买车可能会遇到的各种情景提炼出来，并在这些情景中融入新的创意，拍摄成各种具有趣味性、娱乐性的短视频，就更容易吸引用户的关注。

五、反转法

反转法，就是在剧情的结尾制造一种戏剧性的"神转折"，或者形成一种强烈的反差，并用"神转折"或反差形成的强烈对比效果带动用户的情绪，给他们留下深刻的印象。

例如，在一些变装类短视频中，主人公就是利用高超的化妆技巧制造出强烈的反差对比画面。主人公化妆前形象朴素；化妆后形象清新，气质脱俗，征服了很多用户。

反转法的关键点就是创作者要找到合适的参照物。除了参照物要具有鲜明的特点外，一些电商类短视频还要有与商品的特点完全相反的事物来衬托，形成对比和反差，利用反差制造出强烈的冲突，以形成"神转折"。

六、嵌套法

嵌套法，就是在故事里套故事，在场景里套场景，使视频内容更丰富、更有趣、信息量更大。具体来说，嵌套法的应用方法如下：首先，制作一个故事脚本；其次，制作第二个故事脚本；最后，通过嵌入点把第二个故事脚本嵌入第一个故事脚本中。

例如，第一个场景：在一个破旧的篮球场，一个瘦弱的小男孩正在练习投篮，镜头锁定篮球，并由远及近推进，然后转第二个镜头，第二个镜头从近向远拉。第二个场景：关键的一球入筐，全场响起欢呼声。在这个例子中，篮球就是嵌入点，连接了两个时空，有效地增加了短视频的信息量和耐看性。

创作者在生活中要注意观察，积累短视频创作素材，如果在媒体平台看到有趣的"梗"，但是这个"梗"又太短，不足以拍成一个完整的短视频，就可以运用嵌套法，把"梗"嵌入已有的故事中，让短视频的内容更丰富、信息量更大。

利用嵌套法在故事里套故事，短视频传达的信息量就会增加，情节更具戏剧性，更能引发用户观看的兴趣。因此，合理使用嵌套法对提升短视频的内容创作质量大有裨益。

▍任务实施

从短视频平台上收集3～5条比较热门的短视频（也可用本项目任务一、任务二中任务实施板块中收集的短视频），运用本任务所学知识，分析这些短视频是如何设计内容创意的，并填写表3-3。

表3-3　短视频内容创意设计分析

短视频名称	内容创意分析

▍任务思考

通过本任务的学习，思考并回答以下问题。

1. 在构建短视频内容创意时，需要注意哪些问题？
2. 你是否还有其他构建短视频内容创意的方法？

任务四　设计短视频内容结构

短视频内容结构的设计体现了短视频内容呈现的顺序，内容结构清晰的短视频不仅能让创作者的创作思路更加清晰，也能让短视频的内容更易于理解，且更有吸引力。

任务目标

本任务主要介绍设计短视频内容结构的技巧，希望读者通过本任务的学习，掌握以下知识和技能。

（1）掌握为短视频开场建立期待感的技巧。

（2）掌握为短视频内容设计价值吸引、转折和制造高潮的技巧。

（3）掌握为短视频设计结尾的技巧。

知识储备

设计短视频内容结构的要点为：建立期待感、给出价值吸引、设置转折、制造高潮、巧设结尾。

一、建立期待感

短视频开场的前几秒是用户快速浏览的时间段，如果短视频不能在这个阶段有效地留住用户，很有可能用户会结束观看短视频。因此，创作者在这个阶段要让用户对短视频建立期待感，从用户心理角度出发，想办法让用户产生看下去的动机，快速抓住用户的眼球。

要想让用户对短视频建立期待感，创作者可以从以下几个方面着手。

1. 音乐期待

创作者要擅用音乐渲染情绪。为短视频添加合适的背景音乐可以调节短视频的内容节奏，为用户制造期待感。用音乐制造期待感的方法分为两种：第一种是选择合适的音乐类型对应不同的情绪或氛围，如欢快的音乐对应快乐的情绪、舒缓的音乐对应温馨的氛围、诙谐的音乐对应搞笑的氛围等；第二种是选择由某位达人带火的特定音乐，直接对应某种特定内容。

2. 人物期待

人物即短视频的主人公，主人公或者有气质，或者有个性。如果是人物出镜的视频，用户的心理预期会因为人物类型的不同而产生变化，好看和新奇的人物形象能直接刺激用户的心理。例如，好看的人物、有知名度的人物、造型上超出日常认知的人物、有特殊才艺的人物等。

3. 视觉期待

眼睛是人类认识世界的主要感官，所以视觉刺激往往更容易激起用户对短视频内容的向往和好奇心。这一点主要体现在短视频开头的画面设置上，创作者需要做好两点：一是要突出"美"，二是要体现"新"。

创作者要想办法使短视频画面具有罕见、意外、崭新的特点，这样才更容易让用户对短视频建立起视觉期待。图3-5所示为具有视觉刺激的抖音短视频，毋庸置疑，这样充满视觉刺激的画面作为视频开头，其完播率通常会很高。

4. 开门见山式期待

开门见山式期待就是创作者在短视频开场就点明主题、给出结论，并用剩下的时间来回答相关问题，例如，这条短视频要说什么事，这件事和谁有关，事件的起因、发展、结果等。这样能让用户一开始就明白短视频在讲什么。

图3-5 具有视觉刺激的短视频开头

需要注意的是，由于短视频主题多出现在短视频的开头或封面，所以创作者抛出的主题要足够有趣，或者能够触动用户的痛点、笑点等，这样才更容易引发用户的好奇心与求知欲，让他们对短视频的内容产生期待。

5. 身份期待

人们往往会特别关注与自己有关的内容，因此创作者在短视频的开头提及受众的身份标签或受众共同关注的话题会更吸引相关人群。例如，新手妈妈应该准备什么、大学生的暑假生活等，更容易引起新手妈妈、大学生等用户的兴趣，让这些用户对接下来的内容充满期待。

6. 文案期待

短视频虽然以视频为主，但其实很多人在刷短视频时也会浏览文案。因此，创作者为短视频添加吸引人的文案，会使用户在不知不觉中捕捉短视频中的关键信息，如文案"春节这几天，你是否也感受到了不一样的快乐"可以让用户知道这条短视频的内容与春节有关；文案"我们每天都在吃的蔬菜，你真的懂吗"可以让用户明白这条短视频主要讲蔬菜的相关知识；文案"这是一段完全不在一个频道上的对话"则可以激起用户对短视频中对话内容的好奇心；等等。

🎓 经验之谈

短视频的开头一定要抢眼，要能在7秒内抢夺用户的注意力，并吸引用户花费时间把它看完。

二、给出价值吸引

用户看了短视频的开头，大致了解了短视频的类型，下一步就会判断此视频对自己是否有价值。因此，创作者在这个阶段需要充分体现出作品的价值性，让用户觉得看完短视频自己会有所收获。价值可以涉及很多方面，包括使人愉悦、引发好奇、给人惊喜，提供知识与技能、提供信息及服务等。

例如，旅游类短视频为用户提供旅游攻略；情感类短视频为用户讲解情感问题的处理方法与技巧；美妆类短视频为用户介绍各种化妆技巧；搭配类短视频帮助用户解决搭配的问题；搞笑类短视频让用户获得身心放松，使用户感到愉悦；等等。创作者应注意结合自己的定位，在短视频中给出价值吸引，赢得用户的喜欢和关注。

三、设置转折

在短视频的内容结构中，转折点的设置非常重要，经过开场的期待、价值吸引，接下来的内容是否有亮点、是否有转折是影响用户是否继续观看短视频的关键因素之一。

创作者要为短视频内容设置转折点，使内容有深度，主题更鲜明，人物更立体，从而吸引用户继续浏览。在抖音上一些比较火爆的、成熟度比较高的短视频，一般都会恰当地设置转折点，特别是搞笑短剧类的短视频，在其中设置转折点能够很好地推动剧情的发展，吸引用户继续观看。

例如，抖音上一位创作者发布的一条短视频，标题是"你是不是以为人人都在盯着你"，大致内容是主人公参加聚会，因为自己穿的衣服肩膀上有污迹，而感觉每个人都在盯着她看，都在议论她，看到前面有人拍照，主人公不自觉地伸出手大喊"别拍我"。这时，创作者巧妙地设置了转折，主人公定睛一看，原来被拍对象并不是自己……创作者通过转折揭示了真相，通过转折前后的反差深化了故事的主题——要大胆、自信地生活，不要过分在意别人的看法。

需要注意的是，设置转折的关键在于制造假象，方法是在细节方面使用多义性表达，加入干扰性元素，使观众陷入假象的惯性思维，从而在真相被揭示时产生较强的戏剧化效果。

还有一种是人为地设定戏剧化转变，例如，一条短视频的内容大致为女儿愁眉不展地跟她爸爸说，以后不要再逼她相亲了，她心里已经有阴影了。爸爸的回复可谓神转折，爸爸说："既然已经有阴影了，那改天把他叫到家里来坐坐吧！"这种戏剧化的回复让观众意想不到。爸爸把"阴影"当成了女儿的心上人，这个转折点的设置给剧情带来了意料之外的发展，并最终引人大笑。

四、制造高潮

短视频内容要有高潮部分，用高潮引发用户共鸣、共情，让用户不自觉地把自己代入场景。打动用户的方式有很多，创作者可以在短视频的后半段设置一段能引发用户共鸣的内容，吸引用户进行互动。

各种不同类型的短视频制造高潮、引发用户共鸣的关键点如下。

- **喜**：使用户产生愉悦感，如搞笑段子、趣味视频。
- **萌**：巧设萌点收获用户喜爱，让用户感到惊喜。
- **美**：激发用户的向往之情，从感官上给予用户美好的体验，促使他们产生向往之情，如美丽的风景、漂亮的人物或美好的事物。

- **忧**：为用户排忧解难，使用户转忧为喜，如专业技能类视频。
- **敬**：点燃用户的敬佩之情，让用户觉得自己做不到的事别人却做到了，如正能量短视频。
- **羡**：挖掘用户的羡慕之情，现实中人们总有各式各样无法满足的欲望或无法实现的愿望，创作者可以从这点切入挖掘用户的羡慕情绪。
- **真**：捕捉生活小细节、小情绪，从一些微小、真实的事件或事物出发，进行揭露或解读，抒发情感，以此拉近与用户的距离，使用户产生认同感。
- **暖**：通过细心、体贴的举动，使用户产生温暖的正面情绪，触动用户内心深处，引发共鸣。
- **奇**：满足用户的猎奇心理，利用用户的猎奇心理引发共鸣，如开箱测评类短视频、介绍冷知识的短视频。

五、巧设结尾

爆款短视频常见的结尾一般有3种，分别为互动式结尾、共鸣式结尾和反转式结尾。

1. 互动式结尾

互动式结尾就是在短视频结束时和用户互动，询问用户有没有类似的经历。一些爆款短视频常以问句来结尾，以引发用户互动，例如，在视频结尾可以说："你怎么看""你身边有这样的人吗""你遇到过这样的情况吗""赞同的话请点赞，感谢你们的支持"等。

2. 共鸣式结尾

共鸣式结尾就是短视频经过开场、发展、剧情反转等达到高潮，一般以语言、文案、画面细节等升华主题，引发用户的情感共鸣，促使用户主动点赞、评论或转发。

例如，一位创作者发布的一条短视频，短视频内容简介是"妈妈说，生活是美丽的，无论它怎样不尽如人意"。视频的开场是小孩听到吵架声，大声喊着"妈妈"，妈妈走进来，面对孩子扮了一下鬼脸，张开双臂，想要拥抱孩子。这时画面中出现一对非常大的翅膀，妈妈告诉孩子"别怕，妈妈在呢！"在最后的画面细节中，妈妈的翅膀遍体鳞伤，使主题得到升华：虽然在外伤痕累累，但就算体无完肤，妈妈也会用生命保护孩子。这条短视频深深打动了用户，短视频的点赞量、评论量和转发量都特别高，评论区中有很多人分享自己看完后的感受。

3. 反转式结尾

反转式结尾就是通过讲述、表情、动作等在结尾部分完成反转，引发用户深思。例如，一位创作者发布的一条短视频，标题是"不要片面评判一个人，耳听为虚，眼见不一定为实"。视频内容前半段塑造了特别讨厌的主人公形象，她买东西不给钱，插队，把别人的手机摔坏，最后结尾给出反转，其实她前面的所作所为都是出于好心，在帮助他人。

动手做

国庆节到来之际，学校组织以"可爱、可信、可敬的中国形象"为主题的短视频创作大赛，假设你要参加此次比赛，请根据前面所学内容，设计短视频的选题、内容创作切入方法、内容创意和内容结构。

任务实施

在短视频平台上收集3~5条比较热门的短视频，分析这些短视频的内容结构和创作者是如何设计短视频各个阶段的内容的，填写表3-4。

表3-4　短视频内容结构分析

短视频名称	内容结构分析

任务思考

1. 为什么很多用户喜欢观看带有转折剧情的短视频？说说你的看法。
2. 在为短视频建立期待感、制造高潮、设计结尾时，你是否还有其他的方法？请和大家分享。

任务五　撰写短视频脚本

短视频脚本是短视频制作的灵魂，用于指导整个短视频的拍摄和后期剪辑，具有统领全局的作用。虽然短视频的时长较短，但优质短视频的每一个镜头都是精心设计的。创作者在正式拍摄短视频之前撰写短视频脚本，可以有效提高短视频的拍摄效率与拍摄质量。

任务目标

本任务主要介绍撰写短视频脚本的方法，希望读者通过本任务的学习，掌握以下知识和技能。

（1）了解在撰写短视频脚本前需要做的准备工作。

（2）掌握撰写拍摄提纲、分镜头脚本和文学脚本的方法。

知识储备

短视频脚本是一种能够指导短视频拍摄的文本，它包含了短视频中需要呈现的情节、对话等要素。短视频脚本通常由文字组成，有时也可以用画面来呈现，它能帮助创作者更好地组织和呈现短视频内容。

一、撰写短视频脚本的前期准备

在撰写短视频脚本前，创作者需要确定好短视频整体的内容思路和流程，主要包括以下几个方面。

- 在撰写脚本之前，创作者需要从拍摄主题、故事线索、人物关系、场景选择等方面完成脚本框架的搭建。
- 做好脚本主题的定位，包括脚本要表现的故事背后的深意是什么，想反映什么主题，用怎样的内容表现形式。例如，对服装穿搭类短视频来说，拍摄一条连衣裙的服饰搭配就是具体的主题定位。
- 短视频中需要设计几个人物，明确他们分别对主题展现有何作用。
- 确定拍摄时间和制订拍摄方案。一是提前与摄像师约定时间，以免因为时间冲突影响拍摄进度；二是确定拍摄时间后，制订可落地的拍摄方案，以免出现拍摄进度慢等问题。
- 拍摄地点和拍摄场景非常重要，创作者需要提前确定是在室内拍摄还是室外拍摄，是棚拍还是绿幕抠像。例如，在美食类短视频的拍摄中，野生美食最好选择在青山绿水的地方进行拍摄，室内场景最好选择普通的家庭厨房。
- 对于剧情类的短视频，创作者要考虑剧情的发展脉络，是从人物从小到大讲起，还是采用倒叙的方式先用结果调动观众的情绪，然后展开整个故事的剧情。
- 确定短视频主题的情绪是什么，是悲剧、怀念还是搞笑。创作者应根据不同的情绪来确定用光是采用冷调还是暖调。
- 背景音乐和音效是短视频创作的重要组成部分，配合场景选择合适的背景音乐和音效非常关键。例如，如果拍摄时尚青年，可以选择流行、快节奏的背景音乐；如果拍摄中国风，可以选择节奏偏慢、唯美的背景音乐。

二、短视频脚本的撰写

短视频脚本大致分为3类：拍摄提纲、分镜头脚本和文学脚本。在选择脚本类型时，创作者可以依照短视频的拍摄内容而定。

1. 拍摄提纲的撰写

拍摄提纲通常仅列出短视频的拍摄要点，只对拍摄内容起到提示作用，适用于拍摄一些不易掌控和难以预测的内容。通常情况下，拍摄提纲能让摄像师有较大的自由发挥空间，而对剪辑师来说，拍摄提纲起到的指导作用较小。表3-5所示为南锣鼓巷旅游攻略类短视频的拍摄提纲。

表3-5 南锣鼓巷旅游攻略类短视频拍摄提纲

提纲要点	要点内容
主题	介绍南锣鼓巷的游玩攻略
游玩南锣鼓巷	到达南锣鼓巷，拍摄南锣鼓巷的入口，简要介绍南锣鼓巷的历史
	拍摄在南锣鼓巷逛街的过程，重点拍摄南锣鼓巷人山人海的场景，介绍南锣鼓巷的客流量
	在南锣鼓巷探店，选择几家具有代表性的店铺，介绍店铺的特色
	结束旅程，拍摄南锣鼓巷的出口，总结游玩攻略

2. 分镜头脚本的撰写

分镜头脚本是导演按照自己的总体构思，将故事情节、内容以镜头为基本单位，划分出不同的景别、画面内容、镜头等。短视频后期的拍摄和制作中基本都会以分镜头脚本为直接依据，所以分镜头脚本又被称为导演剧本或工作台本。

（1）分镜头脚本的格式。

分镜头脚本适用于故事性较强的短视频作品，其包含的内容十分细致，每个画面都要在导演的掌控之中，一般按镜号、机号、景别、摄法、时间、画面内容、解说词（对白）、音响、音乐、备注的顺序制成表格，分项填写，如表3-6所示。对有经验的导演来说，分镜头脚本的格式不必拘泥于此。

表3-6　分镜头脚本格式

镜号	机号	景别	摄法	时间	画面内容	解说词（对白）	音响	音乐	备注

分镜头脚本中每项内容的含义如下。

- **镜号**：每个镜头顺序的编号。镜号从1开始编号。拍摄短视频时，不一定要完全按照镜号的顺序来拍摄，但编辑分镜头脚本时必须按照镜号的顺序进行。需要注意的是，并非一格就是一个镜号，有时为了详细地表现镜头中的运动方式或镜头中角色的行为等，有的长镜头画面会占用几个镜号。
- **机号**：多个机位拍摄时机位的编号。
- **景别**：拍摄画面的视野、空间范围，有远景、全景、中景、近景、特写等。
- **摄法**：镜头的具体运镜方式，如固定镜头、推镜头、拉镜头、摇镜头、移镜头、跟镜头、甩镜头等，以及镜头的组合，如淡出淡入、切换、叠化等。
- **时间**：每个镜头应呈现的时间长度，一般以"秒"为单位，方便在后期剪辑时快速找到重点，提升剪辑师的工作效率。
- **画面内容**：视频画面上要出现的内容，具体来说就是拆解脚本，把内容拆分到每一个镜头中，语言描述要具体、形象，能够达到拍摄要求。
- **解说词（对白）**：配合分镜头画面内容或主题要求，以文字解说为依据，对画面中的内容进行文字解释和说明，要写得具体、形象，注重描述上的文学性。
- **音响**：用于创造画面的真实感，如现场的雷声、雨声、动物的叫声等。
- **音乐**：用于增强叙事效果和气氛，使用音乐应标明起始位置。
- **备注**：用于说明拍摄计划、注意事项、道具、资料及其出处等。

分镜头脚本是导演将文学形象转变到视觉形象的具体化设计，可以体现导演创作的风格特点。常见的分镜头脚本分为两类：一类是用文字将拍摄内容描述出来的文字分镜头脚本，另一类是用画面直接将拍摄内容绘制出来的画面分镜头脚本。画面分镜头脚本没有固定的格式，有的导演会直接绘制一张张分镜头画面，并在分镜头画面旁边加上相关的文字说明。

（2）分镜头脚本的撰写方法。

分镜头脚本的撰写主要包括以下工作。

- 将文字脚本的画面内容加工成一个个具体、形象的可供拍摄的画面镜头，并按顺序列出镜头的镜号。

- 确定每个镜头的景别，如远景、全景、中景、近景、特写等。
- 把需要拍摄的镜头排列组成镜头组，并说明镜头组接的技巧。
- 用精练、具体的语言描述出要表现的画面内容，必要时可以借助图形、符号来表示。
- 编写相应镜头组的解说词。
- 写明相应镜头组或段落的音乐与音响效果。

对于没做过分镜或没有经过系统训练的初学者来说，直接上手编写分镜头脚本是比较困难的。创作者在初期锻炼编写分镜头脚本的能力时，可以选取经典的影视片段或优秀的短视频案例来反复观摩，然后将内容以分镜头的方式表示出来。

这种训练相当于间接向经验丰富的导演学习分镜头技巧，揣摩他们对景别、时间、画面内容、摄法、声音及节奏等方面的掌控方法。当初学者有了一定的还原分镜头脚本的能力后，就可以尝试将已有的剧本、小说中的短小情节以分镜头的方式创作出来。

表3-7为文字分镜头脚本示例。

表3-7 文字分镜头脚本示例

镜号	摄法	景别	时长	画面内容	字幕	音乐
1	由远及近推镜头，录取通知书、行李箱特写	全景、特写	8秒	开学场景：新生们拉着行李箱从校门口进入校园，拿着录取通知书到报到处报到	新同学的到来为这所学校添加了新的活力	《相遇》
2	固定镜头	全景	8秒	教室：老师为同学们授课，同学们积极发言	课堂是汲取知识的海洋	《勇气》
3	镜头慢慢移动	中景	8秒	图书馆：同学们翻阅书籍，查询资料	你的气质里藏着你读过的书和走过的路	《命运交响曲》
4	固定镜头，多数人为背景，虚化表现，一位同学为前景给其特写	特写	8秒	自习室：同学们在自习室里紧张地复习备考，奋笔疾书	人生没有白读的书，每一本都会融进你的血肉	翻书声
5	固定镜头	特写	8秒	运动会：运动员交接接力棒	你们是青春接力的关键一棒	加油声
6	固定镜头	拨正流苏特写	8秒	毕业典礼：校长为毕业生颁发毕业证书，拨正流苏	从今天开始，我就是母校的骄傲	《飞得更高》

3. 文学脚本的撰写

文学脚本要求创作者列出所有可能的拍摄思路，但不需要像分镜头脚本那样细致，只需写明短视频中人物需要做的任务、说的台词、所选用的拍摄方法和整个短视频的时长。文学脚本不仅适用于有剧情的短视频，也适用于非剧情类的短视频，如教学类短视频、测评类短视频等。表3-8所示为一篇手机测评类短视频的文学脚本。

表3-8 手机测评类短视频文学脚本

内容要点	镜头画面	台词要点
引入主题	展示测评人手持华为Mate 60包装盒的画面	入手华为Mate 60已经一段时间了，说说使用体验

续表

内容要点	镜头画面	台词要点
展示包装	特写镜头展示手机外包装盒	包装盒为黑色，正面采用烫金字体，印有华为品牌Logo和"HUAWEI Mate60""Powered by Harmony OS"等字样； 包装盒侧面有介绍机型相关参数信息的贴纸
展示配件	取出包装盒内的物品，并进行展示	除了华为Mate 60手机外，另配置有66W充电套装、说明书、保修卡纸、取卡针和清水壳等配件
展示外观	手持手机，特写镜头全方位展示手机外观	① 华为Mate 60手机搭载了6.69英寸[①]的全面屏，采用第二代昆仑玻璃，使整机耐摔能力进一步提升 ② 华为Mate 60手机拥有青、紫、黑、银四款配色，我手上这款为白沙银配色；手机机身背板沿用双拼设计，更显层次感 ③ 手机中框为金属材质，顶部中框配备降噪话筒开孔及红外遥控传感器开孔 ④ 机身右侧中框集成电源按键以及音量调节按键 ⑤ 手机底部设置扬声器开孔、通信天线横条、USB Type-C物理充电端口、麦克风开孔以及SIM卡槽
展示性能	展示华为Mate 60手机的各项性能数据和跑分情况	① 性能上，华为Mate 60手机搭载麒麟9000S处理器，安兔兔V10跑分达到95万 ② 华为Mate 60手机还采用了先进的散热系统，保证了长时间高负荷运行下的稳定性能
展示摄像头	展示华为Mate 60手机的摄像头和使用手机拍摄的照片	① 摄像头模组延续极致中轴对称设计理念，中间区域雕刻华为独立影像品牌"XMAGE"字样；左侧是5000万像素的主摄镜头，右侧是1200万像素的超微距潜望长焦镜头，下方是1200万像素的超广角镜头，上方是LED闪光灯以及色温传感器，支持光学图像稳定（Optical Image Stabilization, OIS）模式 ② 这是一张使用华为Mate 60手机拍摄的快速飞舞的鸽子照片，清晰地记录下了包括鸽子羽毛在内的细节，做到了对焦准确、不糊片 ③ 在夜景拍摄中，画面色彩稳定输出，算法基本还原了弱光环境下的色彩层次，高光处的压制也处理得当，基本看不见眩光。在这张使用135mm焦段拍摄的灯饰照片中，也能很清晰地看到层次分明的光比效果，周边的墙面并没有被过度提亮，氛围感十足
展示充电器	特写镜头展示充电器套装	① 华为Mate 60手机搭配华为66W充电器和充电线材 ② 充电器机身为纯白色，附赠的充电线材同为白色配色设计，采用环保纸壳捆绑固定
总结	展示手持华为Mate 60手机的画面	最后总结，华为Mate 60手机拥有独特的外观设计、卓越的性能配置、优秀的屏幕显示和出色的摄像能力，且其轻便，手感舒适，是重量敏感型用户的不二之选

▌任务实施

　　收集1～2条优质短视频或经典影视片段并反复观摩，尝试将短视频或经典影视片段的内容分别用拍摄提纲和分镜头脚本的形式还原，分析创作者的拍摄技法，从中积累撰写短视频脚本的经验。

▌任务思考

　　通过本任务的学习，思考并回答以下问题。

---

① 1英寸约为2.54厘米。

1. 短视频脚本有什么作用？

2. 拍摄提纲、分镜头脚本和文学脚本各有什么优缺点？分别适用于拍摄哪种类型的短视频？

项目实训：策划短视频内容并撰写脚本

1. 实训目标

掌握策划短视频内容的方法，会为短视频策划选题，为短视频设计具有创意的内容创作切入方法、内容创意和内容结构，提升短视频的吸引力，并选择合适的脚本形式进行撰写。

2. 实训内容

3～5人一组，以小组为单位，完成短视频的选题、内容创作切入方法、内容创意和内容结构的策划，并为短视频撰写脚本。

3. 实训步骤

（1）确定短视频的选题

以小组成员在项目二项目实训中确定的短视频内容类型和内容表现形式为基础，为短视频策划并确定选题。

（2）为短视频设计内容创作切入方法

在综合考虑短视频的内容类型、内容表现形式和内容选题的基础上，为短视频设计内容创作切入方法。学生们可以运用本项目中介绍的内容创作切入方法，也可以发挥自己的创意，为短视频设计能体现自我特色的内容创作切入方法。

（3）为短视频构建内容创意

运用相应的方法为短视频构建内容创意。

（4）为短视频设计内容结构

设计短视频的内容结构，并规划各个阶段的主要内容，形成短视频内容的基本框架，填写表3-9。

表3-9　短视频内容结构设计

短视频内容结构	具体内容
建立期待感	
给出价值吸引	
设置转折	
制造高潮	
巧设结尾	

（5）撰写短视频脚本

选择合适的脚本类型，根据短视频的内容创意、内容结构设计为短视频撰写脚本，为后续拍摄短视频素材提供指导。

4. 实训总结

学生自我总结	
教师总结	

项目四 短视频拍摄

学习目标

➢ 了解拍摄短视频需要使用的各种设备。

➢ 掌握景别、构图方式、拍摄角度、光线、运镜方式等视听语言的使用方法。

➢ 掌握手机拍摄短视频参数的设置方法。

➢ 掌握单反相机拍摄短视频参数的设置方法。

➢ 能够根据拍摄要求选择合适的拍摄设备。

➢ 能够根据拍摄要求选择合适的景别、构图方式和拍摄角度。

➢ 能够根据拍摄要求选择合适的光线和运镜方式。

➢ 能够根据拍摄要求设置合适的拍摄参数。

➢ 培养团队意识，提升短视频运营团队的凝聚力。

➢ 勇于实践，勤于实践，将实践作为推动个人成长的课堂。

要想顺利地完成短视频的拍摄，让短视频更有吸引力，创作者不仅要事先准备好拍摄短视频的各种设备，还要掌握短视频的视听语言，并会设置短视频拍摄参数等，这样才能创作出高质量的短视频。

任务一 准备短视频拍摄设备

"工欲善其事，必先利其器"，优质的短视频离不开专业设备的支持。在拍摄短视频之前，拍摄者需要优选拍摄设备，并将其调试至最佳状态。

任务目标

本任务主要介绍拍摄短视频可能会用到的各种设备，希望读者通过本任务的学习，掌握以下知识和技能。

（1）掌握拍摄短视频常用的摄影设备和不同摄影设备的特点。

（2）掌握拍摄短视频常用的稳定设备、补光设备和录音设备。

知识储备

选好拍摄设备对短视频的拍摄质量有着直接的影响。下面将介绍常用的拍摄短视频的各种设备。

一、摄影设备

目前，常用的短视频摄影设备有智能手机、单反相机、运动相机及航拍无人机等。在实际操作中，拍摄者可以根据器材功能或要拍摄的题材来选择摄影设备。

1. 智能手机

对现在主流的短视频平台来说，当前市面上的旗舰手机就可以满足一般的拍摄需求。随着智能手机的普及以及手机摄像头技术的发展，手机上的摄像头已经从原来的单摄像头发展为双摄像头、三摄像头、四摄像头甚至五摄像头，手机的拍摄性能越来越强大。例如，小米13 Ultra采用广角镜头、超广角镜头、长焦镜头、人像镜头的四摄像头配置（见图4-1），拍摄者利用此款手机不同特性的摄像头可以拍摄不一样的题材。

一般情况下，多摄像头手机拍摄时可以直接在取景框中点击不同的焦段切换镜头。以华为Mate 60 Pro手机为例，拍摄者可以通过点击取景器底部的数字按钮切换不同的镜头，其中W是超广角镜头，1×是标准广角镜头，3.5×是长焦镜头，10×是混合变焦镜头，如图4-2所示。

图4-1 小米多摄像头手机

图4-2 切换镜头

2．单反相机

单反相机（见图4-3）不只用于摄影，其视频拍摄功能也是很强大的。与手机相机相比，单反相机在拍摄视频方面有着很大的优势。单反相机的感光元件要比手机相机的感光元件大很多，更大的感光元件意味着更高的像素、更广的动态范围及更强的感光能力。可以这样说，感光元件决定了画面的质量，在成像上单反相机可以拍摄出更优质的视频画面，能将高光处和阴影处的细节如实地反映出来，使画面更加细腻，画质也更具观赏性。

图4-3　单反相机

单反相机的镜头光圈可以拍摄出不同的景深效果，也就是背景虚化。光圈越大，背景虚化效果越强，拍摄主体就越突出。虽然手机中也提供了一些大光圈的镜头来实现背景虚化效果，但其虚化效果和专业单反相机镜头相比，还是有一定差距的。

3．运动相机

随着拍摄要求越来越高，各种相机产品也不断地改进创新，在动态拍摄的需求下，运动相机应运而生，如图4-4所示。运动相机是一种便携式的小型防尘、防震、防水相机，拍摄出来的画面视野更广。运动相机的配件很丰富，如自行车支架、遥控手表、头盔底座等，解决了很多在户外场景中无法常规拍摄的问题。

图4-4　运动相机

4．航拍无人机

航拍无人机（见图4-5）主要用于从高空俯拍一些广阔的场景，可以让人们从一个新的角度来观察周围的世界。

图4-5　航拍无人机

二、稳定设备

画面稳定是拍摄短视频最基本的要求，因为晃动幅度较大的画面容易让人产生晕眩感和不适感。可用于短视频拍摄的稳定设备主要有三脚架、滑轨、手持稳定器等。

1. 三脚架

三脚架由可伸缩的支架和云台等组成，如图4-6所示。三脚架的管脚大多数是三节或四节，通常来说，节数越少，稳定性越好。云台用于将手机或单反相机固定到三脚架上，一般由快装板和水平仪组成，可以完成一些诸如推拉升降镜头的动作，从而提升视频画质，更好地完成拍摄任务。有的三脚架还具有扩展功能，如支持安装补光灯、机位架等。

除了常规的伸缩型三脚架外，市面上还有许多颇具创意的便携型支架，如八爪鱼支架（见图4-7），其小巧轻便，便于携带，具有可以随意弯曲的支架腿，可以缠绕固定在物体上进行拍摄。

图4-6　三脚架　　　　　　　　图4-7　八爪鱼支架

2. 滑轨

使用滑轨可以拍摄左右或前后移动的运镜效果，滑轨包括电动滑轨和手动滑轨，如图4-8所示。电动滑轨可以让移动的视频画面稳定，还可以通过App来设置运动轨迹。手动滑轨不需要电源供电，而需要手动推动滑轨常常与三脚架配合使用，常用的滑轨拍摄方式包括平移、推拉、倾斜旋转、升降、模拟摇臂等。

电动滑轨　　　　　　　　　　　手动滑轨

图4-8　滑轨

3. 手持稳定器

使用三脚架可以使相机固定时保持稳定，但在拍摄动态视频时，就需要手持稳定器。手持稳定器能够保持相机相对静止和稳定。手持稳定器不仅可以防止手抖带来的画面抖动，还具有精准的目标跟踪拍摄功能，能够跟踪锁定人脸及其他目标拍摄对象，让动态画面的每一个镜头都流畅、清晰。另外，手持稳定器还支持运动延时拍摄和延时拍摄等，能够满足拍摄者对视频拍摄的较高要求。

手持稳定器的类型主要有手机稳定器和相机稳定器两种，如图4-9和图4-10所示。手机稳定器有大疆Osmo Mobile 6、智云Smooth 5S等产品。相机稳定器的种类更丰富，一般按照相机的重量来分类。相机的重量不同，其匹配的稳定器的体积、重量和相关配置也会有差异。

图4-9　手机稳定器 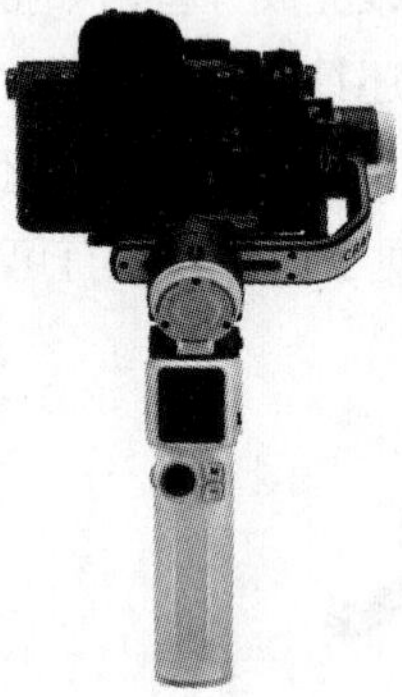　　　　图4-10　相机稳定器

经验之谈

　　使用手机拍摄短视频时，采用正确的持机姿势有利于避免画面抖动。当横屏拍摄时，要双手横握手机，双手的拇指分别放在手机的下部边缘，双手的食指握住手机的上部边缘，双手的其余3根手指并拢后自然地握住手机的左右两侧边缘。拇指、食指和其余3根手指同时发力，把手机固定在双手之间，这样持机会非常稳定。当竖屏拍摄时，可以单手握持手机，手指抓紧手机。

三、补光设备

在拍摄短视频的过程中，有很多需要用到补光灯的场景。一般来说，如果被摄主体需要光线，并且距离比较近，可以尝试使用闪光灯。对大部分手机来说，手机的相机和闪光灯是同时工作的，当用一部手机拍摄时，可以使用另外一部手机的闪光灯打光。这种搭配相当于外置闪光灯，虽然不能连闪，但如果使用得当也能得到不错的光线效果。

在短视频拍摄中，常用的补光设备一般分为三大类：闪光灯、LED补光灯和反光板。

1. 闪光灯

闪光灯分为热靴灯、影室灯和外拍灯。热靴灯（见图4-11）可以直接插在相机顶上的热靴接座上，灯头可变焦调整照射范围，灯头自带或外接的控光附件，可以进一步控制光效。热靴灯的优点是方便灵活，可用于快速跟拍，成本相对较低。

影室灯的主要应用场景是室内，其最大的特点就是必须插电源。常见的影室灯就是单灯头影室灯和电箱灯。单灯头影室灯所有的控制原件和发光结构是一个整体，如图4-12所示。电箱灯的灯头只负责发光，所有的控制元件和应用设置都在电箱中，灯头和电箱连接，电箱要连接电源，如图4-13所示。外拍灯相当于加了电池的影室灯，其外形和性能与影室灯基本一致，二者的区别在于外拍灯采用的是直流供电。

图4-11 热靴灯　　　图4-12 单灯头影室灯　　　图4-13 电箱灯

2. LED补光灯

LED（发光二极管）补光灯相对闪光灯而言灯光亮度要弱一些，但LED补光灯亮度稳定，一些高端的LED补光灯还可以实现稳定的色温调节，可以胜任人像、静物、微距的拍摄。

LED补光灯大致可以分为便携LED灯、手持LED灯和影视专业LED灯，如图4-14所示。选择LED补光灯时，主要看LED的显色性是否准确，是否能够调节色温，以及LED的亮度是否够亮等。

便携 LED 灯　　　　手持 LED 灯　　　　影视专业 LED 灯

图4-14 不同类型的LED补光灯

3. 反光板

反光板（见图4-15）利用自然光的反射对被摄主体进行补光，多用于对人像和静物的拍摄。反光板可以复制主要光源，通常用于镜头与被摄主体保持较远距离或日光微弱等情况，其在室外可以起到辅助照明的作用，有时也可作为主光源。

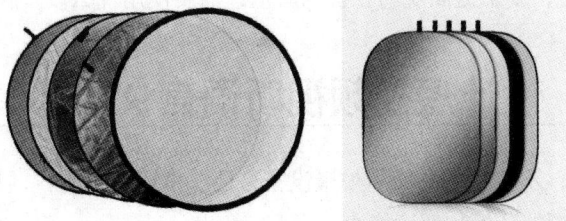

图4-15 反光板

四、录音设备

声音是短视频的重要组成部分，拍摄者在录制短视频时，要考虑后期对声音的处理，并做好同期声音的录制工作。如果使用手机或相机自带的话筒录制声音，音质难以得到保证，后期处理起来也比较麻烦。

如果拍摄者想提高收音的质量，就需要使用外置话筒等收音设备，常用的收音设备有枪式话筒和小蜜蜂无线领夹话筒。

枪式话筒（见图4-16）只会收录话筒所指方向的声音，可以在一定程度上削弱环境音，从而提高人声的收音质量。

小蜜蜂无线领夹话筒包括一个发射器和一个（或两个）接收器，如图4-17所示。其中，带有Line Out接口和耳机监听接口的机身为接收器，使用时将音频输出线插至Line Out接口并连接到拍摄设备，将监听耳机插至耳机监听接口。有话筒标志接口和Line In接口的则为发射器，话筒需接入话筒标志接口。

图4-16　枪式话筒

图4-17　小蜜蜂无线领夹话筒

▌任务实施

多接触各种短视频拍摄设备，并观察、操作这些设备，切身感受各种拍摄设备的结构、性能或功能。

▌任务思考

通过本任务的学习，思考并回答以下问题。

1. 在短视频拍摄中，常用的稳定设备和补光设备有哪些？
2. 拍摄短视频时，要想提高现场收音的质量，需要使用什么设备？

任务二　设计短视频视听语言

学习短视频拍摄，不仅要学会使用拍摄设备，还要掌握视听语言，只有掌握一定的视听语言，才能提高对短视频的分析和解读能力。

▌任务目标

本任务主要介绍短视频拍摄中使用的各种视听语言，希望读者通过本任务的学习，了解并掌握以下知识及技能。

（1）掌握景别和构图方式的类型及特点。

（2）掌握不同拍摄角度的特点与适用场景。

（3）掌握不同光质、光比、光位的特点。

（4）掌握短视频拍摄运镜方式的类型及特点。

▌知识储备

视听语言是一种利用视听刺激向观众传播某种信息的感性语言，包括影像、声音等方面内容。在短视频拍摄中使用的视听语言包括景别、构图方式、拍摄角度、光线、运镜方式等，合理使用各种视听语言有利于提升短视频的画面质量，增强画面的叙事能力。

一、景别

景别是指拍摄设备与被摄主体的距离不同，而造成被摄主体在取景画面中所呈现出的范围大小的区别。通常以被摄主体在画面中所呈现的范围为标准来划分景别，一般分为6种，由远至近分别为远景、全景、中景、中近景、近景和特写。

不同的景别可以表现不同的画面节奏和主次关系，景别的变化带来的是视点的变化，它能满足观众从不同视距、不同视角观看被摄主体的要求。图4-18所示为运用不同景别拍摄的视频画面。

远景	全景	中景
中近景	近景	特写

图4-18 运用不同景别拍摄的视频画面

1. 远景

远景是指远距离拍摄人物和景物，表现广阔深远景象的画面。远景画面重在渲染气氛、抒发情感，常用于介绍环境，显示人物的处境或者表现一定的意境。

2. 全景

全景是指展示被摄主体全身形象或场景全貌的画面，体现事物和人物形象的完整性，具有描述性、客观性的特点，多用于塑造人物形象和交代环境。与远景相比，全景更能全面阐释人物与环境之间的密切关系，展示出人物的行为动作、表情相貌，也可以在某种程度上表现人物的内心活动。

3. 中景

中景是指摄取被摄主体膝盖以上部分或局部环境的画面。中景既照顾到了人物的表情，又交代了人物活动的环境，是叙事功能最强的一种景别。与全景相比，中景展现景物的范围有所缩小，环境处于次要地位，重点在于表现人物的上身动作。

4. 中近景

中近景的取景范围介于中景、近景之间，用于表现人物腰部以上的活动。中近景利于展示人物的上身，特别是头部动作和面部神情。

5. 近景

近景是指摄取被摄主体胸部以上的画面，可着重表现人物的面部表情，传达人物的内心世界，是刻画人物性格最有力的景别。近景的画面内容趋于单一，被摄主体占据大部分画面，人物表情展示清楚，背景与环境特征不明显。

6. 特写

特写是指摄取被摄主体脸部或者物体某个局部的画面。在特写镜头中，被摄主体充满画面，具有呈现和强调人物内心的作用。此外，还有大特写镜头，大特写镜头主要用于表现被摄主体的表情细节、动作细节等，主观性更强。

二、构图方式

构图是指画面布局和结构的艺术。下面简要介绍短视频拍摄中常用的10种构图方式。

1. 水平线构图

水平线构图一般适用于横画幅，以地平面为参考，呈现一条或多条水平线，适合拍摄平静、宽广的场景，给人以平稳、安宁、舒适的感觉，如图4-19所示。

2. 垂直线构图

垂直线构图能够充分显示出被摄主体的高度和深度，具有较强的立体感和空间感，常用于拍摄竖立的物体，能够表现出挺拔、庄严、硬朗等感觉，如图4-20所示。

图4-19　水平线构图　　　　　　　　　图4-20　垂直线构图

3. 三分法构图

三分法构图，又称九宫格构图，是常用的构图方法之一。大多数相机和手机相机中都配有九宫格辅助线。拍摄时，将被摄主体放在三分线上，将主体的重要部分放到4个交点中的任意一点上，如图4-21所示。这种构图方式符合人的视觉习惯，能让观众下意识地看到交点上的内容。

4. 对称构图

对称构图分为上下对称和左右对称两种，多用于对称建筑或建筑与水面倒影的拍摄，可以让画面布局更加规整，营造出一种肃穆的平衡感，如图4-22所示。

图4-21　三分法构图　　　　　　　　图4-22　对称构图

5. 对角线构图

对角线构图是将被摄主体安排在画面的对角线上。这种构图具有延伸感，能使画面富于动感，具有活力，达到吸引视线、突出主题的效果，如图4-23所示。

6. 引导线构图

引导线构图是通过线状物体的汇聚来连接画面主体和背景元素，将观众的视线引向画面深处，画面富于张力与冲击力，如图4-24所示。

图4-23　对角线构图　　　　　　　　图4-24　引导线构图

7. 简洁构图

简洁构图可以理解为给画面内容做减法，去掉画面中无关的内容，给人一种简单明了的感觉。在艺术表现上，简洁构图能够给人留下丰富的想象空间，如图4-25所示。简洁构图可以让构图过程变得简单——拍摄者拿起手机或相机，在拍摄中通过移动位置或调节焦距来减少被摄主体周围的元素。

8. 前景构图

前景构图是利用离镜头最近的物体形成遮挡，体现画面的虚实、远近关系，如图4-26所示。前景构图可以强化视频画面的纵深感和空间感，增加视频画面的视觉空间深度。

图4-25　简洁构图　　　　　　　　　　图4-26　前景构图

9. 框架式构图

运用框架式构图能够拍出具有"神秘"效果的画面，拍摄者可以利用视觉遮挡，透过其他物体来拍摄主体，如图4-27所示。框架式构图能够引发观众的好奇心，营造一种神秘的气氛，可以使平淡无奇的普通场景具有吸引力，同时也能让画面具有立体感和延伸感。

10. 预留空间构图

预留空间构图是指在画面的特定位置留出一定的空白，使观众的视线得以延伸，如图4-28所示。例如，当被摄主体处于运动状态时，就在其运动朝向的一侧留出较多的空白；当人物的视线看向画面一侧时，就在其面部朝向的一侧留出较多的空白。

图4-27　框架式构图　　　　　　　　　图4-28　预留空间构图

三、拍摄角度

当我们观看外界事物时会有不同的观察角度，同样，短视频的取景拍摄也有各种拍摄角度，这决定着观众从哪一个视点来观看被摄主体。拍摄角度是指拍摄者运用拍摄设备及取景器进行构图、取景，决定拍摄时的视角和位置，包含拍摄距离、拍摄方向和拍摄高度3个维度。

1. 拍摄距离

拍摄距离是决定景别的元素之一，指的是拍摄设备与被摄主体之间的空间距离。在焦距不变的情况下，改变拍摄距离仅影响景别的大小。拍摄距离越远，景别越大；拍摄距离越近，景别越小。

2. 拍摄方向

拍摄方向是指镜头与被摄主体在水平面上的相对位置，包括正面、侧面和背面3种。不同的拍摄方向具有不同的叙事效果，需要拍摄者根据拍摄任务来合理地进行选择。正面拍摄人物，展现的是被摄主体的正面形象，适合表现人物完整的面部特征和表情动作，有利于被摄主体与观众的交流，使观众产生亲切感，如图4-29所示。

当被摄主体是景物时，则有利于表现景物的横向线条，营造出庄重、稳定、严肃的气氛，如图4-30所示。但是，正面拍摄会使观众的视线无法向纵深方向延伸，以致画面缺乏纵深感和层次感，不利于表现运动中的主体。

图4-29　正面拍摄人物　　　　　　　　图4-30　正面拍摄景物

侧面拍摄可以分为正侧面拍摄、前侧面拍摄和后侧面拍摄。正侧面拍摄是指镜头的拍摄方向与被摄主体的正面方向呈90°，这种方向有利于展示人物正侧面的轮廓和身体姿态，如图4-31所示。在两人对话场景中，正侧面方向可以表现人物之间的交流、冲突和对抗，强调交流过程中双方的神情，并兼顾被摄主体的活动及关系，如图4-32所示。

图4-31　正侧面拍摄1　　　　　　　　图4-32　正侧面拍摄2

前侧面拍摄是指镜头的拍摄方向与被摄主体的正面方向约成45°。后侧面拍摄是指镜头的拍摄方向与被摄主体的背面方向约成45°。从前侧面或后侧面拍摄人物，可以突出表现人物的主要特征，如图4-33所示。在多人场景中，从前侧面或后侧面拍摄还有利于主体、陪体的安排和主次关系的区分，以突出被摄主体。

从前侧面或后侧面拍摄景物，有利于展现景物的立体感与空间感，以及其明显的形体变化，如图4-34所示。

图4-33　前侧面拍摄人物

图4-34　后侧面拍摄景物

背面拍摄是指镜头在被摄主体的正后方进行拍摄，使观众产生与被摄主体视线相同的感觉，如图4-35所示。背面拍摄有时也可用于改变主体、陪体的位置关系。

图4-35　背面拍摄

背面拍摄可以使观众产生参与感，使被摄主体的前方成为画面的重心。很多展示现场的视频画面经常采用背面拍摄，给人以强烈的现场感。由于采用背面拍摄时观众不能直接看到被摄主体的面部表情，只能通过其肢体语言来猜测其内心世界，所以能够给人思考和联想的空间，有利于引起观众的好奇心和兴趣。

此外，背面拍摄时人物背对着镜头，对身后潜在的威胁或者正在靠近的危险毫无察觉，因此可以制造恐惧感。

3．拍摄高度

拍摄高度是指镜头与被摄主体在垂直面上的相对位置，包括平拍、仰拍、俯拍和顶拍。不同的拍摄高度可以产生不同的构图变化。在内容的表现上，只要拍摄角度有高低的改变，就会对人物形象的塑造产生影响。

平拍是镜头与被摄主体处于同一水平线上，以平视的角度来进行拍摄，所拍画面符合人们通常的观察习惯，具有平稳的效果，是一种纪实角度，如图4-36所示。平拍画面不易产生变形，比较适合拍摄人物特写。不过，平拍时前后景物容易重叠遮挡，不利于表现空间的透视感、纵深感和层次感。

图4-36 平拍画面

　　仰拍是拍摄者以一个低的角度从下往上拍摄画面。在仰拍镜头下，前景升高，后景降低，有时后景被前景所遮挡，以致看不到后景，所以画面变得简洁。仰视角度越大，被摄主体的变形效果就越夸张，带来的视觉冲击力也就越强。如果想增加这种畸变的视觉效果，还可以使用广角镜头进行拍摄，如图4-37所示。

　　仰拍夸大了被摄主体的垂直高度，可用于塑造强有力的人物形象，如图4-38所示。有时为了刻画反面人物，也会采用仰拍的方式。

图4-37 仰拍建筑

图4-38 仰拍人物

　　俯拍与仰拍相反，拍摄的视角在被摄主体的上方，拍摄者从上往下拍摄画面。在俯拍镜头下，离镜头近的景物降低，离镜头远的景物升高，从而展现出开阔的视野，增加了空间的深度，如图4-39所示。俯拍会使人物显得渺小，可以营造沉闷、压抑的气氛，如图4-40所示。俯拍还有向下倾轧之势，可以营造沉闷、压抑的气氛。

图4-39 俯拍景物

图4-40 俯拍人物

顶拍是镜头从空中向下大俯角拍摄，或者利用无人机航拍地面。顶拍具有极强的视觉表现力，能够使观众鸟瞰场景的全貌，享受翱翔在场景之上的视觉快感，如图4-41所示。

图4-41　顶拍画面

四、光线

短视频创作无时无刻不与光线打交道。光线不仅能够照亮环境，其不同强度、色彩和角度还会影响视频画面的呈现效果。因此，短视频拍摄者应对光线的运用有一个全面的了解，从而更好地完成拍摄工作。

1. 光质

光质是指拍摄所用光线的软硬性质，光质可以分为硬质光和软质光。

硬质光即强烈的直射光，如晴天的阳光，或者直接照射在物体上的人造光，如闪光、照明灯光等，它们产生的阴影明晰而浓重。被摄主体在硬质光的照射下有受光面、背光面和阴影，可以形成明暗对比强烈的造型效果，有助于表现受光面的细节及质感，形成有力度、鲜活的艺术效果，如图4-42所示。

软质光是一种漫散射性质的光，没有明确的方向性，不会让被摄主体产生明显的阴影。例如，阴天、雨天、雾天的自然光或添加柔光罩的灯光等都属于典型的软质光。在这种光线下拍摄的画面没有明显的受光面、背光面和阴影，在视觉上明暗反差小，影调平和，如图4-43所示。利用这种光线拍摄时，能够较为理想地将被摄主体细腻而丰富的质感和层次表现出来，但立体感表现不足，而且画面色彩比较灰暗。因此，在实际拍摄时，可以在画面中制造一点亮调或颜色鲜艳的视觉兴趣点，使画面变得更加生动。

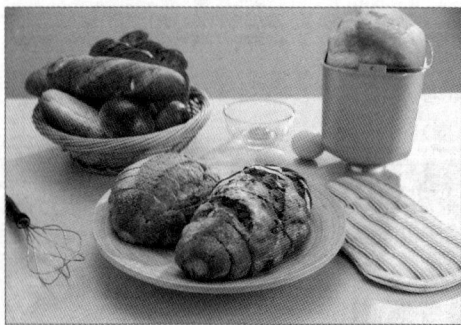

图4-42　硬质光　　　　　　　　　　　　图4-43　软质光

2. 光比

光比是指照明环境下被摄物暗部与亮部的受光比例。在拍摄短视频时，经常需要考虑两种光（如主光和辅光）之间的亮度差，也就是两种光的强弱关系。一般情况下，主光和辅光的光比在3∶1左右。

光比影响着画面的明暗反差、细节层次和色彩再现。光比的效果反映在画面中（见图4-44）：光比大，影调硬，层次少，立体感强，反差大；光比小，影调软，层次丰富，立体感弱，反差小。

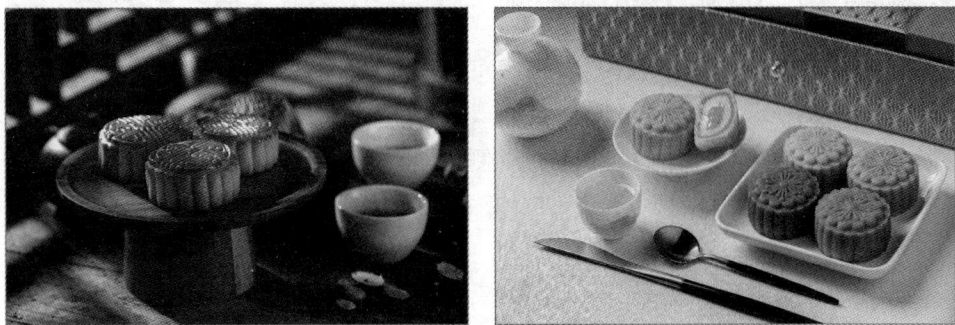

图4-44　光比的大小对比

3. 光位

光位是指光源相对于被摄主体的位置，即光线的方向与角度。同一被摄主体在不同的光位下会产生不同的明暗效果。常见的光位主要有顺光、侧光和逆光，其中侧光包括正侧光和顺侧光，逆光包括侧逆光，如图4-45所示。

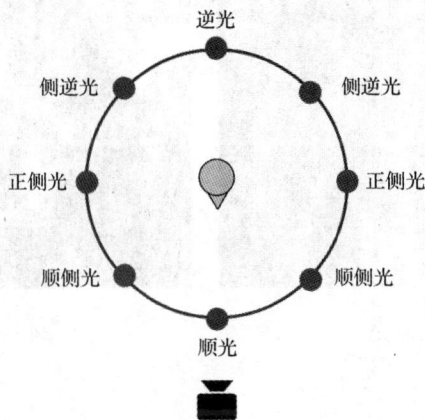

图4-45　光位

（1）顺光。

顺光，又称正面光或前光，它能使被摄主体表面受光均匀，暗调少，看不到由明到暗的影调变化和明暗反差，不利于表现立体感和质感，不能突出拍摄重点和交代主次，缺乏光影变化和影调层次。拍摄女性的面部时，常用顺光，这样可以消除细微的阴影，掩饰皱纹和瑕疵，如图4-46所示。若把光源向上移一些，下巴、鼻子等下方会适当出现一些阴影，这样可以增强人物面部的立体感。

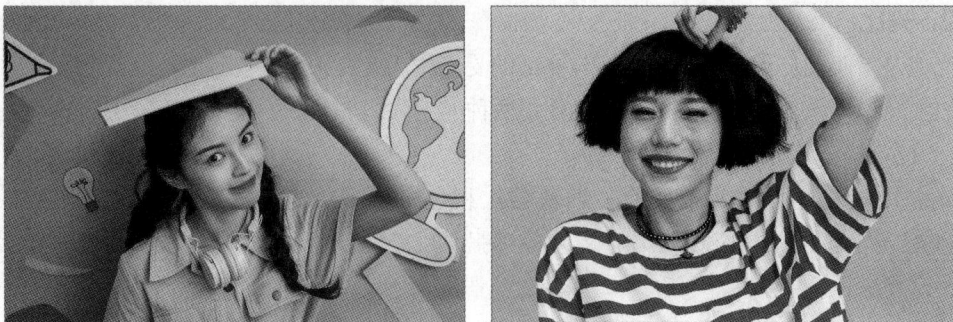

图4-46　顺光

（2）侧光。

侧光是指光源在被摄主体的左侧或右侧，侧光可分为正侧光和顺侧光。侧光适合表现被摄主体的质感、轮廓、形状和纹理，突出其立体感和层次感，营造光影变化，明暗反差大，利于表现个性。

正侧光光源投射方向与镜头拍摄方向约成90°，也称90°侧光。如果采用正侧光照射人物，而又没有其他光线辅助照明，就会出现"阴阳脸"现象（受光的一面全亮、背光的一面全黑），这样可以增加戏剧效果，常用于刻画人物的双重性格或生存状态，如图4-47所示。

顺侧光是和摄像机光轴成45°左右角的光线，是常用的光位。刻画人物脸部特征及表情时，理想光线就是使被摄主体大面积受光，即2/3处于明亮、1/3处于阴影，如图4-48所示。

图4-47　正侧光

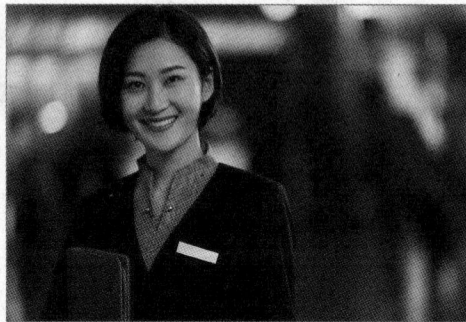

图4-48　顺侧光

（3）逆光。

逆光是光源方向与镜头拍摄方向相对，光源处于被摄主体的后方或侧后方，又称背光、轮廓光。根据光线照射角度、高度与被摄主体具体情况的不同，逆光又可分为正逆光、侧逆光、高逆光。

- **正逆光**：光源位于被摄主体的正后方，光源、被摄主体和镜头几乎在一条直线上，如图4-49所示。
- **侧逆光**：光源位于被摄主体的侧后方，与镜头方向约成135°，如图4-50所示。
- **高逆光**：光源在被摄主体后上方或侧后上方，使被摄主体边缘产生比较宽的线条，如图4-51所示。

图4-49 正逆光

图4-50 侧逆光

图4-51 高逆光

逆光常用于展现剪影艺术效果，能够获得造型优美、轮廓清晰、影调丰富、质感突出和生动活泼的画面，如图4-52所示。在进行逆光拍摄时，要注意背景与陪体的选择，以及拍摄时间的选择，还要考虑是否需要使用辅助光进行补光等。

图4-52 逆光剪影

五、运镜方式

运镜就是运动镜头，即通过机位、焦距和光轴的运动，在不中断拍摄的情况下，形成视角、场景空间、画面构图、表现对象的变化。运镜可以增强画面动感，扩大镜头视野，影响短视频的速度和节奏。

在短视频拍摄中，基本的运镜方式包括推、拉、摇、移、跟、甩6种。

- **推**：拍摄设备通过直线向前移动或提升镜头，使拍摄的景别从大景别向小景别变化的拍摄手法。推镜头可以突出主体人物，突出重点形象。
- **拉**：通过直线向后移动或旋转镜头，使拍摄的景别从小景别向大景别变化的拍摄手法。拉镜头能展现被摄主体与周围环境之间的关系，镜头拉远，使整个画面层次丰富，有更多的结构变化，常用于结束性或结论性的镜头。
- **摇**：以拍摄设备为轴心，从左向右或从右向左弧形移动的拍摄手法。左右摇镜头常用于介绍大场面，上下摇镜头常用于展示高大物体的雄伟、险峻。摇镜头能够代表人物的视线，使观众产生身临其境的感觉。
- **移**：镜头方向与拍摄设备移动方向成直角，而拍摄设备移动速度相对固定、景别相对不变的拍摄手法。摇拍与移拍结合可以形成摇移拍摄方式。移镜头具有完整、流畅、富于变化的特点，能够开拓画面的造型空间，表现大场面、大纵深、多景物、多层次的复杂场景，可以表现出各种运动状态下的视觉艺术效果。
- **跟**：拍摄运动对象时，拍摄设备随被摄主体运动速度、方向一致而跟随拍摄的手法。跟镜头有摇跟和移跟两种类型，也可以连摇带移地跟，其作用是更好地表现运动的事物。
- **甩**：以拍摄设备为轴心，快速地从一个固定场景摇到另一个固定场景的拍摄手法。甩镜头可以表现急剧的变化，适合作为场景变换的运镜方式。

经验之谈

在走动拍摄一些移动场景时，为了减小走动时产生的抖动，最好保持膝盖半弯曲，落脚时脚跟先着地，然后脚掌再缓慢着地。此外，尽量保持匀速运动，如果走得忽快忽慢，拍出来的画面也会非常不稳定。

任务实施

选择一条自己喜欢的短视频或一段影视剧片段，以拉片（一格一格地反复观看影片）的方式分析短视频或影视剧片段使用的视听语言，说一说这种视听语言让你产生了什么感受，并分析创作者为什么使用这种视听语言，填写表4-1。

表4-1　短视频/影视剧片段视听语言分析

视听语言	观影感受	使用原因
景别		
构图方式		
拍摄角度		
光线		
运镜方式		

任务思考

通过本任务的学习，思考并回答以下问题。

短视频的运镜方式与内容类型之间是否存在联系，即某种内容类型的短视频是否偏向于使用某种运镜方式？

任务三 设置拍摄参数

不管是使用手机拍摄短视频，还是使用单反相机拍摄短视频，在拍摄前都需要对相机的摄像功能的相关参数进行设置，以拍摄出画面清晰、稳定的短视频。

▌任务目标

本任务主要介绍使用手机和单反相机拍摄短视频的参数设置方法，希望读者通过本任务的学习，了解并掌握以下知识及技能。

（1）掌握设置视频分辨率和帧率的方法。
（2）掌握设置对焦的方法。
（3）掌握调整曝光补偿的方法。
（4）掌握设置白平衡的方法。
（5）掌握延时摄影拍摄的方法。

▌知识储备

在拍摄短视频时，为了获得最佳的拍摄效果，需要设置多个拍摄参数，这些参数主要包括分辨率和帧率、网格线、对焦模式、曝光补偿、感光度和白平衡等。这些参数的设置会直接影响短视频的画质、流畅度和色彩表现。下面将详细介绍这些参数的设置方法及其对短视频质量的影响。

一、手机拍摄短视频参数的设置

使用手机拍摄短视频的画质一方面取决于手机摄像头的品质，另一方面取决于拍摄参数的设置。下面将介绍使用手机拍摄短视频时主要设置的参数。

1. 设置视频分辨率和帧率

视频分辨率和帧率的设置是拍摄短视频前的基础设置。视频分辨率类似于照片的分辨率，理论上视频分辨率越高，视频画面就越清晰。短视频中常见的分辨率为720p和1080p，720和1080是指其垂直像素数，按照常见的16:9（宽:高）的画幅比例计算，720p分辨率的水平像素数为1280，1080p分辨率的水平像素数为1920。因此，720p分辨率的总像素数大约为92万像素，1080p分辨率的总像素数大约为200万像素，是720p分辨率的两倍多，而像素越多视频越清晰，所以1080p比720p的视频更清晰。

视频其实是由连续的图片组成的，帧是视频中的每一张图片，帧率是每秒有多少帧画面，单位是fps。帧率越高，画面越流畅；帧率越低，则画面越卡顿。在手机帧率设置中，常见的帧率有24fps、30fps、60fps。其中，24fps是常用的标准视频帧率，这个帧率能够在保证画面流畅的同时，兼顾视频文件大小，避免占用过多的存储空间；30fps比24fps更加流畅，比较适用于夜间拍摄，与24fps相比，使用30fps拍摄的视频体积会更大；60fps可以带来更为流畅的视觉效果，适用于对视频流畅度有较高要求或慢动作的视频，但其视频体积会更大。

以华为Mate系列手机为例，在手机上设置视频分辨率和帧率的方法如下。

步骤① 打开手机相机，在下方点击"录像"，点击右上方的"设置"按钮📷，进入相机"设置"界面，在"视频"分组中点击"视频分辨率"，如图4-53所示。

步骤② 在弹出的界面中选择所需的视频分辨率，如图4-54所示。

步骤③ 点击"视频帧率"，在弹出的界面中选择所需的视频帧率，如图4-55所示。

图4-53 点击"视频分辨率"	图4-54 选择视频分辨率	图4-55 选择视频帧率

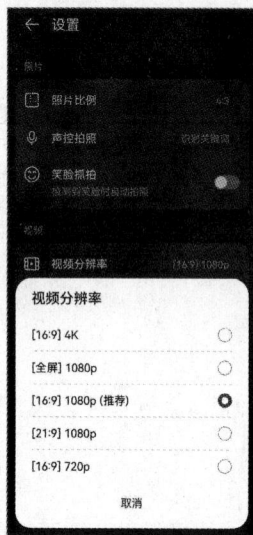

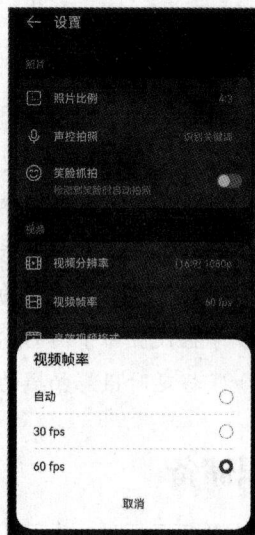

2. 设置网格线

手机相机自带的网格线功能可用于辅助视频画面构图。要使用网格线，只需在手机相机设置中打开"参考线"和"水平仪"功能。

3. 设置对焦

对焦是指调整手机镜头焦点与被摄主体之间的距离，使被摄主体成像清晰的过程，这决定了被摄主体的清晰度。手机拍摄视频的对焦方式分为自动对焦和手动对焦。

自动对焦本质上是集成在手机图像信号处理器中的一套数据计算方法。手机会以此自动判断拍摄的主体，一般情况下将手机对准被摄主体即可自动对焦。

若自动对焦无法将被摄主体拍摄清晰，可以在拍摄画面中点击被摄主体进行手动对焦，此时可以看到手机屏幕上出现了一个对焦框，它的作用就是对其所框住的景物进行自动对焦和自动测光。长按对焦框，即可锁定对焦和曝光。

若要手动对焦，可以进入专业模式，点击"AF"，可以看到其中提供了3种对焦模式，分别为AF-S单次对焦模式、AF-C连续对焦模式和MF手动对焦模式。

- **AF-S单次对焦模式**：当在屏幕上点击选择对焦点后，系统会自动对焦并锁定焦点，此时再移动手机改变取景范围，系统会按照新画面重新对焦，除非再次在屏幕上点击选择对焦点，如图4-56所示。AF-S单次对焦模式适合拍摄静止的物体。

- **AF-C连续对焦模式**：当在屏幕上点击选择对焦点后，系统会自动完成对焦，当取景画面发生较大变化时，系统会在原来点击的位置重新对焦。另外，即使不点击屏幕选择对焦点，系统也会根据画面的转换不断在画面中自动对焦。AF-C连续对焦模式适合拍摄运动的物体或抓拍，在拍摄人物时会自动对焦到人物的面部，人物面部出现对焦框，如图4-57所示，若长按"AF-C"按钮，还可以锁定或解锁焦点。
- **MF手动对焦模式**：通过拖动调焦滑块进行调焦，直到所需要的画面位置清晰为止。MF手动对焦模式常用于自动对焦不佳的情况，如光线差、对焦位置反差小、被摄主体前有障碍物遮挡，或者微距拍摄自动对焦不准确等。使用MF手动对焦模式可以拍摄背景失焦的画面，如图4-58所示。

图4-56　AF-S单次对焦模式　图4-57　AF-C连续对焦模式　图4-58　MF手动对焦模式

4. 调整曝光补偿

同一个场景，手机相机既可以把它拍得很亮，也可以把它拍得很暗。画面的亮度与环境的亮度是没有直接关系的，它是由手机相机的曝光值决定的。

手机相机通过测光系统对拍摄场景进行测光分析，并将被摄主体按照中性灰的亮度来还原。如果拍摄者想让画面亮一些，就对暗的地方测光；如果拍摄者想让画面暗一些，就对亮的地方测光。

手机相机默认的曝光值只能适应大部分场景，有些场景并不合适，所以就有了"曝光补偿"这个参数，它可以改变曝光值，使画面更亮或更暗。例如，拍摄雪景时，白茫茫的一片，手机相机会按照中性灰的反射率来成像，这样雪就会被拍成灰色，这种情况下可以适当减少曝光补偿（向正值方向调整），使画面变亮，从而恢复雪的白色。

又如，在逆光条件下拍摄时，为了准确表现被摄主体的细节，就需要进行曝光补偿，否则拍出来的是层次不清的灰蒙蒙的画面，而不是拍摄者所想要的剪影画面。

在手机录像模式下，点击画面中的主体进行自动测光，然后拖动对焦框旁的小太阳图标调节曝光补偿，向上拖动可以增加曝光补偿，向下拖动可以减少曝光补偿，如图4-59所示。

图4-59　调整曝光补偿

在手机专业录像模式下，点击"EV"，然后拖动滑块调整曝光值（见图4-60），也可以调节曝光补偿。若长按"EV"，还可以锁定曝光值。

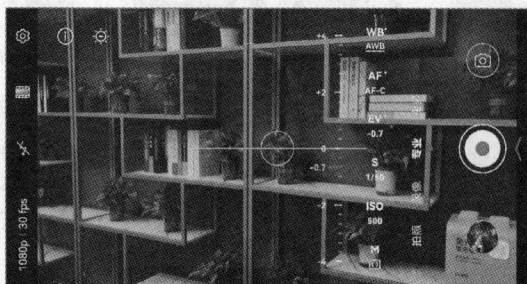

图4-60　调整曝光值

5. 设置感光度

由于手机摄像头的感光元件较小，感光能力有限，在光线不足的环境中拍摄时，手机相机通常会自动调高感光度，以此来提高自身的感光能力。而感光度过高，画面中的噪点就会变多，影响画质，此时可以手动调整感光度。

在手机专业录像模式下点击"ISO"，然后点击Ⓐ按钮取消自动感光度，拖动滑块即可调整感光度。图4-61和图4-62所示分别为感光度为320和500的画面效果。

图4-61　感光度为320　　　　图4-62　感光度为500

6. 设置白平衡

白平衡是一个比较抽象的概念，通俗的理解就是不管在任何光源下，都能将白色物体还原为白色，这时其他景物的影像就会接近人眼的色彩视觉习惯。

在非白光照射的环境下颜色会产生色偏，例如，在黄色灯光下白色的物体会偏黄色。由于人的视觉系统有自动调节功能，通过一段时间的适应会把黄光的影响自动过滤掉，依然感知它是白色。而相机不会对周围光线的颜色进行自动调整适应，所以有时拍出来的画面色调可能会变色。相机需要靠校准白平衡来还原物体本来的白色，只有白色被校准了，其他颜色的色偏才会跟着被校正。

进入手机专业录像模式，其中的白平衡参数就是用户提供的目前环境的色温，手机相机就能根据用户提供的色温值来进行白平衡校准。

点击"WB"，在打开的选项中可以选择预设的白平衡模式，从左到右依次为自动模式、阴天模式、荧光模式、白炽光模式、日光模式，如图4-63所示。若要手动调整白平衡，可以点击按钮，然后拖动滑块调整色温值，如图4-64所示。

图4-63　白平衡模式　　　　图4-64　手动调节色温值

目前，手机相机自动白平衡检测色温的准确度越来越高，对初学者来说，将白平衡设置为自动模式即可。当画面色彩与实际相差较大时，再通过视频编辑工具重新校准白平衡。若有特殊情况需要调整白平衡，不要忘记在更换场景以后再将白平衡改回自动模式。

7. 延时摄影拍摄

延时摄影，又称缩时摄影、缩时录影，是一种将时间压缩的拍摄技术，其拍摄的是一组照片或视频，后期通过照片串联或视频抽帧把几分钟、几小时甚至几天、几年压缩到一个较短的时间内以视频的方式播放。而手机的延时摄影是将长视频压缩到几秒或几分钟，类似于快放。例如，在某商场大门处拍摄数个小时，在播放时只有几十秒，视频中进出商场的人们在快速移动。

延时摄影主要用于拍摄云海、日夜交替、城市的车水马龙、植物生长等变化过程。现在的智能手机一般都具有延时摄影功能。

使用手机进行延迟摄影拍摄时，需要做好以下准备工作。

- 为了保证拍摄画面的稳定，需要使用三脚架固定手机。
- 因为延时摄影拍摄的时间较长，所以要保证手机电量和存储空间充足。
- 打开手机的飞行模式或勿扰模式，防止来电和消息干扰。
- 锁定对焦和曝光，这是因为在拍摄过程中随着拍摄环境的改变，手机相机的自动识别功能会受到拍摄环境的影响，导致画面不稳定，出现反复识别、实焦虚焦连续变换、不同主体连续曝光的情况。

使用手机进行延时摄影拍摄的方法为：在相机模式中点击"延时摄影"，在取景框中点击画面进行对焦，然后点击"录制"按钮◉，即可使用自动模式进行延时摄影拍摄，如图4-65所示。

若要调整拍摄参数，可以点击按钮进入手动模式，在该模式下可以设置拍摄速率、录制时长及各种拍摄参数。点击"PRO"，根据需要设置测光方式、感光度、快门速度、曝光补偿、对焦方式、白平衡等参数，然后点击"录制"按钮◉，开始录制延时摄影视频，如图4-66所示。

图4-65 使用自动模式进行延时摄影拍摄 　　图4-66 设置延时摄影拍摄参数

二、单反相机拍摄短视频参数的设置

使用单反相机拍摄短视频时，自动挡配合出色的自动对焦系统，就可以拍出不俗的短视频。但是，要想拍摄出更加专业的视频效果，还需要掌握一些关键要点。

1. 设置视频录制格式

设置视频录制格式对单反相机拍摄视频十分重要，有很多没有经验的新手经常拿起相机就开始拍摄，拍摄完后发现拍摄出的视频格式不对，并没有重新拍摄的机会了，后期会产生很多麻烦和问题。

在拍摄视频时，拍摄者可以根据拍摄环境灵活切换视频制式，如图4-67所示。在灯光环境下拍摄时选择PAL视频制式，这样可以避免大部分的灯光频闪；在拍摄电视机等刷新频率是60赫兹的屏幕时，则可以选择NTSC视频制式。

在视频格式上一般选择H.264编码的4K视频或1080p的视频。在选择帧率时，如果当前是NTSC视频制式，则可以选择30fps、

图4-67 选择视频制式

60fps或120fps；如果是PAL视频制式，则可以选择25fps、50fps和100fps。

2. 使用手动曝光模式

快门速度对视频拍摄非常重要，在使用相机拍摄短视频时，需要在曝光模式中选择手动曝光模式，以便手动调节快门速度，如图4-68所示。

图4-68 选择手动曝光模式

设置手动曝光后，第一个要设置的曝光参数就是快门速度。快门速度越低，画面的运动模糊越明显；快门速度越高，画面越清晰。为了保证视频画面更符合人眼所看到的动态模糊效果，一般要将快门速度设置为拍摄帧率2倍的倒数。例如，如果视频帧率为25fps，就要将快门速度设置为1/50秒，然后根据拍摄环境设置光圈大小和感光度。

一般先根据想要的景深范围设置合适的光圈大小，然后调整感光度，以获得正常的曝光。如果画面过暗，可以提高感光度；如果画面过亮，则降低感光度。如果感光度降到最低，画面依旧过亮，则需要在镜头前加装减光镜来保证合适的曝光。

3. 设置白平衡

单反相机的自动白平衡功能虽然在拍摄照片时用起来比较简便，但在拍摄短视频时并非如此。由于拍摄短视频时会有较多的环境变化，使用自动白平衡功能可能会导致所拍摄的各个视频片段画面颜色不一，画面效果出入很大。

因此，在使用单反相机拍摄短视频时，需要将白平衡调整为手动模式。一般情况下，可以将色温调节到4900～5300K，这是一个中性值，适合大部分拍摄题材。如果拍摄环境色温偏黄，可以将色温设置在3200～4300K；如果拍摄环境色温偏蓝或在阴天拍摄，则可以将色温设置在6500K左右。

如果拍摄光线较为稳定，可以使用自定义白平衡。在白平衡设置中选择白色设置，然后将一张白纸或其他纯白的物体置于取景框中，按下相机上的设置按钮，相机就会根据环境光线和色温来校准白平衡，如图4-69所示。当环境发生变化或光线条件改变时，则需要重新进行白平衡设置。

图4-69 设置白平衡

4. 设置对焦

单反相机的对焦设置包括自动对焦和手动对焦两种，以索尼微单相机为例，设置自动对焦的方法为：在相机菜单中选择"AF/MF"选项，然后选择"对焦模式"选项，设置对焦模式为"连续AF"（即自动对焦），如图4-70所示。为了更灵活地适应各种拍摄需求，在该界面中还可以设置"AF过渡速度"和"AF摄体转移敏度"。

设置自动对焦模式后，拍摄者可以根据拍摄需求选择对焦区域，一般选择"广域"或"区域"即可，如图4-71所示。若拍摄的主体是人物，在设置自动对焦时还可以进一步设置人脸/眼部自动检测对焦。

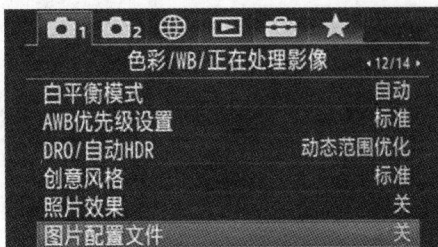

图4-70　设置自动对焦　　　　　　　　　图4-71　设置对焦区域

若拍摄场景无法使用自动对焦满足拍摄需求，如微距拍摄、画面虚实变焦或焦点转移，则需要选择手动对焦。在拍摄时匀速转动对焦环来实现画面的焦点变化，可以在手动对焦设置中打开辅助对焦功能（如"对焦放大"或"峰值显示"功能）查看对焦是否准确。

5. 设置颜色/色调

如果对画面色彩有较高的要求，在使用单反相机拍摄视频时可以选择图片配置文件，以获得更大的调色空间。以索尼相机为例，在"颜色/色调"设置菜单中选择"图片配置文件"选项，如图4-72所示。在打开的界面中选择所需的PP值，如图4-73所示。

图4-72　选择"图片配置文件"选项　　　　图4-73　选择色调模式

PP值是相机提供的配置文件，相当于一个预设，不同的PP值有着不同的动态范围和适应场景，可以根据拍摄场景和后期要求来选择。在使用S-Log3、S-Log2、HLG伽马曲线拍摄时，可以在显示设置中将"Gamma显示辅助"功能打开，这样在屏幕上就能看到色彩还原后的画面效果。

而对于没有Log色彩模式的相机，可以使用对比度和色彩不是很浓艳的创意风格，并将清晰度和降噪调整为较低的效果，以便为后期小范围色彩和光影的调整提供较大的空间。

6. 设置延时摄影

目前很多单反相机自带了延时摄影功能，拍摄者只需在相机上打开该功能，并设置好每张图像的拍摄间隔和图像的拍摄张数即可进行延时摄影拍摄。下面以佳能5D4相机为例介绍拍摄延时摄影视频的方法。

在摄像功能下，按"SET"键设置菜单，选择"延时短片"选项，按"SET"键进入该菜单，如图4-74所示。在打开的界面中启用延时拍摄功能，按"SET"键即可使用默认设置启动延时摄影功能，如图4-75所示。

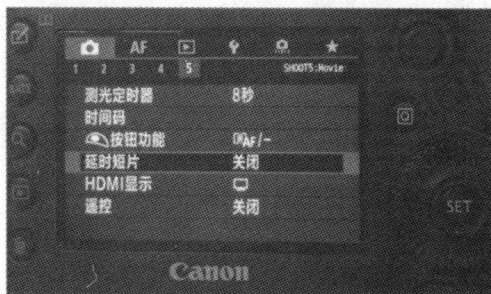

图4-74　选择"延时短片"选项

图4-75　启用延时摄影功能

拍摄者也可按"INFO"键调节拍摄间隔和张数，设置完毕后按"SET"键，如图4-76所示。然后按相机上的"START/STOP"键准备拍摄，根据提示按"AF-ON"键进行试拍对焦，以锁定曝光，如图4-77所示。在屏幕上点击被摄主体进行对焦，然后按"START/STOP"键准备拍摄，再按快门键即可拍摄延时摄影视频。

图4-76　设置拍摄间隔和张数

图4-77　试拍对焦

任务实施

练习使用手机拍摄短视频。

（1）分别拍摄不同分辨率和帧率的短视频。

（2）分别使用自动对焦和手动对焦拍摄短视频。

（3）在专业模式下拍摄不同对焦位置和不同曝光度的短视频。

（4）拍摄一段日夜交替延时摄影视频。

任务思考

通过本任务的学习，思考并回答以下问题。

1. 在拍摄短视频前如何选择合适的分辨率和帧率？

2. 快门速度对短视频拍摄有什么样的影响？

3. 在什么情况下使用手动对焦进行短视频拍摄？

项目实训：使用手机拍摄短视频

1. 实训目标

掌握使用手机拍摄短视频的方法。

2. 实训内容

以小组为单位，根据兴趣选择一个拍摄主题，使用手机拍摄各分镜头素材。

3. 实训步骤

（1）准备短视频拍摄设备

准备智能手机、稳定设备、补光设备、录音设备等。

（2）设置短视频拍摄参数

在拍摄前设置手机相机短视频拍摄参数，根据要拍摄的短视频内容选择合适的分辨率和帧率。在拍摄时调整好画面对焦与曝光，并根据需要锁定对焦和曝光。

（3）设计构图方式

根据拍摄内容和画面运动设计好每个镜头的构图方式，同一个拍摄主体可以采用不同的景别和角度拍摄多次。

（4）选择运镜方式

根据拍摄环境和拍摄主体确定拍摄画面的节奏，以此为依据选择合适的运镜方式。

4. 实训总结

学生自我总结	
教师总结	

项目五 短视频后期剪辑

学习目标

➤ 了解短视频后期剪辑的流程和镜头组接的原则。

➤ 了解短视频常用的转场方式，以及选择背景音乐的原则。

➤ 掌握使用移动端工具和PC端工具剪辑短视频的方法。

➤ 能够在剪辑短视频时合理地组接短视频镜头。

➤ 能够为短视频选择合适的转场方式与背景音乐。

➤ 能够使用剪映和Premiere剪辑短视频。

➤ 弘扬工匠精神，在短视频剪辑中精益求精，打造精品。

➤ 坚持原创，善于运用创新思维创作高质量的原创短视频。

短视频后期剪辑是短视频制作中的一个关键环节，创作者在这个环节要做的不只是把某个视频素材剪辑成多个片段，更重要的是把这些片段更好地整合在一起，以便更加准确地突出短视频的主题，让短视频结构严谨、风格鲜明。

任务一　通晓短视频后期剪辑基本规则

后期剪辑会直接影响到短视频的质量和用户的观影体验，创作者在进行剪辑时，应该遵循一定的规则，以让短视频的内容更加连贯、流畅。

▍任务目标

本任务主要介绍短视频后期剪辑的基本规则，希望读者通过本任务的学习，了解并掌握以下知识及技能。

（1）掌握短视频后期剪辑的流程。

（2）掌握组接镜头应遵循的原则。

（3）掌握短视频剪辑中常用的转场方式。

（4）掌握选择背景音乐应遵循的原则。

▍知识储备

要想制作出优质的短视频，创作者在短视频后期剪辑过程中就要通晓一些基本规则。下面将详细介绍短视频后期剪辑的基本规则，其中包括短视频后期剪辑的流程、镜头组接的原则、常用的转场方式以及选择背景音乐的原则等。

一、短视频后期剪辑的流程

短视频后期剪辑的流程如下。

1. 熟悉与整理素材

后期剪辑人员拿到前期拍摄的视频素材后，首先需要把视频素材整体浏览一遍，熟悉拍摄的内容，对每个视频素材都要有一个大概的印象，然后整理素材文件，并编号归类为原始视频资料。

2. 研究和分析脚本

在熟悉视频素材以后，后期剪辑人员需要把素材和脚本结合起来，厘清剪辑思路。后期剪辑人员在实施这项工作时可以与视频拍摄人员一起讨论完成，双方需要从短视频的主题内容和画面效果两个方面进行深入分析，为后续的剪辑工作奠定基础。

3. 视频粗剪

后期剪辑人员在审看全部的原始视频资料后，可以裁掉视频中无用的部分，挑选出内容合适、完成度较高的视频片段，并按照短视频脚本的结构顺序和编辑方案将这些视频片段组接到一起，构成一个完整的短视频。

4. 视频精剪

后期剪辑人员在对粗剪的视频进行仔细分析和反复观看后，可以在此基础上精心调整相关画面，包括选择剪接点，处理每个画面的长度，把控整个短视频节奏，设计音乐和音效，以及塑造被摄主体形象等，并按照调整好的结构和画面制作成新的短视频。

5．添加音乐和音效

音乐是短视频风格的重要组成部分，它会对短视频的氛围和节奏产生很大的影响；音效可以使短视频更有层次感。因此，后期剪辑人员通过为短视频添加音乐和音效，可以使短视频的内容更加丰富。

6．制作字幕和特效

短视频剪辑完成后，后期剪辑人员可以根据需要在短视频中添加字幕，并在短视频的开头和结尾制作视频特效。

二、镜头组接的原则

镜头组接，又称画面转场，就是将一个个镜头组合连接起来，使其构成一个整体。要想做到镜头组接流畅、合理，后期剪辑人员应遵循以下原则。

1．符合生活逻辑

生活逻辑是指事物本身发展变化的客观规律，任何事物的生成与发展都有其自身的逻辑。镜头之间的组接必须符合人们的生活逻辑，这是观众能够读懂短视频作品的前提。例如，前一个镜头从侧面展示射箭运动员拉弓射箭的动作，后一个镜头则显示靶面上射中的环数。

2．各镜头协调统一

短视频各个镜头之间的组接要符合逻辑规律，各段落的画面亮度和色彩影调应协调统一，画面的情节内容、清晰度等也要保持一致。

3．运动镜头接运动镜头，固定镜头接固定镜头

短视频是由各种镜头组成的，这些镜头包括运动镜头和固定镜头，还可以细分为被摄主体运动、陪体静止镜头和被摄主体静止、陪体运动镜头等。运动镜头又可分为摇移镜头、推拉镜头等。在衔接这些镜头时，一般是运动镜头与运动镜头组接，固定镜头与固定镜头组接，这样可以保证画面连贯、流畅。

4．动静镜头之间用缓冲因素过渡

如果是运动镜头接固定镜头，或者固定镜头接运动镜头，则需要用缓冲因素进行过渡。缓冲因素是指镜头中被摄主体的动静变化和运动的方向变化，或者运动镜头的起幅、落幅、动静变化等。利用缓冲因素选取剪接点，可以使该镜头与前后镜头保持运动镜头接运动镜头、固定镜头接固定镜头的效果，使镜头的切换自然、流畅。

5．选好动作剪接点

在展示运动画面时，如果前一镜头中被摄主体在做某一动作，那么后一镜头中应展现被摄主体动作变化的过程，以保证被摄主体的动作连贯和变化自然。例如，前一镜头中被摄主体打开车门并下车，后一镜头中被摄主体关闭车门并离开。

6．避免"三同"镜头直接组接

在组合衔接同一被摄主体的镜头时，前后两个镜头在景别和视角上要有显著的变化，避免"三同"（同主体、同景别、同视角）镜头直接组接，否则视频画面将无明显变化，会出现令人反感的跳帧效果。

7. 控制镜头组接的时间长度

对于每个镜头停滞时间的长短，后期剪辑人员首先要根据表达内容的难易程度、观众的接受能力来决定，其次还要考虑构图等因素。由于每个镜头中的被摄主体不同，包含在镜头中的内容也不同。远景、中景等大景别的镜头包含的内容较多，观众要看清楚这些镜头中的内容所需要的时间就相对较多，镜头停留的时间可以长一些；而近景、特写等小景别的镜头所包含的内容较少，观众在短时间内就能看清楚，镜头停留的时间可以短一些。

三、常用的转场方式

在短视频创作中，转场镜头非常重要，它具有明确段落、划分层次、连接场景、转换时空、承上启下等功能。合理利用转场手法和技巧，既能满足观众的视觉心理，保证其视觉的连贯性，又能让短视频有明确的段落变化和层次分明。

常用的转场方式主要包括以下8种。

1. 切镜头转场

切，也称切换，是短视频创作中运用最多的一种基本镜头转换方式，也是常用的编辑组接技巧。切换画面是一种极富现代感的镜头组接方法，是内容衔接的重要途径。在切镜头时，要找好镜头之间的剪接点，符合镜头组接原则。

2. 运动转场

运动转场，指借助人物、动物或交通工具作为场景或时空转换的道具。这种转场方式大多强调前后段落的内在关联性，可以通过摄像机运动来完成地点的转换，也可以通过前后镜头中人物、交通工具动作的相似性来转换场景。

3. 相似关联物转场

如果前后镜头具有相同或相似的被摄主体形象，或者其中的被摄主体形状相近、位置重合，在运动方向、速度、色彩等方面具有相似性，就可以采用相似关联物转场方式，达到视觉连续、转场顺畅的目的。例如，钥匙链上的小灯笼挂件与家门前挂起的红灯笼之间的转场，天空中飞翔的鸟儿与街道上举着双臂奔跑的儿童之间的转场，等等。

4. 利用特写转场

无论前一个镜头是什么，后一个镜头都可以是特写镜头。特写镜头具有强调画面细节的特点，可以暂时集中观众的注意力，所以利用特写转场可以在一定程度上弱化时空或段落转换过程中观众的视觉跳动。

5. 空镜头转场

空镜头转场，指利用景物镜头进行过渡，实现间隔转场。景物镜头主要包括两类：一类是以景为主、物为陪衬的镜头，如群山、山村全景、田野、天空等镜头，利用这类镜头转场既可以展示不同的地理环境、景物风貌，又能表现时间和季节的变化，还可以弥补叙述性短视频在情绪表达上的不足，为情绪表达提供空间，同时也能使高潮情绪得到缓和或平息，从而转入下一段落；另一类是以物为主、景为陪衬的镜头，如飞驰而过的火车、街道上的汽车，以及室内陈设、建筑雕塑等镜头。

6. 主观镜头转场

主观镜头是指与画面中人物视觉方向相同的镜头。利用主观镜头转场，就是按前后镜头间的逻辑关系来处理镜头转换问题。例如，前一个镜头中人物抬头凝望，后一个镜头就是仰拍的场景，下一个镜头还可以切换到其他仰视人物的身上。

7. 声音转场

声音转场是指用音乐、解说词、对白等与画面的配合来实现转场。例如，利用解说词承上启下、贯穿前后镜头，利用声音过渡的和谐性自然转换到下一个镜头。

8. 遮挡镜头转场

遮挡镜头是指镜头被画面内的某个物体暂时挡住。根据遮挡方式的不同，遮挡镜头转场又可分为以下两类情形。

一类是被摄主体迎面而来遮挡镜头，形成暂时的黑色画面。例如，前一个镜头在甲地点的被摄主体迎面而来遮挡镜头，下一个镜头被摄主体背朝镜头而去，已到达乙地点。被摄主体遮挡镜头通常能够在视觉上给观众以较强的视觉冲击，同时制造视觉悬念，加快短视频的叙事节奏。

另一类是画面内的前景暂时挡住画面内的其他物体，成为覆盖画面的唯一物体。例如，拍摄街道时，前景驶过的汽车会在某一时刻挡住其他物体。当画面物体被遮挡时，一般可以作为镜头切换点，通常是为了表示时间、地点的变化。

四、选择背景音乐的原则

选择与视频内容相搭配的背景音乐更容易调动观众的情绪，实现短视频的价值。下面将详细介绍选择短视频背景音乐时应遵循的原则。

1. 符合短视频的风格与调性

不同类型的短视频体现的主题及想要传达的情感是不一样的，在选择背景音乐时，背景音乐的类型要与视频内容的风格、情感调性保持一致。例如，如果拍摄时尚青年，就要选择流行音乐和快节奏的音乐；如果拍摄中国风，就要选择节奏偏慢的唯美音乐；如果拍摄运动风格的短视频，就要选择节奏清晰的动感音乐；如果拍摄育儿和家庭剧，可以选择轻音乐；等等。

2. 背景音乐的节奏要与视频画面的节奏相匹配

除了剧情类的短视频，大部分短视频的节奏和情绪都是由背景音乐带动的，视频画面的节奏与背景音乐本身的节奏匹配度越高，短视频整体看起来越和谐，越让人有代入感。因此，在为短视频配乐前，后期剪辑人员可以对拍摄的视频素材进行粗剪，对短视频的整体节奏有一个大体的把控，清楚短视频的高潮点、转折点在哪里，哪里需要插入音乐，哪里只需短视频原声等，再根据这个节奏寻找合适的背景音乐。

确定背景音乐后，后期剪辑人员需要先熟悉音乐的节奏，然后将背景音乐与短视频内容对应起来，让两者在节奏上互相契合，达到"1+1＞2"的效果。

3. 避免背景音乐喧宾夺主

无论背景音乐有多流行，它仍然是为短视频内容服务的。高品质的背景音乐绝不能喧宾夺主，而应服务于内容，与内容融为一体，对短视频起到画龙点睛的作用，让内容更加饱满，让主题更加突出，同时还能积极调动起观众的感情，让他们沉浸其中。

一般来说，为短视频寻找背景音乐时最好找纯音乐，因为纯音乐不受歌词的影响，包容性更强。如果选择歌曲，那么歌词最好与短视频内容搭配起来。后期剪辑人员在挑选歌曲时，不能一味地为了寻求旋律而忽视歌词，否则歌词的意境会掩盖短视频本身的光芒。

▌任务实施

选择一条自己喜欢的短视频，或者一段影视剧片段，反复观看短视频或影视剧片段，分析其镜头组接有什么特点，使用的转场方式有哪些，背景音乐属于哪种类型，转场方式和背景音乐对短视频叙事有什么影响。

▌任务思考

通过本任务的学习，思考并回答以下问题。

1. 在组接短视频镜头时，应遵循哪些原则？
2. 为短视频添加背景音乐时，应注意什么？

（任务二） 使用移动端工具剪辑短视频

对于短视频后期剪辑人员来说，选择一款功能强大又容易上手的视频编辑工具是至关重要的。在这方面，剪映凭借其出色的功能和简洁的操作方式成为许多短视频制作新手的理想选择。

▌任务目标

本任务主要介绍使用移动端工具剪映剪辑短视频的方法，希望读者通过本任务的学习，了解并掌握以下知识及技能。

（1）掌握剪辑视频素材的基本方法。
（2）掌握添加旁白和背景音乐的方法。
（3）掌握为视频素材调色、添加转场和特效的方法。
（4）掌握添加并编辑字幕的方法。

▌知识储备

剪映是抖音官方推出的一款移动端视频编辑应用，它具有强大的视频剪辑功能，支持视频变速与倒放，可以为短视频添加音频、识别字幕、添加贴纸、应用滤镜、应用美颜、色度抠图、制作关键帧动画等。另外，剪映还提供了非常丰富的曲库和贴纸资源等。

一、剪辑视频素材并添加旁白

下面将视频素材导入剪映，剪辑视频素材，并根据旁白中的人声对视频素材的速度、剪辑点等进行调整，具体操作方法如下。

步骤 01 打开剪映，在下方点击"剪辑"按钮，在工作界面中点击"开始创作"按钮，如图5-1所示。

步骤 02 在弹出的界面中选择视频素材，在此选中多段视频素材，然后在界面下方点击"添加"按钮，如图5-2所示。

步骤 03 进入视频编辑界面，在时间轴中长按视频素材并拖动，调整视频片段的顺序，如图5-3所示。

剪辑视频素材
并添加旁白

图5-1　点击"开始创作"按钮　　图5-2　添加视频素材　　图5-3　调整视频片段顺序

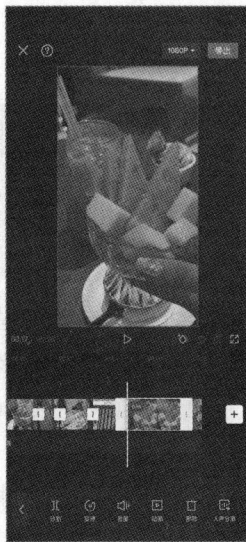

步 骤 04 在一级工具栏中点击"比例"按钮█，在弹出的界面中选择"9∶16"，然后点击█按钮，如图5-4所示。

步 骤 05 将时间指针定位到短视频的开始位置，在时间轴左侧点击"关闭原声"按钮◀，关闭视频原声，如图5-5所示。

步 骤 06 在一级工具栏中点击"音频"按钮◢，然后点击"提取音乐"按钮█，如图5-6所示。

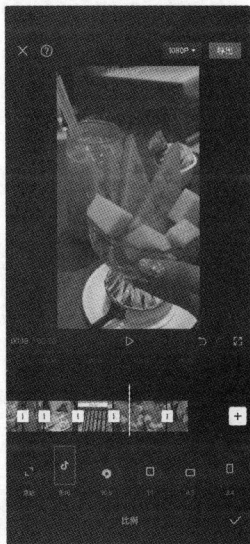

图5-4　选择"9∶16"　　图5-5　点击"关闭原声"按钮　图5-6　点击"提取音乐"按钮

步 骤 07 在相册中选择包含旁白音频的视频文件，然后点击"仅导入视频的声音"按钮，如图5-7所示。

步 骤 08 选中旁白音频，点击"音量"按钮█，在弹出的界面中拖动滑块调整音量为260，然后点击█按钮，如图5-8所示。

步骤 ⑨ 在主轨道上选中"视频1"片段，拖动时间指针，将时间指针定位到第一句人声的结束位置，然后点击"分割"按钮 分割素材，如图5-9所示。

图5-7 点击"仅导入视频的声音"按钮　　图5-8 调整音量　　　　　图5-9 分割素材

步骤 ⑩ 选中分割后右侧的视频片段，点击"删除"按钮 将其删除，如图5-10所示。

步骤 ⑪ 采用同样的方法，对其他视频素材进行修剪。选中"视频6"片段，点击"变速"按钮 ，在弹出的界面中点击"常规变速"按钮 ，如图5-11所示。

步骤 ⑫ 在弹出的"变速"界面中，向左拖动滑块调整速度为0.6×，点击"播放"按钮 预览调速效果，然后点击 按钮，如图5-12所示。

图5-10 删除片段　　　　图5-11 点击"常规变速"按钮　　　图5-12 调整速度

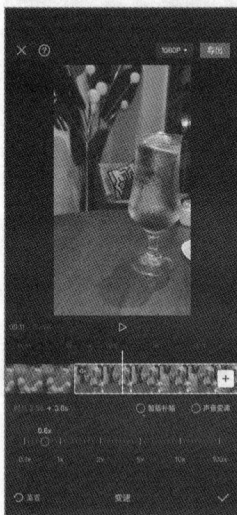

步骤 ⑬ 选中"视频6"片段，将时间指针定位到要修剪的位置，拖动视频片段左端的修剪滑块至时间指针位置，即可进行精细修剪，如图5-13所示。

步骤 ⑭ 将时间指针定位到要添加新素材的位置，点击主轨道右侧的"添加素材"按钮 ，如图5-14所示。

步骤 ⑮ 打开"添加素材"界面，对于时长较长的视频素材，点击其缩略图，在弹出的界面中预览素材，然后点击左下方的"裁剪"按钮✂，如图5-15所示。

图5-13　修剪片段　　图5-14　点击"添加素材"按钮　　图5-15　点击"裁剪"按钮

步骤 ⑯ 进入"裁剪"界面，在下方拖动左右两侧滑杆裁剪素材，然后点击✅按钮，如图5-16所示。

步骤 ⑰ 返回"添加素材"界面，依次选中要添加的视频素材，然后在界面下方点击"添加"按钮，如图5-17所示。

步骤 ⑱ 根据旁白中的人声对各素材中的片段进行分割，删除不需要的部分，如图5-18所示。

图5-16　裁剪素材　　图5-17　点击"添加"按钮　　图5-18　分割与删除素材

二、添加背景音乐

下面将音乐素材库中的背景音乐导入剪映中，并对背景音乐进行修剪、调节音量、淡化等一系列操作，具体操作方法如下。

添加背景音乐

步骤 01 将时间指针定位到背景音乐的开始位置，在一级工具栏中点击"音频"按钮🎵，然后点击"音乐"按钮🎵，如图5-19所示。

步骤 02 进入"音乐"界面，从中可以选择不同的音乐类型，或使用推荐音乐、收藏音乐、抖音收藏音乐、导入音乐等，如图5-20所示，在此点击上方的搜索框。

步骤 03 输入歌曲名"橘子汽水"搜索音乐，在搜索结果中点击音乐名称进行试听，然后点击"使用"按钮，如图5-21所示。

图5-19 点击"音乐"按钮	图5-20 "音乐"界面	图5-21 试听并使用音乐

步骤 04 将时间指针定位到旁白音频的结束位置，对背景音乐进行修剪，使其尾端与旁白音频的尾端对齐，如图5-22所示。

步骤 05 选中背景音乐，点击"音量"按钮🔊，在弹出的界面中拖动滑块调整音量为70，然后点击✓按钮，如图5-23所示。

步骤 06 点击"淡入淡出"按钮，在弹出的界面中拖动"淡出时长"右侧滑块调整为1.0s，然后点击✓按钮，如图5-24所示。

图5-22 修剪背景音乐	图5-23 调整音量	图5-24 调整淡出时长

三、视频调色

通过添加滤镜效果可以快速矫正视频画面的颜色，下面使用"滤镜"功能对短视频进行调色，具体操作方法如下。

步骤01 将时间指针定位到短视频的开始位置，在一级工具栏中点击"滤镜"按钮，在弹出的界面中选择"美食"分类下的"轻食"滤镜，拖动滑块调整滤镜强度为60，然后点击✅按钮，如图5-25所示。

步骤02 点击"新增滤镜"按钮，在弹出的界面中选择"西餐"滤镜，拖动滑块调整滤镜强度，如图5-26所示。

步骤03 将时间指针定位到"视频13"片段的开始位置，为其添加"室内"分类下的"安愉"滤镜，然后根据需要调整各滤镜片段的长度，如图5-27所示。

图5-25 选择"轻食"滤镜并调整滤镜强度

图5-26 选择"西餐"滤镜并调整滤镜强度

图5-27 调整滤镜片段长度

四、添加转场和特效

下面为短视频添加转场效果、画面特效、人物特效等，具体操作方法如下。

步骤01 点击"视频3"和"视频4"片段之间的"转场"按钮，在弹出的界面中选择"运镜"分类下的"拉远"转场，拖动滑块调整转场时长为0.3s，然后点击✅按钮，如图5-28所示。

步骤02 此时可以看到两个素材之间的"转场"按钮变为样式，采用同样的方法为其他素材之间添加合适的转场效果，如图5-29所示。

步骤03 将时间指针定位到"视频2"片段的开始位置，在一级工具栏中点击"特效"按钮，在弹出的界面中点击"画面特效"按钮，如图5-30所示。

图5-28 添加"拉远"转场　　图5-29 添加其他转场效果　　图5-30 点击"画面特效"按钮

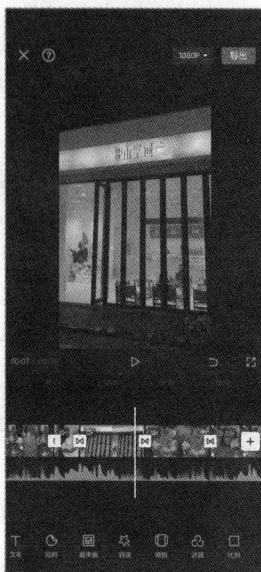

步骤04 在弹出的界面中选择"氛围"分类下的"星光绽放"特效，然后点击✓按钮，如图5-31所示。

步骤05 选中"视频10"片段，在预览区放大画面，然后拖动画面调整位置。点击"人物特效"按钮◎，在弹出的界面中选择"情绪"分类下的"心动"特效，然后点击✓按钮，如图5-32所示。

步骤06 将时间指针定位到"视频13"片段的开始位置，为其添加"氛围"分类下的"浪漫氛围Ⅱ"特效，并点击"调整参数"按钮▬，在弹出的界面中调整"不透明度"为60，然后点击✓按钮，如图5-33所示。

图5-31 选择"星光绽放"特效　　图5-32 选择"心动"特效　　图5-33 调整特效参数

五、添加字幕

下面为短视频添加字幕，具体操作方法如下。

步骤01 将时间指针定位到短视频的开始位置，在一级工具栏中点击"文本"按钮 T，在弹出的界面中点击"识别字幕"按钮 A，如图5-34所示。

步骤02 在弹出的界面中点击"开始匹配"按钮，开始自动识别旁白中的字幕，如图5-35所示。

步骤03 自动识别出的字幕文本有的文字较多，需要将其分割为短句，点击"编辑字幕"按钮，在弹出的界面中将光标定位到需要分割的位置，点击"换行"按钮，如图5-36所示。

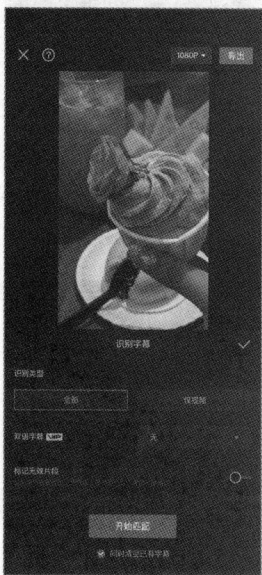

图5-34 点击"识别字幕"按钮　图5-35 点击"开始匹配"按钮　　图5-36 字幕文本换行

步骤04 选中文本，点击"样式"按钮 Aa，在弹出的文本编辑界面中点击"字体"分类，选择"资源圆体中"字体，如图5-37所示。

步骤05 点击"样式"分类，选择所需的文本样式，拖动"字号"滑块调整文字大小，然后点击按钮，如图5-38所示。

步骤06 将时间指针定位到"视频6"片段的开始位置，点击"新建文本"按钮 A+，在弹出的文本编辑界面中输入文本，并设置文本字体、样式、花字等，然后点击按钮，如图5-39所示。

步骤07 在预览区中调整文本字幕的位置和大小，点击"动画"按钮，在弹出的界面中点击"入场"按钮，选择"打字机 II"动画，然后点击按钮，如图5-40所示。

步骤08 将时间指针定位到需要添加文字模板的位置，点击"文字模板"按钮，在弹出的界面中点击"综艺情绪"标签，选择所需的文字模板，然后点击按钮，如图5-41所示。

步骤09 短视频编辑完成后，点击右上方的"导出"按钮，即可将短视频导出到手机中，如图5-42所示。

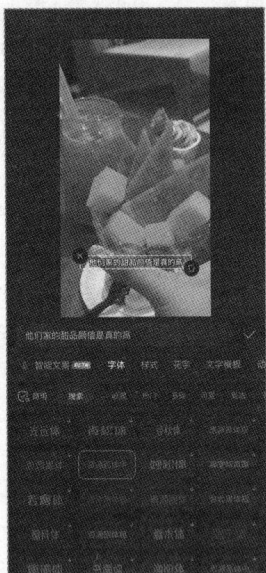

图5-37 选择字体

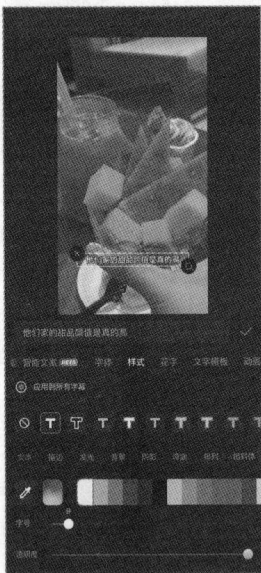

图5-38 选择字体样式

图5-39 设置文本样式

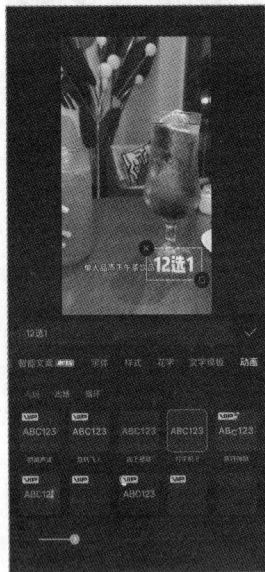

图5-40 选择"打字机Ⅱ"动画

图5-41 选择文字模板

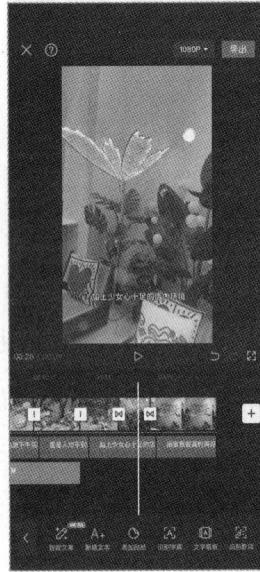

图5-42 导出短视频

▌任务实施

结合本任务所学知识，制作一条美食商品分享短视频。关键操作提示如下。

（1）打开"素材文件\项目五\任务实施\美食商品短视频"文件夹，将视频素材导入剪映，使用剪映提供的剪辑工具对视频进行粗剪。

（2）添加旁白音频和合适的背景音乐，然后根据旁白确定剪接点，对视频素材进行精剪。

（3）选择合适的滤镜调整短视频的整体色调，使视频画面更加诱人。

（4）选择合适的转场效果，使不同场景之间的过渡更加自然，增强视频的连贯性和观感。

（5）在需要解释烹饪步骤或标注重点信息的地方添加字幕。

任务思考

通过本任务的学习，思考并回答以下问题。

1. 使用剪映剪辑视频时，最常用的两种修剪素材的方法是什么？
2. 如何处理没有前奏和尾声的背景音乐，可以有效降低音乐出入场的突兀感？

任务三　使用PC端工具剪辑短视频

PC端视频剪辑工具主要应用于质量要求比较高的视频剪辑，如影视制作、广告制作、宣传片制作、中长视频编辑等。Premiere是一款被广泛使用的PC端视频编辑软件，同样也是短视频编辑与制作中的重要工具之一。

任务目标

本任务主要介绍使用Premiere剪辑短视频的方法，希望读者通过本任务的学习，了解并掌握以下知识及技能。

（1）掌握导入素材、创建序列和视频粗剪的方法。
（2）掌握使用关键帧制作动画效果的方法。
（3）掌握使用"Lumetri 颜色"工具进行视频调色的方法。
（4）掌握制作画面叠加效果、制作视频背景和边框的方法。
（5）掌握添加背景音乐和调整视频节奏的方法。
（6）掌握制作视频转场效果和导出短视频的方法。

知识储备

Premiere是由Adobe公司开发的一款非线性视频编辑软件，能够完成视频采集、剪辑、调色、音频编辑、字幕添加、输出等一系列工作，在影视制作、广告制作、电视节目制作、短视频制作等领域有着广泛的应用，其强大的视频剪辑功能可以充分发挥剪辑人员的创造能力和创作自由度。下面以剪辑一条茶饮店铺宣传片为例，详细介绍如何使用Premiere 2020剪辑短视频。

一、导入素材与创建序列

序列相当于短视频的容器，添加到序列内的剪辑会形成一段连续播放的视频。下面在Premiere项目中导入素材，并为制作短视频创建序列，具体操作方法如下。

步骤01 启动Premiere CC 2020，在菜单栏中选择"文件"—"新建"—"项

导入素材与创建序列

目"命令，在弹出的"新建项目"对话框中设置项目名称和保存位置，然后单击"确定"按钮，如图5-43所示。

步骤 02 将要用到的素材文件拖至"项目"面板中，拖入的文件夹将自动生成素材箱，如图5-44所示。

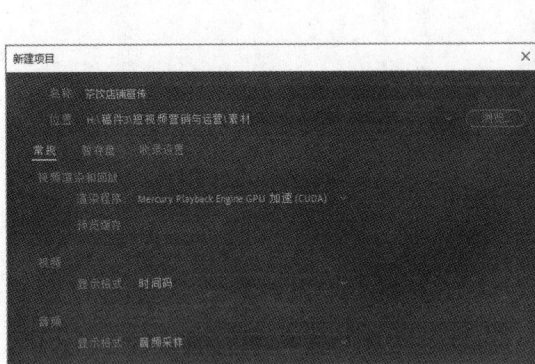

图5-43 "新建项目"对话框

图5-44 添加素材文件

步骤 03 打开"视频素材"素材箱，单击"图标视图"按钮 ■，切换为图标视图，将鼠标指针置于视频缩览图上并左右移动，即可快速预览视频素材内容，如图5-45所示。

步骤 04 单击"项目"面板右下方的"新建项"按钮 ■，在弹出的菜单中选择"序列"选项，如图5-46所示。

图5-45 预览视频素材

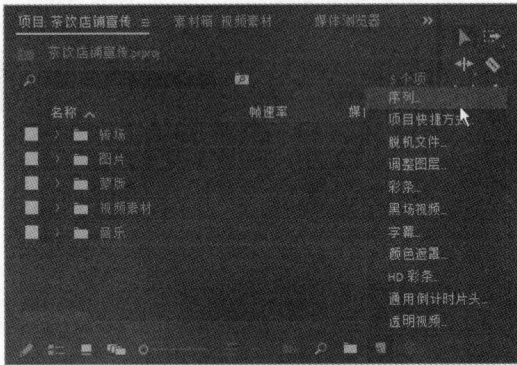

图5-46 选择"序列"选项

步骤 05 弹出"新建序列"对话框，在"设置"选项卡下的"编辑模式"下拉列表框中选择"自定义"选项，在"时基"下拉列表框中选择"30.00帧/秒"选项，设置"帧大小"为"720水平、1280垂直"，如图5-47所示。在下方输入序列名称"茶饮店"，单击"确定"按钮，即可创建序列。

步骤 06 在时间轴面板中会自动打开创建的序列，如图5-48所示。若要更改序列设置，则选择"序列"—"序列设置"命令，在弹出的对话框中重新设置序列参数。

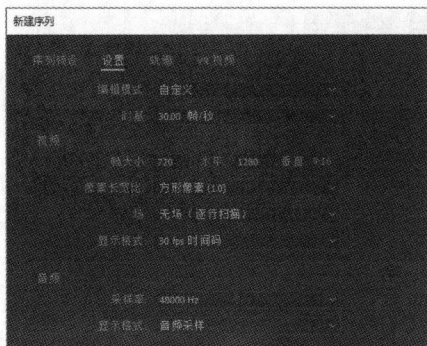

图5-47 "新建序列"对话框

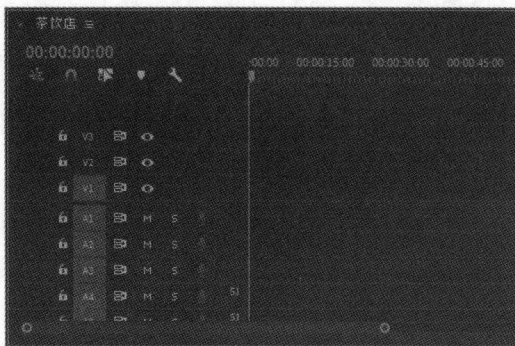

图5-48 创建的序列

二、视频粗剪

下面对短视频进行粗剪，按照制作思路将要使用的素材依次添加到序列中，具体操作方法如下。

步骤01 在"视频素材"素材箱中双击视频素材，在"源"面板中预览素材，拖动播放滑块，将其移至所需视频片段的起始位置，单击"标记入点"按钮，将播放滑块移至所需视频片段的结束位置，单击"标记出点"按钮，即可标记剪辑范围，如图5-49所示。

步骤02 拖动"仅拖动视频"按钮到序列的A1轨道上，在弹出的对话框中单击"保持现有设置"按钮，如图5-50所示。

图5-49 标记剪辑范围

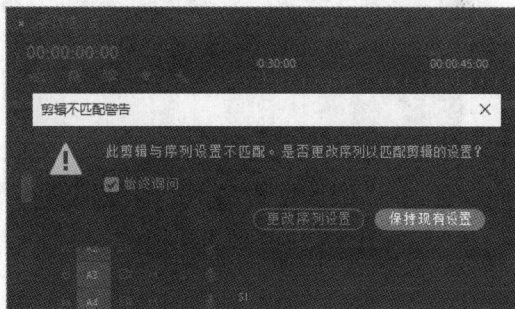

图5-50 单击"保持现有设置"按钮

步骤03 此时即可将视频素材添加到序列中，采用同样的方法继续添加第2个视频素材，如图5-51所示。按"\"键缩放时间轴到序列，再次按该键可以还原时间轴。

步骤04 右击第2个视频素材，在弹出的快捷菜单中选择"设为帧大小"命令，如图5-52所示，系统将自动调整视频剪辑的缩放参数，使画面大小自动匹配序列的大小。

步骤05 采用同样的方法将其他要用到的视频素材和图片素材添加到序列中，双击A1轨道展开该轨道，如图5-53所示。若要分割剪辑，可以选中素材后按"Ctrl+K"组合键；若要调整素材的顺序，可以按住"Ctrl+Alt"组合键的同时移动素材的位置；若要复制素材，可以按住"Alt"键的同时拖动素材。

图5-51 添加视频素材

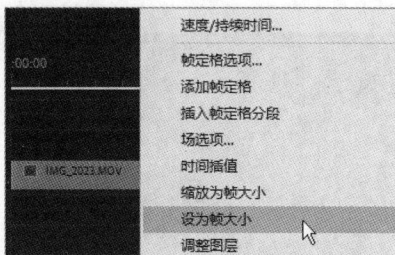

图5-52 选择"设为帧大小"选项

图5-53 添加其他视频素材

步骤 06 按"B"键调用波纹编辑工具 ，使用该工具拖动视频素材的边缘，即可修剪其左端和右端，如图5-54所示。

步骤 07 在序列中选中4个图片素材，按"Ctrl+R"组合键打开"剪辑速度/持续时间"对话框，设置"持续时间"为1秒15帧，选中"波纹编辑，移动尾部剪辑"复选框，单击"确定"按钮，即可将4个图片素材设置为相同的时间长度，如图5-55所示。

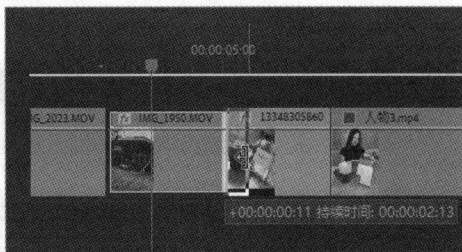

图5-54 使用波纹编辑工具修剪视频素材

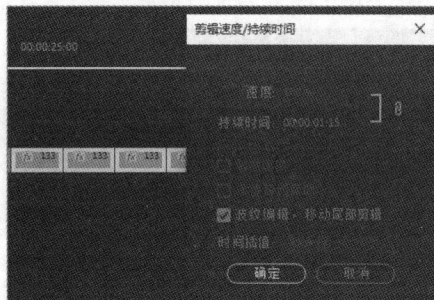

图5-55 设置持续时间

步骤 08 在"节目"面板中预览短视频粗剪效果，图5-56所示为部分剪辑画面。

图5-56 预览粗剪效果

三、制作动画效果

在Premiere中使用关键帧可以设置运动、效果、速度、音频等多种属性，随时间更改属性值即可自动生成动画。下面使用关键帧制作动画效果，为视频画面添加更多运动效果，具体操作方法如下。

制作动画效果

步骤01 选中第2个视频素材，打开"效果控件"面板，在"运动"效果中单击"位置"和"缩放"属性左侧的"切换动画"按钮，启用"位置"和"缩放"动画，此时在时间指针位置将自动添加一个关键帧，如图5-57所示。

步骤02 将播放头向右拖动一段距离，设置"缩放"参数为"100.0"，根据需要调整"位置"参数，将自动添加第2个关键帧，如图5-58所示。

图5-57　启用"位置"和"缩放"动画

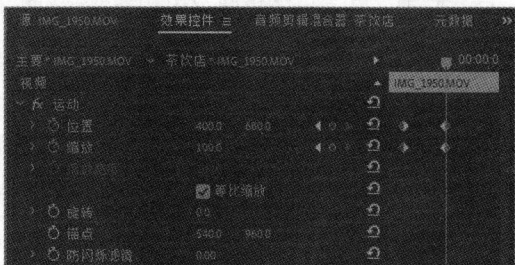

图5-58　设置"位置"和"缩放"参数

步骤03 选中所有的"位置"和"缩放"关键帧，右击关键帧，在弹出的快捷菜单中选择"临时插值"—"缓入"命令，如图5-59所示。再次右击选中的关键帧，在弹出的快捷菜单中选择"临时插值"—"缓出"命令，为动画添加缓入和缓出效果。

步骤04 单击"缩放"属性左侧的■按钮，显示其"值"和"速率"图表。分别调整关键帧上的控制手柄，调整贝塞尔曲线，改变运动变化速率，曲线越陡峭，动画变化就越剧烈，如图5-60所示。采用同样的方法，调整"位置"关键帧贝塞尔曲线。

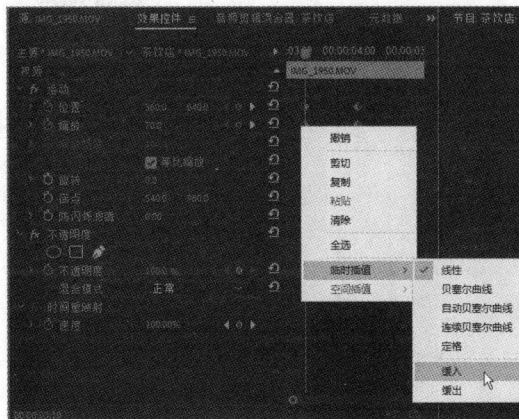

图5-59　执行"临时插值"—"缓入"命令

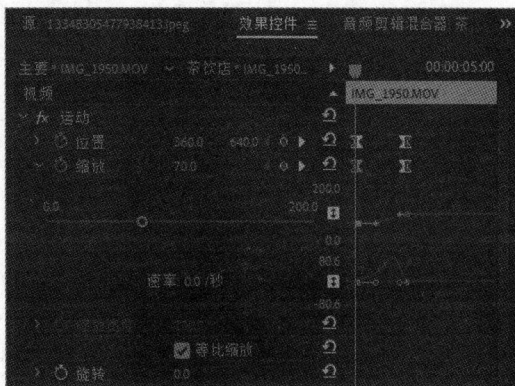

图5-60　调整"缩放"关键帧贝塞尔曲线

步骤05 在序列中选中图片素材，在"效果控件"面板中设置"缩放"参数为"70.0"，然后编辑"位置"属性，制作画面向左移动的动画效果，如图5-61所示。

步骤06 在"节目"面板中预览图片动画效果，如图5-62所示。

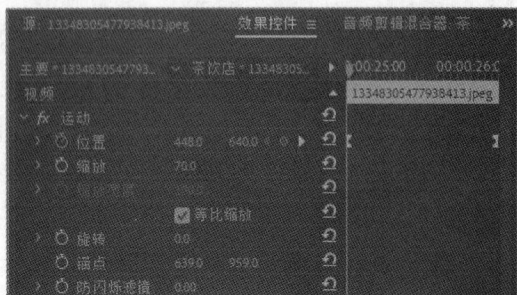

图5-61 编辑"位置"属性

图5-62 预览图片动画效果

步骤 07 选中已添加运动动画的图片素材，按"Ctrl+C"组合键进行复制操作，选中其他图片素材并右击，在弹出的快捷菜单中选择"粘贴属性"命令，如图5-63所示。

步骤 08 弹出"粘贴属性"对话框，选中"运动"复选框，如图5-64所示。单击"确定"按钮，即可将运动动画应用到其他图片素材中。

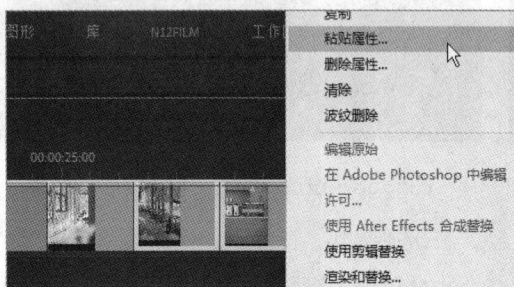

图5-63 选择"粘贴属性"命令

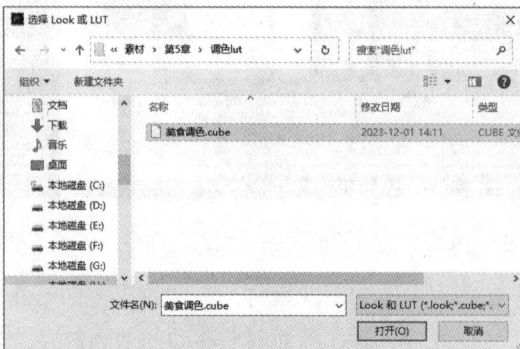

图5-64 选中"运动"复选框

四、视频调色

下面使用"Lumetri颜色"工具对短视频进行调色，以增强画面色彩的表现力，具体操作方法如下。

步骤 01 在序列中选中要调色的视频素材，打开"Lumetri颜色"面板，展开"创意"选项，在"Look"下拉列表框中选择"浏览"选项，如图5-65所示。

步骤 02 在弹出的对话框中选择所需的颜色预设文件，然后单击"打开"按钮，如图5-66所示。

视频调色

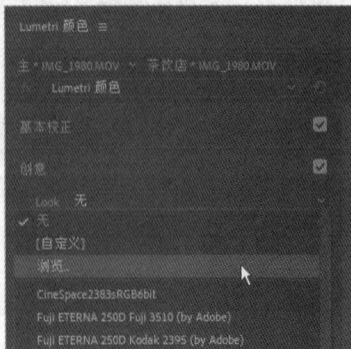

图5-65 选择"浏览"选项

图5-66 选择颜色预设文件

步骤03 调整"强度"参数为"60.0"，在"调整"组中调整"锐化"参数为"25.0"，如图5-67所示。

步骤04 展开"基本校正"选项，在"色调"组中调整"曝光""阴影""白色""黑色"等参数，如图5-68所示。

步骤05 在"节目"面板中预览调色前后的对比效果，如图5-69所示。

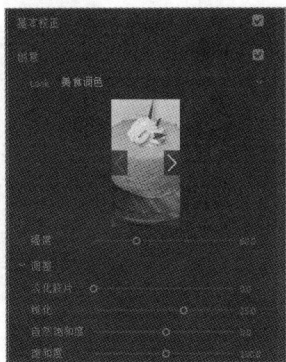

图5-67 调整"创意"
相关参数

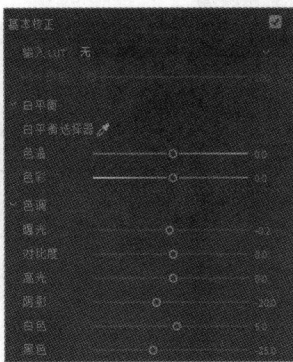

图5-68 调整"色调"
相关参数

图5-69 预览调色前后对比效果

步骤06 在"效果控件"面板中右击"Lumetri颜色"效果，在弹出的快捷菜单中选择"复制"命令，如图5-70所示。

步骤07 在序列中选中其他要调色的视频素材，按"Ctrl+V"组合键即可将"Lumetri颜色"效果粘贴到所选视频素材中，如图5-71所示。在"节目"面板预览各视频素材的调色效果，并根据需要在"Lumetri颜色"面板中修改调色参数。

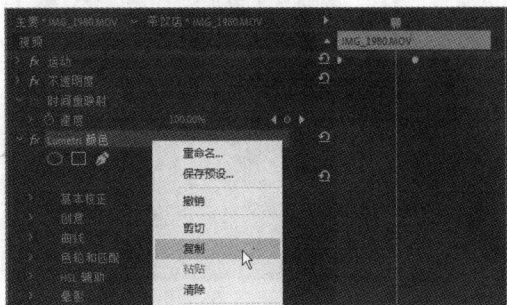

图5-70 复制"Lumetri颜色"效果

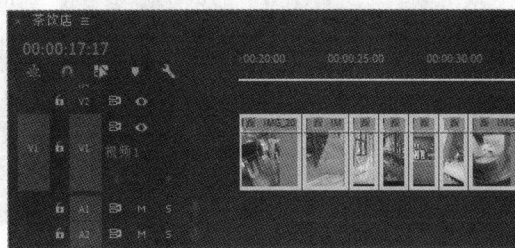

图5-71 粘贴"Lumetri颜色"效果

五、制作画面叠加效果

通过设置不透明度或混合模式可以让多个视频剪辑画面叠加融合在一起，丰富视频画面效果，具体操作方法如下。

步骤01 在"项目"面板中双击图片素材，在"源"面板中预览图片素材，在1秒位置标记出点，如图5-72所示。

制作画面叠加效果

步骤02 将图片素材添加到V2轨道上，并将其置于前两个视频素材的转场位置，展开V2轨道，如图5-73所示。

图5-72　标记出点

图5-73　添加图片素材

步骤03 在"效果控件"面板的"运动"效果中调整"缩放"参数，然后编辑"位置"属性。在"不透明度"效果的"混合模式"下拉列表框中选择"变亮"模式，如图5-74所示。

步骤04 在"节目"面板中预览画面叠加效果，如图5-75所示。

步骤05 在"Lumetri颜色"面板中展开"曲线"选项，调整RGB曲线中的亮度曲线，增加画面对比度，如图5-76所示，使合成画面中店铺名称更加清晰。

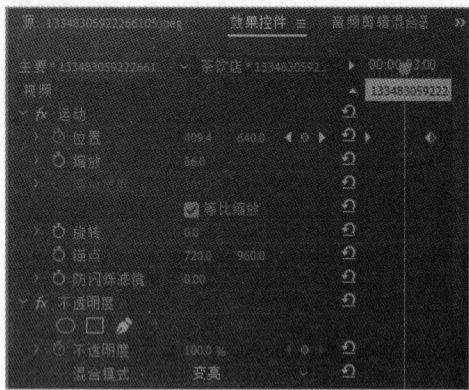

图5-74　选择"变亮"模式

图5-75　预览画面叠加效果

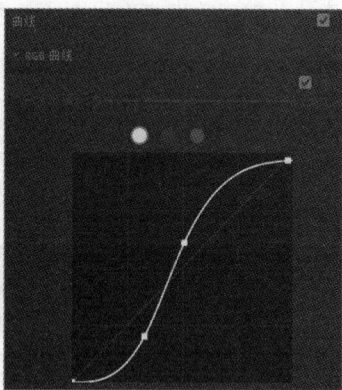

图5-76　调整亮度曲线

步骤06 在"效果控件"面板的"不透明度"效果中单击"创建椭圆形蒙版"按钮◯创建蒙版，在"节目"面板中调整蒙版大小和蒙版羽化，如图5-77所示。

步骤07 在序列中按住"Ctrl"键的同时单击图片素材的不透明度控制柄，添加3个不透明度关键帧，将左右两侧的关键帧向下拖至底部，如图5-78所示，即可制作出图片素材渐显渐隐的动画效果。

步骤08 在"节目"面板中预览不透明度动画效果，如图5-79所示。

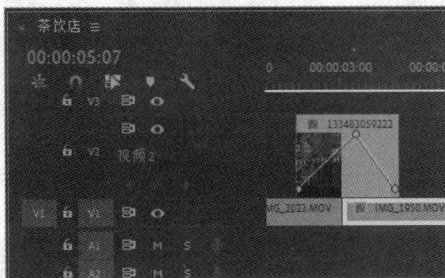

图5-77 调整蒙版	图5-78 编辑不透明度动画	图5-79 预览不透明度
		动画效果

六、制作视频背景和边框

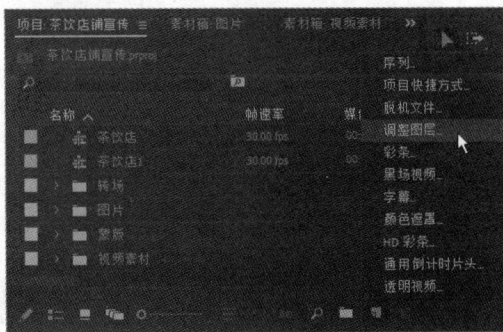

下面对视频画面进行美化设置，为视频画面添加背景和边框，具体操作方法如下。

步骤01 在"项目"面板中单击"新建项"按钮■，选择"调整图层"选项，如图5-80所示。

步骤02 在弹出的对话框中单击"确定"按钮，即可在"项目"面板中创建调整图层。选中调整图层，按"Ctrl+R"组合键，在弹出的对话框中设置"持续时间"为1秒，然后单击"确定"按钮，如图5-81所示。

制作视频背景和
边框

图5-80 选择"调整图层"选项	图5-81 设置持续时间

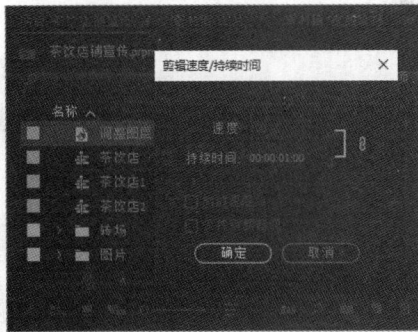

步骤03 将调整图层添加到V3轨道上，并覆盖前两个视频素材，如图5-82所示。

步骤04 打开"效果"面板，搜索"变换"，然后将"变换"效果拖至调整图层上，如图5-83所示。

步骤05 在"效果控件"面板中设置"变换"效果中的"缩放"参数为"80.0"，如图5-84所示。

步骤06 为调整图层添加"裁剪"效果，根据需要调整"顶部"和"底部"参数，如图5-85所示。

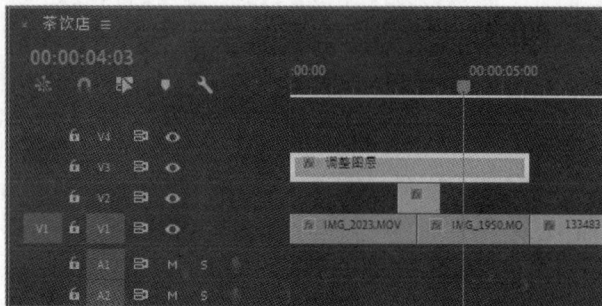

图5-82　添加调整图层

图5-83　添加"变换"效果

图5-84　设置"缩放"参数

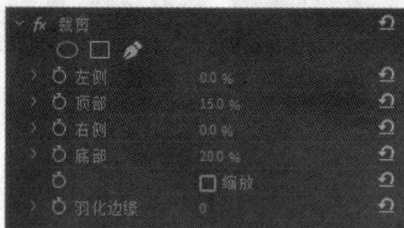

图5-85　设置"裁剪"效果

步骤 07 为调整图层再添加一个"变换"效果，调整"位置"属性中的y坐标参数，使画面居中显示，如图5-86所示。

步骤 08 在"节目"面板中预览视频效果，如图5-87所示。

步骤 09 在序列中选中调整图层及其所覆盖的视频素材，然后右击，在弹出的快捷菜单中选择"嵌套"命令，在弹出的对话框中输入名称，然后单击"确定"按钮，如图5-88所示。通过嵌套可以将多个视频素材合成一个单独的序列，在剪辑时将嵌套序列当成一个视频素材来处理，有助于提高工作效率，并完成复杂任务。

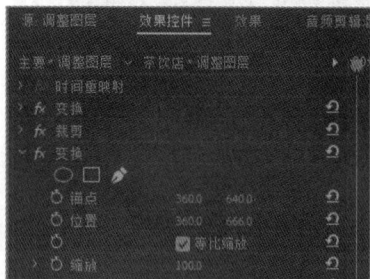

图5-86　调整位置参数　　图5-87　预览视频效果　　图5-88　创建嵌套序列

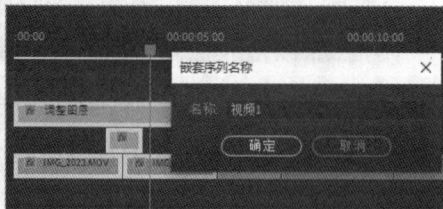

步骤 10 将嵌套序列移至V2轨道上，然后将一张背景图片素材添加到V1轨道上，如图5-89所示。

步骤 11 为"视频1"添加"投影"效果，在"效果控件"面板中设置"不透明度""距离""柔和度"等参数，如图5-90所示。

步骤⑫ 在"节目"面板中预览视频背景效果，如图5-91所示。

图5-89 添加背景图片　　　图5-90 设置"投影"效果　　图5-91 预览视频

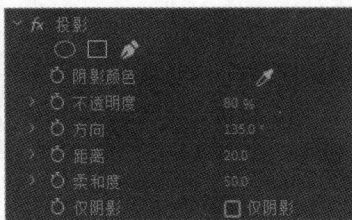

并调整参数　　　　　　　背景效果

步骤⑬ 打开"视频1"嵌套序列，选中调整图层，按"Ctrl+C"组合键复制调整图层，如图5-92所示。

步骤⑭ 返回主序列，设置目标切换轨道为V2轨道，按"Ctrl+V"组合键粘贴调整图层，如图5-93所示。

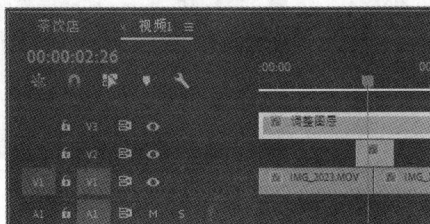

图5-92 复制调整图层　　　　图5-93 粘贴调整图层

步骤⑮ 根据需要在"效果控件"面板中设置调整图层的"裁剪"和"变换"效果，按照前面的方法创建"视频2"嵌套序列，并添加视频背景，效果如图5-94所示。采用同样的方法，为其他视频素材设置视频背景。

步骤⑯ 单击"矩形工具"按钮■，使用该工具在"节目"面板中沿着视频边缘绘制白色矩形作为视频边框，效果如图5-95所示。

步骤⑰ 将"视频2"移至V3轨道上，将图形素材移至V2轨道上，调整素材层叠顺序，如图5-96所示。

步骤⑱ 在"效果控件"面板的"形状"效果中选中"阴影"复选框，并设置"阴影"效果，如图5-97所示。

步骤⑲ 在"节目"面板中预览视频边框效果，如图5-98所示。

步骤⑳ 在序列中选中"视频2"和图形素材，然后按住"Alt"键向上拖动进行复制，如图5-99所示。为V5轨道中的"视频2"添加"裁剪"和"变换"效果，根据需要裁剪视频画面，并调整素材的大小和位置，然后调整V4轨道中图形素材的大小和位置。

图5-94　设置视频背景　　　图5-95　绘制白色矩形　　　图5-96　调整素材层叠顺序

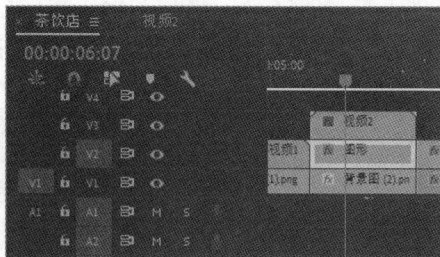

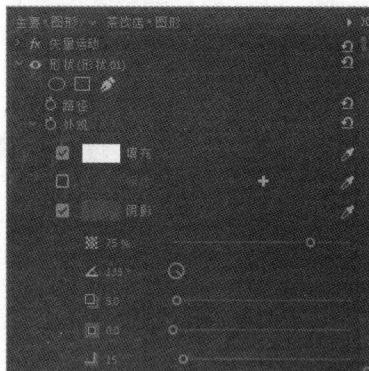

图5-97　设置"阴影"效果　　　图5-98　预览视频边框效果　　　图5-99　复制素材

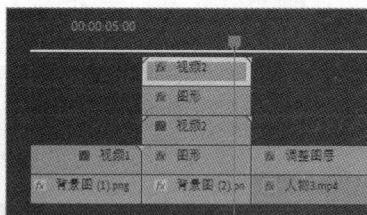

步骤 21 选择"视频2"和相应的图形素材，然后分别创建嵌套序列"视频2 边框1"和"视频2 边框2"，根据需要调整嵌套序列的层叠顺序，如图5-100所示。

步骤 22 在"节目"面板中预览视频效果，如图5-101所示。

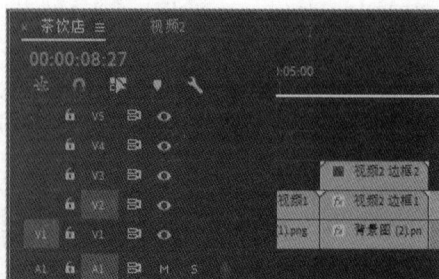

图5-100　创建嵌套序列　　　图5-101　预览视频效果

步骤㉓ 采用同样的方法为其他视频素材制作视频背景和边框，在"节目"面板中预览视频效果，如图5-102所示。

图5-102　预览视频背景和边框效果

七、添加背景音乐并调整视频节奏

下面在短视频中添加背景音乐，根据背景音乐的节奏修剪视频，并调整各视频素材的播放速度，具体操作方法如下。

步骤① 将"音乐"素材添加到A1轨道，然后展开A1轨道，向下拖动音量控制柄降低音乐的音量，如图5-103所示。

（右侧二维码）添加背景音乐并调整视频节奏

图5-103　降低音乐音量

步骤② 选中"视频1"素材和相应的背景图素材，创建嵌套序列，输入名称，然后单击"确定"按钮，如图5-104所示。

步骤③ 采用同样的方法为其他视频片段创建嵌套序列，然后根据音乐节拍修剪各素材的长度，如图5-105所示。在调整素长度时，可以先选中音乐并在音乐节拍位置按"M"键添加标记，然后将素材对齐标记。

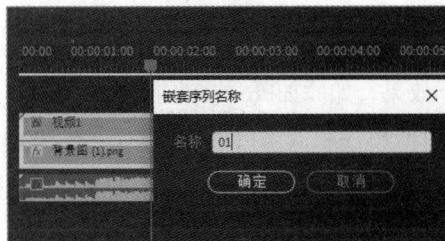

图5-104　创建嵌套序列

图5-105　修剪素材长度

步骤 ④ 根据需要调整视频素材的速度。逐一打开嵌套序列，找到并选中相应的视频素材，按"Ctrl+R"组合键，在弹出的对话框中设置"速度"参数，然后单击"确定"按钮，如图5-106所示。

步骤 ⑤ 调整视频快慢变速效果。选中视频素材，然后右击素材左上方的 fx 按钮，在弹出的快捷菜单中选择"时间重映射"—"速度"命令，如图5-107所示。

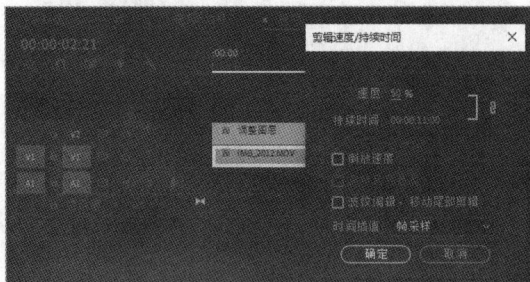

图5-106 设置"速度"参数　　　　　　图5-107 调整视频快慢变速效果

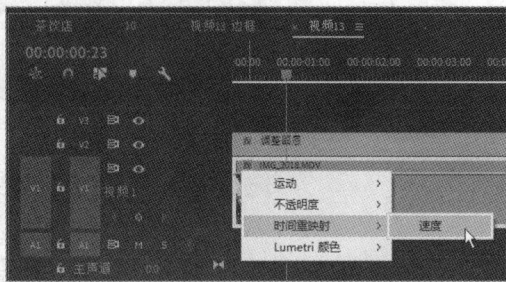

步骤 ⑥ 此时在视频素材的中心位置出现速度控制柄，按住"Ctrl"键的同时单击速度控制柄添加速度关键帧，向上或向下拖动速度控制柄，即可进行加速或减速调整。在此，将速度关键帧左侧的速度调整为300.00%，将速度关键帧右侧的速度调整为60.00%，然后按住"Alt"键的同时拖动速度关键帧调整其位置，如图5-108所示。

步骤 ⑦ 拖动速度关键帧，将其拆分为左、右两个部分，出现在两个标记之间的斜坡表示速度逐渐变化，拖动两个标记之间的控制柄调整斜坡曲率，使速度变化平滑过渡，如图5-109所示。

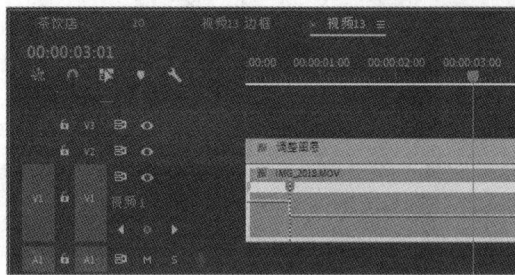

图5-108 视频剪辑变速调整　　　　　　图5-109 设置速度变化平滑过渡

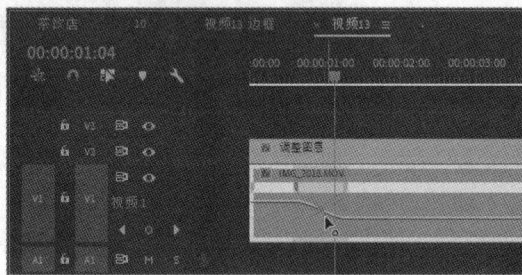

八、制作视频转场效果

在Premiere中可以通过多种方法为素材添加转场效果，如添加Premiere内置的转场效果、安装并添加第三方转场效果，还可以使用视频效果自制转场效果，具体操作方法如下。

制作视频转场效果

步骤 ① 将"02"素材拖至"01"素材上方，然后在转场位置上方轨道中添加图形蒙版转场素材，如图5-110所示。

步骤 ② 在"效果控件"面板中设置"缩放"参数为"120.0"，如图5-111所示。

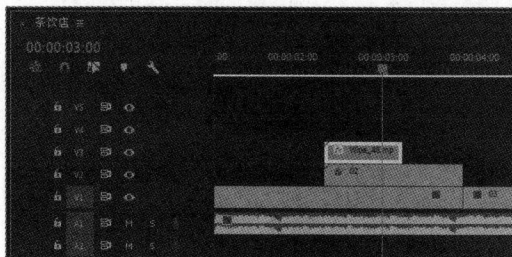

图5-110 添加图形蒙版转场素材

图5-111 设置"缩放"参数

步骤 03 对"02"素材用于转场的片段进行分割。将播放头定位到要分割的位置，按"Ctrl+K"组合键即可分割素材，如图5-112所示。

步骤 04 为"02"素材的转场片段添加"轨道遮罩键"效果。在"效果控件"面板中设置"遮罩"参数为"视频3"，即转场素材所在的轨道，设置"合成方式"为"亮度遮罩"，并选中"反向"复选框，如图5-113所示。

图5-112 分割素材

图5-113 设置"轨道遮罩键"效果

步骤 05 此时即可制作形状蒙版转场效果，在"节目"面板中预览转场效果，如图5-114所示。

图5-114 预览转场效果

步骤 06 打开"效果"面板，展开"视频过渡"—"内滑"效果组，选择"推"转场效果，如图5-115所示。

步骤 07 将"推"转场效果拖至两个素材的组接位置，如图5-116所示。如果无法添加，则需要对素材的组接位置进行修剪。

步骤 08 选中转场效果，在"效果控件"面板中设置转场方向、持续时间等参数，如图5-117所示。

步骤 09 在"节目"面板中预览转场效果，如图5-118所示。

图5-115　选择"推"转场效果

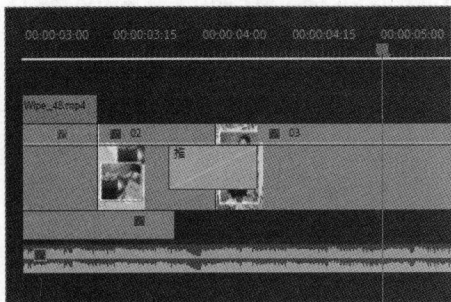

图5-116　添加"推"转场效果

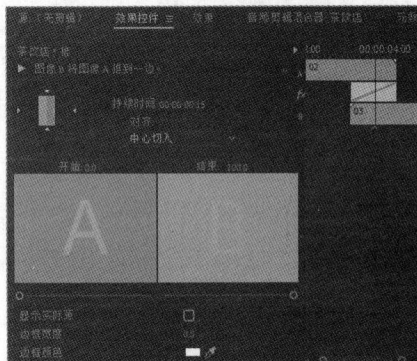

图5-117　设置转场效果

图5-118　预览转场效果

步骤⑩ 除了使用Premiere内置的转场效果外，还可以安装第三方转场插件，为短视频添加更加丰富的转场效果。在此安装FilmImpact转场插件，在"效果"面板中即可看到安装的转场效果，选择"Impact 缩放模糊"转场效果，如图5-119所示。

步骤⑪ 将"Impact 缩放模糊"转场效果添加到素材的组接位置，然后在"效果控件"面板中设置转场效果，在"节目"面板中预览该转场效果，如图5-120所示。

步骤⑫ 在要制作转场效果的素材上方添加调整图层，修剪调整图层的长度，并将其置于素材转场位置，如图5-121所示。

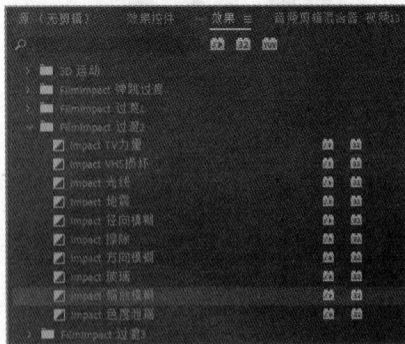

图5-119　选择第三方转场效果

图5-120　预览转场效果

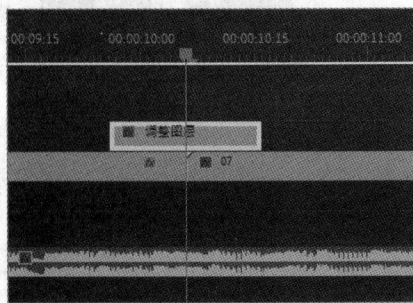

图5-121　添加调整图层

步骤⑬ 为调整图层添加"VR发光"效果。在"效果控件"面板中设置"亮度阈值"为"0.00"，启用"发光亮度"动画，添加3个关键帧，分别设置"发光亮度"参数为"0.00"

"1.50""0.00",如图5-122所示。

步骤⑭ 在"VR发光"效果中单击钢笔工具按钮创建蒙版,在"节目"面板中使用钢笔工具绘制蒙版路径,使蒙版框住视频画面,如图5-123所示。

图5-122 设置"VR发光"效果

图5-123 绘制蒙版路径

步骤⑮ 在"节目"面板中预览VR发光转场效果,如图5-124所示。

图5-124 预览VR发光转场效果

步骤⑯ 将下一个素材开始位置与上一个素材的结束位置进行15帧的叠加,如图5-125所示。

步骤⑰ 选中下一个素材,在"效果控件"面板"不透明度"效果中设置混合模式为"滤色",如图5-126所示,即可制作闪光转场效果。同样,可以将光晕转场素材叠加到素材的转场位置,并设置转场素材的混合模式为"滤色",即可制作光晕转场效果。

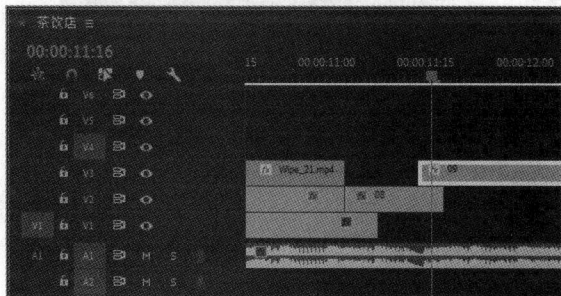

图5-125 叠加素材

图5-126 设置混合模式

九、导出短视频

下面将在Premiere中剪辑完成的短视频导出，在导出时可以根据需要设置视频格式、比特率等参数，具体操作方法如下。

步骤 01 修剪背景音乐的尾部，展开A1轨道，按住"Ctrl"键的同时单击音量控制柄添加两个音量关键帧，然后将第2个关键帧向下拖至底部，如图5-127所示，即可制作音乐淡出效果。

步骤 02 在时间轴面板中选中要导出的序列，选择"文件"—"导出"—"媒体"命令，弹出"导出设置"对话框，在"格式"下拉列表框中选择"H.264"选项（即MP4格式），如图5-128所示。若要导出视频中的部分片段，只需在序列中标记入点和出点即可。

图5-127　添加音乐淡出效果

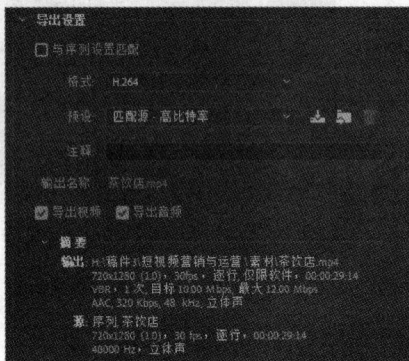

图5-128　选择导出格式

步骤 03 单击"输出名称"右侧的文件名超链接，在弹出的"另存为"对话框中选择导出位置，并输入文件名，然后单击"保存"按钮，如图5-129所示。

步骤 04 返回"导出设置"对话框，选择"视频"选项卡，展开"比特率设置"选项，调整"目标比特率（Mbps）"参数，对视频大小进行压缩，在下方可以看到"估计文件大小"数值，如图5-130所示。设置完成后，单击"导出"按钮，即可导出短视频。

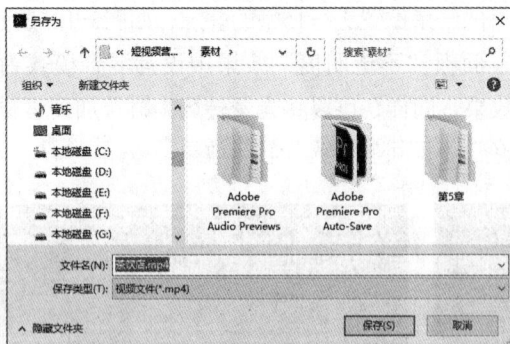

图5-129　"另存为"对话框

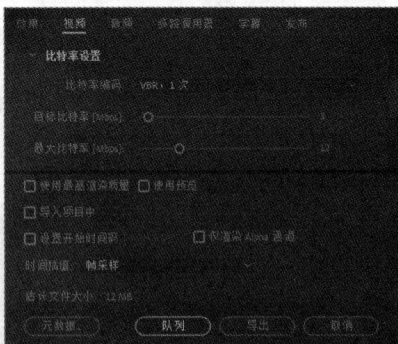

图5-130　调整目标比特率

▌任务实施

结合本任务所学知识，制作一条餐饮宣传短视频。关键操作提示如下。

（1）打开"素材文件\项目五\任务实施\餐饮宣传短视频"文件夹，将视频素材导入 Premiere 2020，创建序列并将视频素材添加到序列中，对短视频进行粗剪，在"效果控件"面板中调整画面构图。

（2）添加背景音乐并对音乐进行修剪，根据音乐节奏修剪视频素材，调整视频素材的播放速度。

（3）在片尾添加图片素材，并使用关键帧为图片制作缩放动画和回弹动画。

（4）为视频素材创建嵌套序列，添加视频转场效果，并利用"变换"效果自制各种方向的转场效果。

（5）为短视频添加转场音效和画面音效，并调整背景音乐和音效的音量。

（6）根据需要制作视频背景和边框，然后导出短视频。

▌任务思考

通过本任务的学习，思考并回答以下问题。

1. 在使用画面叠加效果时，如何使画面叠加中的文字更明显？
2. 在制作视频背景和边框效果时，为什么要创建嵌套序列？

◦• 项目实训：剪辑探店短视频

1. 实训目标

对拍摄的探店视频素材进行剪辑，使其节奏流畅、生动有趣，成为一个完整的作品。

2. 实训内容

以小组为单位，分别使用移动端的剪映和PC端的Premiere 2020剪辑探店短视频。

项目实训

3. 实训步骤

使用剪映剪辑探店短视频的步骤如下。

（1）厘清剪辑思路

浏览拍摄的每个镜头及效果参考视频，厘清剪辑思路。

（2）粗剪视频素材

将视频素材下载到手机相册，并逐个添加到新的剪辑项目中，关闭主轨原声，然后对视频素材进行修剪，裁掉不需要的片段，并按照剪辑顺序调整各视频片段的排列顺序。设置画布比例为9：16，在预览区对视频画面构图进行调整，或利用"裁剪"功能调整画面构图。

（3）添加旁白和音乐

将旁白音频添加到剪映中，也可以使用"文本朗读"功能将文字转换为语音旁白。对旁白音频进行修剪，然后根据旁白音频修剪视频片段，并对视频片段进行变速处理，使视频画面所展示的内容与旁白解说一致。对于需要视频原声的视频片段，调整其音量。在剪映音乐库中选择一些轻松的音乐作为背景音乐，将其添加到剪辑项目中，并根据需要调整音量。

（4）添加视频效果

添加剪映自带的转场效果，使各镜头的过渡更加自然。添加动画效果和画面特效，增加画面动感和渲染画面氛围。

（5）视频调色

为视频添加合适的滤镜效果进行调色，使用"调节"功能对滤镜效果进行调整。预览视频整体调色情况，根据需要对视频片段进行单独调色。

（6）添加字幕

使用"识别字幕"功能添加旁白字幕，然后设置合适的文本样式。使用文字模板在视频中添加花字，突出重点内容。视频剪辑完成后预览整体效果，确认不用修改后将其导出。

使用Premiere 2020剪辑探店短视频的步骤如下。

（1）厘清剪辑思路

浏览拍摄的每个镜头及效果参考视频，厘清剪辑思路。

（2）导入素材并创建序列

在Premiere 2020中新建剪辑项目，将所有用到的视频素材、音频素材、特效素材都导入项目，使用素材箱整理素材，然后新建序列，自定义序列设置。

（3）粗剪短视频

将视频素材、图片素材、旁白音频、音乐素材等添加到序列中，调整背景音乐的音量，根据旁白音频对视频素材进行修剪，对画面构图进行调整，通过对视频剪辑进行变速调整改变视频的节奏，完成短视频的粗剪。

（4）制作视频效果

使用关键帧为图片剪辑和视频剪辑制作运动动画效果。使用混合模式制作画面叠加效果，使用蒙版或"裁剪"效果裁剪画面并制作画面同框效果。为视频添加合适的转场效果，使用转场素材或视频效果自制视频转场效果。利用关键帧功能制作画面的渐显和渐隐效果，制作音乐的淡入淡出效果。

（5）视频调色

使用"Lumetri颜色"面板对视频进行调色，先对每个视频画面的明暗进行调整，使其具有统一的亮度，然后在序列中添加调整图层并覆盖整个视频，为调整图层应用并调整创意颜色预设。

4. 实训总结

学生自我总结	
教师总结	

项目六 短视频推广引流

学习目标

- ➤ 掌握优化短视频形象的技巧。
- ➤ 掌握运用平台功能为短视频引流的技巧。
- ➤ 掌握粉丝运营的技巧。
- ➤ 掌握构建短视频账号矩阵的技巧。
- ➤ 掌握投放"DOU＋"和"快手粉条"的技巧。
- ➤ 能够为短视频设置具有吸引力的封面、标题和作品描述。
- ➤ 能够为短视频添加合适的话题。
- ➤ 能够与粉丝进行良好的互动。
- ➤ 能够根据运营目标策划短视频账号矩阵运营方案。
- ➤ 坚持系统观念，善于制订全局性的短视频引流方案。
- ➤ 摒弃"唯流量至上"的观念，不能为了引流而放弃道德准则。

　　创作者要想让自己的短视频获得更多的流量，除了要打造优质的内容外，还需要对短视频进行优化和包装，运用各种方式对短视频进行推广，并做好粉丝运营，以不断扩大短视频的传播范围，为短视频吸引更多的流量。

任务一　运用多种免费方法引流

对创作者来说，运用各种免费引流的方法为短视频引流，不仅能让短视频获得一定的流量，还能节约运营资金，在一定程度上帮助创作者缓解资金方面的压力。

▌任务目标

本任务主要介绍了各种不耗费资金为短视频引流的方法，希望读者通过本任务的学习，掌握以下知识和技能。

（1）对短视频形象进行优化的技巧。

（2）运用短视频平台各项功能为短视频引流的方法。

（3）通过粉丝运营为短视频引流的方法。

（4）构建短视频账号矩阵的策略。

▌知识储备

免费流量讲究细水长流，厚积薄发，采用任何方法进行引流都不能随意敷衍，而是要讲究技巧和策略。

一、优化短视频的形象

在短视频创作中，虽然内容是核心，但要想使短视频传播得更快、更广，更深入人心，创作者就要在发布短视频之前对短视频进行优化包装，主要包括封面、标题和作品描述，这些元素会在很大程度上影响短视频的形象，进而影响短视频的传播效果。

1. 设置精彩封面

优质的短视频封面不仅可以吸引用户的注意力，还可以成为展示短视频内容的窗口。如果想增加短视频的播放量，创作者就要设计精彩的短视频封面。

（1）设计短视频封面应遵守的原则。

创作者在为短视频设计封面时，应遵守以下原则。

① 有吸引力。封面要想达到吸睛效果，就必须有足够的吸引力，能够快速抓住用户的眼球。提升封面吸引力的方法主要有以下4种。

• 封面中的人物表情夸张，夸张的表情可以传递丰富的情绪信息。

• 封面中各元素之间形成强烈的对比，对比越强烈，吸引力就越大。

• 引发好奇心，使用户在好奇心的驱动下产生期待感，促使其点击观看短视频。

• 封面展示出人物强烈的戏剧性动作、台词、表情等，激发用户产生观看短视频的欲望。

② 有亮点。短视频封面要将短视频内容中的亮点和精华展示出来，让用户直接了解短视频要传达的信息。例如，如果短视频内容是干货知识，创作者可以把短视频中讲解干货知识的清晰截图设置成封面；如果短视频内容属于幽默搞笑类，创作者可以选择其中夸张的人物形象图片作为封面。

③ 与内容领域相关。创作者在为短视频设置封面时，要根据其所属的领域选择相应的封面，让封面与短视频内容保持一致，具有相关性。如果用户点击观看短视频，发现内容与封面并不相关，可能会产生厌恶心理，甚至会取消关注。

④ 符合平台风格。有的创作者会将短视频作品进行多平台发布，这时就要注意根据各个平台的特点，设置符合平台风格的封面，这样更容易获得相应平台用户的认可，从而增加短视频的播放量。

⑤ 注重原创。创作者在设置短视频封面时要创建属于自己的风格，或者专门为短视频设计一个封面，打上个人标签，形成个人特色。

⑥ 封面视觉效果好。封面的视觉效果要符合以下要求。

- 封面要完整，如果封面上有人像，人脸要显露完整，不能被文字遮盖，也不能只露半张脸。
- 封面的比例要协调，不能拉伸变形。
- 封面构图要主次分明，要将被摄主体放在焦点位置，突出重点。
- 调整原图的清晰度、亮度和饱和度等，让封面的色彩更加鲜亮，更能吸引用户的眼球。
- 封面上的文字尽量要少，并且放在最佳展示区域，不能被播放按钮、播放时间等要素遮挡或覆盖。封面的字体大小要适宜，能带给用户良好的视觉感。

（2）设计短视频封面的方法。

常用的设计优质短视频封面的方法主要有以下3种。

① 使用短视频内容截图。

短视频内容截图是指创作者将从短视频中截取的某个画面作为短视频的封面。创作者截取的画面最好能体现短视频的主题，可以是能体现短视频中人物特点或商品特点的截图，也可以是短视频中某个经典场景的截图。

② 纯色背景+文字。

创作者可以将封面设计成纯色背景+文字的形式，这样有利于提高短视频的辨识度，让短视频在众多作品中脱颖而出，如图6-1所示。

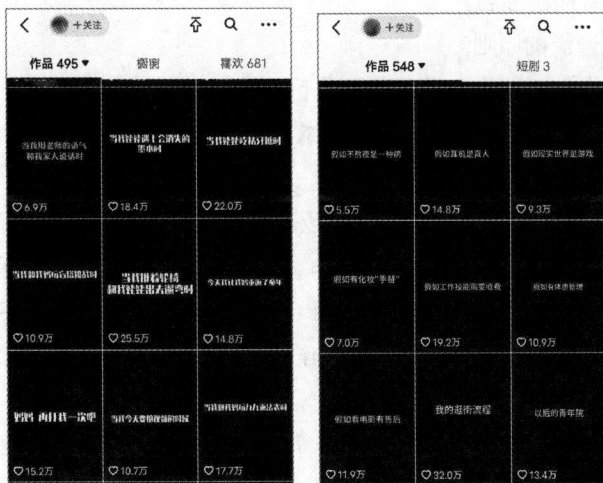

图6-1　纯色背景+文字式封面

③ 人像+文字。

人像+文字式的封面一般是由创作者或短视频核心人物形象搭配文案信息。采用这种方法设置短视频封面时，可以将封面的格式设置成统一的风格，或者根据每次内容的不同略微调整，但最好形成固定的样式，这样有利于让内容具备统一性与完整性，同时也有利于让封面形成一种专业化的生产模式，提升人物形象在用户心中的品牌价值，如图6-2所示。

图6-2 人像+文字式封面

🎓 **经验之谈**

创作者采用人像+文字式封面，使用自己的个人形象作为对外输出的信息，相当于一种自我品牌输出，可以加深用户对自己的印象，增强自身IP的塑造力。但需要注意的是，个人形象应与视频内容紧密相关。

2. 拟定吸睛标题

标题是影响用户对短视频形成第一印象的重要因素，一个好标题能够吸引用户的眼球，让用户有看完短视频的兴趣，从而提高短视频的完播率。因此，创作者在设置短视频的封面时可以为短视频拟定一个吸睛的标题。

（1）拟定标题应遵循的原则。

在拟定短视频标题时，创作者需要遵循以下原则。

- **精准性**。短视频的标题要精准，能够准确地表达创作者的观念和态度，让目标用户一眼就知道短视频的核心内容。
- **真实性**。在拟定短视频标题时，创作者要从事实出发，切忌虚假夸大，避免短视频内容和标题严重不符，否则会让用户产生莫名其妙的感觉，以致降低用户的满意度。
- **情感性**。在任何时候，创作者用心创作出的充满情感的内容都更能引发用户的共鸣。蕴含情感、带有温度的标题更容易拉近创作者与用户之间的心理距离，赢得用户的信任和认可。
- **新颖性**。新颖、有创意的标题往往更吸引用户的眼球，因此创作者最好能充分发挥想象，打开思路，在标题中融入一些创意元素。有时，标新立异的内容更能吸引人，更容易达到"吸粉"引流的目的。

（2）拟定标题的方法。

拟定标题的方法有很多种，创作者要想拟定一个吸引眼球的好标题，可以选择以下方法，并结合自己短视频账号的风格、调性及内容领域进行创作。

① 数字法。

数字法就是将短视频中最重要、最引人注目的内容以数字的形式呈现在标题中，带给用户直观、具体的感受，使用户快速接受，吸引用户打开短视频观看。与文字相比，阿拉伯数字的表现力更强。例如，标题"60秒快速入睡的方法""3天2晚人均500元就能搞定的适合毕业旅行的海岛目的地"等都是利用数字直截了当地将内容概括出来，让用户一目了然，从而让用户产生学习或了解短视频中的知识或内容的想法。

一般来说，干货盘点类或总结分析类的短视频适合使用数字式标题。创作者使用数字法命名标题时可以套用一个公式：核心内容数字+带来的益处、效果、改变、结果。当然，数字的前后顺序可以灵活变动，可以用数字强调核心内容，也可以用数字强化结果。需要注意的是，公式中提到的益处、效果、改变、结果要与用户的自身利益密切相关，只有这样才会驱使用户点开观看。例如，"用数字6621画小狗"，核心内容是"数字6621"，结果是"画小狗"，对简笔画爱好者来说，运用简单的数字画出可爱的小动物是他们非常感兴趣的事情。

② 好奇法。

创作者在拟定短视频标题时，通过激发用户的好奇心，可以促使其对短视频产生浓厚的兴趣，进而产生点击观看短视频的欲望。

激发用户好奇心的方法一般有以下几种。

- **使用疑问句**。例如，"2小时读完1本书？"，看完这个标题以后，用户可能会想要了解如何在2小时内读完1本书，为了解除疑惑，他们很可能会观看短视频寻找答案。
- **设置矛盾冲突**。存在矛盾冲突的标题容易让用户产生好奇的心理，创作者可以在标题中提供两个完全不同甚至对立的观点和事实，吸引用户点击观看短视频。例如，"既然要放手，为何要接住？"，"放手"和"接住"是两个相悖的行为，却发生在同一人身上，标题的结尾用反问的语气为这个人的行为设置了矛盾冲突，引发用户的好奇，吸引用户点击观看。
- **制造悬念**。例如，标题"吃了这么多次闭门羹，为什么还对她念念不忘"，一般情况下吃了闭门羹，很多人会选择放弃，但标题中的"念念不忘"让这条短视频带给用户更多的悬念，让用户产生联想，进而点击观看短视频。

③ 热词法。

热词法是把近期生活中的热点新闻、流量热词、名人、品牌名称等应用在标题中，以提高短视频的热度。

例如，2020年"秋天的第一杯奶茶"火了，随后平台上出现了很多以此进行创作的短视频标题，如"秋天的第一杯奶茶的正确喝法""秋天的第一杯奶茶，姥姥给你们安排一下"等，这些短视频受到了很多用户的喜爱和点赞。

热词自带流量光环，在标题中使用热词更容易吸引用户观看短视频。如今的生活节奏越来越快，短视频的时效性就显得更加重要。创作者平时要关注新媒体平台上的一些热点话题，关注社会新闻，在相关的视频作品中引用热词、热点等，以增加短视频热度。

创作者在使用热词设计标题时，标题要与短视频的自身定位保持一致。例如，美食类短视频的标题一般不宜出现娱乐类热词，如果短视频的内容与娱乐热点没有太大关联，即使短视频获取了巨大的流量，用户也难以转化为粉丝，推广效果并不明显，甚至有可能起到反作用，引起用户的反感。

④ 对比法。

对比法就是利用人的认知心理，在短视频中将事物、现象放在一起进行比较，目的是突出事物的本质特征，制造冲突性看点。对比的差异越大，往往越能吸引人。例如，"婚后和婚前有什么不同""以前的手机对比现代的手机"。

⑤ 体验法。

体验法就是利用一些文字信息将用户带入特定场景，使用户产生前所未有的体验或精神上的认知、共鸣。例如，"终于吃到了这家蛋包饭""旅行中千万不要去的刺激景点""你有没有想过，千与千寻里面的世界有可能是真实存在的"等。

创作者使用体验法拟定标题时，可以运用"内容+地名"或"美食名称+自我感受"的方法，将准确的内容信息与地名、人名、事物名称等传递给用户，以吸引用户观看视频内容。

⑥ 引用法。

经典的电影和歌曲中往往会有广为流传的金句，带有某电影台词或歌曲歌词的标题通常颇受用户的喜爱，如"'立刻有'—'Like you'""我只相信，属于我的东西，就一定是我的""想留不能留，才最寂寞"等。这些标题一般和创作者想表达的意图或情感密切相关，创作者通过引用经典语录很容易触动人心，引发用户的共鸣。

⑦ 第二人称法。

创作者在拟定短视频标题时使用第二人称"你"，可以快速拉近与用户之间的距离，使用户不自觉地代入自己。例如，"这个技能，对你很有用""把你的一生拍成电影，你想起什么名字""如果时光可以倒流，你会回去弥补什么遗憾"尽管短视频要呈现给所有的用户，但使用第二人称可以给用户一种为其量身定制的感觉，使其产生强烈的代入感，从而让用户更愿意点击观看短视频。

⑧ 名人法。

名人法就是将一些名人、"大V"等人物的名字作为标题的关键词，利用这些名人自带的名气和吸引力来吸引用户观看短视频。例如，"如果有一天你忘记了努力，那么我把科比的故事讲给你听吧"。

3. 撰写短视频作品描述

作品描述不仅能使短视频的内容更加丰富、更具有传播力，还可以明确传达创作者的思想和意图，感染用户的情绪，并吸引其关注。

（1）撰写短视频作品描述的步骤。

创作者要想撰写出打动人心的作品描述，一般要经过以下步骤。

第一步：搭建基本框架，即列好作品描述的写作大纲，以确定作品描述的创作方向。在搭建作品描述的框架时，创作者要弄清以下几个问题：短视频的目标用户是谁？作品描述要传递什么信息？作品描述可以带给用户怎样的情感推动？作品描述会产生什么结果？

第二步：找到作品描述的切入点。搭建好基本框架后，创作者要对所了解和掌握的信息进行筛选、整理与加工，确定短视频作品描述的主题和切入点。

第三步：将信息转化为文字。创作者要根据确定好的主题，将搜集到的信息转化为文字，形成文字版的作品描述。

（2）短视频作品描述的常见类型。

目前，比较常见的短视频作品描述主要包括以下6种。

① 互动式。

为了有效激发用户的互动欲望，互动式的作品描述一般采用疑问句或反问句。这种带有启发性的开放式问题不仅可以很好地制造悬念，还能为用户留下较大的回答空间，从而增加短视频的播放量和评论数，如"有你喜欢的吗""我做错什么了""你认为怎么样"等。

② 悬念式。

悬念式作品描述能够带给用户无限的想象空间，使其产生意犹未尽的感觉，有效地延长用户在短视频页面的停留时间。一般来说，这类短视频会在最后设置反转或者留下悬念，给用户留下深刻的印象，如"最后一秒颠覆你的认知""一定要看到结尾，相信我不会让你失望""我猜中了开头，却猜不中结尾"等。

③ 叙述式。

叙述式作品描述通常是通过用文字描述画面内容，为用户营造置身其中的感觉，使用户产生共鸣。因此，创作者采用这种形式撰写作品描述时要选用富有场景感的故事，不能平铺直叙。

④ 段子式。

段子式作品描述具有一个共同的特征，即幽默风趣，结尾有出乎意料的反转。这种短视频作品描述不需要与短视频本身的内容有紧密的联系，但要有超强的场景感，让用户有身临其境的感觉。

⑤ 共谋式。

当用户在做某件事情时，总想找一个人或一群人与自己一起努力，用户的这种心理使共谋式的作品描述能够产生良好的效果。

共谋式的作品描述可以分为励志式作品描述、同情式作品描述等多种类型，这种作品描述可以引发用户的情感共鸣，获得更多用户的关注，如"春天来了，愿意和我一起打卡健身吗""春节这几天，你是否也感受到不一样的快乐"等。

⑥ "提问"式。

提出一个问题，让用户产生疑问。

经验之谈

短视频作品描述的类型和格式并不是固定不变的，但都遵循共同的原则，即调动用户的情绪，引发用户的共鸣。创作者在撰写短视频的作品描述时，要找到目标用户的共性，挖掘出他们感兴趣的共同话题，并合理地表达出观点和态度，从而使用户更愿意关注短视频账号。

动手做

收集3～5条你认为内容优质的短视频，说一说这些短视频的封面、标题、作品描述有什么特点。

二、运用好平台功能

创作者在完成短视频的拍摄与编辑优化后，接下来就要发布短视频，而要想在发布短视频后获得超高的流量，在发布短视频时可以利用以下技巧。

1. 添加话题

话题通常以"#+短语"的形式体现。对短视频来说，话题相当于为短视频进行画像。创作者为短视频添加精准的话题后，可以让短视频平台更好地理解短视频的核心内容是什么，从而将短视频比较精准地推送给喜欢这些内容的目标受众。对用户来说，他们可以通过搜索话题来搜索到自己想看的短视频。

话题是短视频的重要流量入口之一，创作者为短视频添加合适的话题，有助于提高短视频的播放量。在为短视频添加话题时，需要注意以下几点。

（1）话题要与短视频的内容密切相关。

话题一定要与短视频的内容密切相关。例如，介绍生日蛋糕的制作方法的短视频，为其添加的话题必然要属于"美食"这一领域，如"美食""烘焙""糕点"等，不能为短视频添加"旅游""运动"之类与美食毫不相关的话题。

（2）话题的范围要适当。

添加的话题涉及的内容范围既不能太宽泛，也不能太窄小。如果话题涉及的内容范围太宽泛，不容易让短视频平台准确理解短视频的内容，从而无法将短视频精准地推送给目标受众；如果话题涉及的内容范围过于窄小，则容易将短视频限制在过于狭窄的受众中，从而损失大量潜在受众。

例如，对一条介绍使用手抓饼制作蝴蝶酥、馅饼等各种美食的短视频，"美食"这一话题涉及的内容范围就过于宽泛，而"馅饼"这一话题涉及的内容范围就太窄小。

（3）话题的角度多样化。

话题不只是简单地描述短视频的主要内容，还能代表不同的受众。对于同一条短视频，创作者可以从不同的角度进行思考，为其添加多样化的话题，让短视频平台能够从不同的角度理解短视频的内容，将短视频推送给不同的受众，从而扩大短视频的传播范围。

例如，一条讲解如何利用落叶进行拍照的短视频，创作者添加的话题为"氛围感拍照""落叶拍照""秋天落叶"，话题涵盖了拍照、落叶、氛围感等内容，当用户使用"拍照""落叶""氛围感"这些关键词搜索短视频时，就可能搜索到此条短视频。

（4）合理地追热点。

热点通常能够吸引巨大的流量，各个短视频平台也会向热点内容分发较多的流量。为短视频添加与热点相关的话题，可以获得平台更多的推荐。

2．"@"好友

在发布短视频时，创作者可以"@"好友，让平台内其他账号推荐自己的账号，这是利用平台功能实现平台中异号推广。创作者可以与平台内其他账号进行合作，相互推广。合作的账号越多，综合开发利用的价值就越大，账号推广的效果也就越好。

"@"好友的推广形式使短视频关注者或粉丝既看到了短视频，也看到了对方的账号。如果关注者有兴趣，就可以直接点击进入对方的账号，观看对方账号的视频内容，或者关注对方账号，进而转化成为对方账号的粉丝。

创作者选择好友时，需要注意两点：一是相关性，即所选择的好友账号要与短视频内容有一定的关联；二是好友账号的热度，应选择粉丝比较多的好友账号，然后利用优质内容吸引对方粉丝关注自己的账号。

3．添加地理位置

用户在浏览短视频时，有时会发现在短视频左下角的账号名称上方显示了地址信息。图6-3所显示的地理位置为"老君山风景名胜区"。

对于一些宣传景点或具有地域特色的短视频账号而言，创作者为短视频添加位置是提高知名度和唤起当地用户归属感的有效方法。

4．发送私信

私信引流是利用抖音的私信功能进行精细化、一对一的引流"吸粉"，这种方法虽然效率比较低，但精准度很高。创作者首先要找到与自己账号定位相似的账号，并选出粉丝量较多的账号，在该账号中找到相关视频后浏览其评论区，在评论区中选出需求比较强烈的用户，给对方发私信。

例如，以儿童教育类短视频为例，创作者在抖音搜索"育儿"关键词后，选择点赞量比较高的短视频，然后在这些短视频的评论区中选取几个点赞多的用户，给对方发送私信；如果对方回复了，创作者就可以用话术引导对方关注自己的账号或者购买自己推荐的商品。

图6-3 添加地理位置的短视频

5．多平台分发

除了通过平台内部进行账号推广外，创作者还可以利用其他平台进行推广，如利用微信、微博、今日头条等。

（1）微信。

微信具有其他平台无可比拟的优势，如用户黏性高、覆盖面广、互动频率高、信息传播的范围大。创作者可以将短视频分享到微信朋友圈、微信群等，从而推动短视频的传播。创作者还可以通过微信公众号推广短视频，如果打造具有相同主题的系列短视频，可以将这些短视频放在微信公众号的文章中进行联合推广，让用户更好地了解短视频及其主题。

（2）微博。

微博的用户基数也很大，当创作者在微博上推广短视频时，主要使用它的两种功能，即"@"功能和话题功能。创作者在微博上可以"@"名人、媒体或企业，如果其回复了，就能借助其庞大的粉丝群体扩大自身的影响力。创作者在推广短视频时，可以发布与内容相关的话题，同时在微博正文中阐述自己的看法和感想，从而借助热点提高微博的阅读量和短视频的播放量。

（3）今日头条。

创作者可以在今日头条上发布一些与热点相关的短视频，这些短视频一般会被优先推荐。创作者在发布短视频之前要查看平台热点，找出与将要上传的短视频相关联的热点关键词，并根据热点关键词撰写短视频的标题，以提高短视频的推荐量。

除了以上3个平台外，这类推广平台还有很多，创作者可以根据自己的喜好、习惯及其他标准进行选择。选择时要考虑每个平台的独特属性和用户群体，使所选择的推广平台与自己短视频的受众高度吻合，从而实现最大范围的推广。

三、做好粉丝运营

创作者要做好粉丝运营，这样才能获得众多粉丝的关注和支持，并激发粉丝自发地转发、传播短视频。

1. 保持稳定的更新频率

创作者要想收获忠实粉丝，首先要培养粉丝良好的观看习惯，这要求创作者保持稳定且有规律的更新频率。

（1）保持每日更新。

如今是信息爆炸的时代，各种碎片化信息层出不穷，如果创作者很长时间不更新作品，短视频账号就很容易被粉丝遗忘。因此，创作者要尽量每日更新短视频，以保证短视频账号的持续活跃，从而持续获得粉丝关注。

（2）固定更新时间。

创作者每日更新短视频，尤其是在固定的时间更新，就会给粉丝一定的暗示，吸引粉丝每天准时上线观看短视频。长久下去，粉丝就容易形成定时观看的习惯，甚至产生催促创作者更新作品的心理。粉丝可能会在评论区留言催促创作者更新，这表明创作者创作的短视频对粉丝具有很强的吸引力，粉丝很期待新的短视频。如果创作者在此基础上继续保持稳定的更新频率，就能继续强化粉丝的观看习惯。

如果创作者无法保证每日更新短视频，那么可以间隔一两天发布新的短视频，但要力争将短视频内容做好，以弥补数量上的不足；也可以每周发布一条新的短视频，但要在固定的时间发布，同时保证短视频的质量。创作者每周发布一条新的短视频的优势在于可以让粉丝产生期待感。

2. 引导粉丝互动

为了增强粉丝黏性，创作者要主动引导粉丝进行互动，可以从以下4个方面引导粉丝对短视频进行点赞和评论。

（1）情绪驱动。

创作者若希望粉丝参与互动，就要增强短视频内容的情绪渲染力。容易产生情绪互动的因素有敬畏、同情、愉悦、悲伤、愤怒等。例如，短视频的内容是幽默搞笑的段子，就容易让人开怀大笑，激发粉丝点赞和评论的欲望。

（2）请教粉丝。

有时候，短视频中的主人公可以针对视频内容直接请教粉丝，这是最直接的互动方式。主人公在向粉丝请教问题时要表现出谦虚、真诚的态度，让粉丝在一瞬间产生成就感，从而提升点赞、评论的积极性和主动性。

（3）结尾相邀。

很多创作者在短视频的结尾会加一句"关注我吧，会有惊喜"；有的创作者还会在短视频结尾播出节目预告，或者在短视频结尾留下悬念。例如，一些悬疑推理类的短视频通常会在短视频的结尾让粉丝对剧情内容进行推理，并表示答案会在下一期短视频中公布。这类结尾会引发粉丝产生强烈的好奇心，纷纷在评论区参与互动，对剧情进行分析和探讨。

（4）利益引导。

要想吸引粉丝积极参与评论互动，创作者还可以设置一些利益来吸引粉丝。利益形式既可以是物质，如优惠券、折扣券、体验券、小礼品等；也可以是非物质，如电子书、软件、教程等。需要注意的是，不同的平台对利益引导的包容程度不同，创作者要遵守平台规则，在实际操作的过程中进行分析和总结，不断地积累经验。

3. 积极回复粉丝评论

创作者要与粉丝积极互动，尽可能在第一时间回复粉丝的评论。这种勤互动、多交流的方式会带给粉丝亲近感，让粉丝感受到创作者对他们的重视。

短视频在刚发布时评论量比较少，这时创作者可以自己撰写评论，用其他账号评论、好友评论等方式进行评论预埋。创作者要多发布有趣、有干货、有话题性的评论，或者发布非常犀利的提问等，引导粉丝畅谈自己的观点，并与其他粉丝进行互动交流。自评可以作为对短视频内容和相关背景故事的补充说明，自评不宜太长，也不要刻意进行广告宣传，否则可能适得其反。

当然，并非作品的所有评论都必须回复，例如广告信息，评论者往往只是无目的性地在所有平台与账号下面进行宣传，对于作品的传播没有积极意义，创作者无须回复。而对一些希望通过共同话题参与讨论，共同探讨作品，或者真心求教问题的评论，创作者应及时回复。创作者还可以将高质量的评论置顶，以引导粉丝产生更大范围的互动。

评论区中有时会出现粉丝言语过激、语气尖锐的情况，这时创作者切不可"针尖对麦芒"地无情回击，而是要顺着粉丝的思路与其互动，显示出自己按照粉丝的期望不断改进的决心，增强他们的期待感。

除了在评论区回复外，创作者还可以整理粉丝的评论信息，在下一条短视频中进行整体答复。当短视频账号发展到一定阶段后，创作者可以就粉丝评论单独开通一个问答环节，这样做可以极大地增强粉丝的参与感。

四、构建短视频账号矩阵

短视频账号矩阵是指创作者同时创建并运营多个短视频账号的形式，每个账号的运营侧重点有所不同，但账号与账号之间存在某种联系，能够实现相互导流，从而提高创作者的粉丝总量。短视频账号矩阵主要包括单平台账号矩阵和多平台账号矩阵。创作者使用矩阵化运营，不仅可以提升自身或品牌的影响力，还可以形成链式传播，增加粉丝数量，进行内部引流。

1. 单平台账号矩阵

单平台账号矩阵是指创作者在同一个短视频平台上创建多个不同的、存在某种关联的短视频账号的形式。

（1）单平台账号矩阵的运营模式

单平台账号矩阵的运营模式主要有以下几种。

① 蒲公英型矩阵。这种模式是指在一个账号发布信息后，其他多个账号进行转发，再以其他账号为中心进行新一轮的扩散。这种模式适合旗下品牌较多的企业，通过矩阵的整体优势扩大信息覆盖面，进一步加深粉丝对企业品牌的印象。例如，核心账号"京东"另设有"京东科技""京东客服""京东生鲜""京东超市"等账号。

② 1+N型矩阵。这种模式是指在一个主账号下开设N个产品专项账号，以此构成完整的产品宣传体系。例如，抖音"海尔官方旗舰店"主账号另有"海尔冰箱""海尔洗衣机""海尔空调"等一系列海尔电器的产品账号。企业使用这种模式，一旦产品在粉丝心中形成鲜明的特色，就能激发他们的购买欲。

③ AB型矩阵。这种模式以塑造品牌形象为目的，以"形象抖音账号+品牌抖音账号"的形式组建账号矩阵，通常两个账号一主一辅同时发力，确保账号定位清晰，避免信息混乱。两个账号的作用"一软一硬"，即"软植入+硬广告"，软植入是指通过情景演绎或模仿热点等视频内容插入广告信息，硬广告是指账号直接发布品牌或产品的广告视频。

（2）账号之间的引流方法。

创作者在构建单平台账号矩阵后，可以尝试采取以下4种方法让不同账号之间实现互相引流。

① 在账号简介中展示其他账号。在短视频账号主页的简介中，创作者除了介绍本账号，还可以写上矩阵中其他账号的名字，从而为其他账号引流，如图6-4所示。

② 在短视频作品描述中"@"其他账号。创作者可以在某个短视频的作品描述中"@"其他账号，从而让账号之间实现互相引流，如图6-5所示。

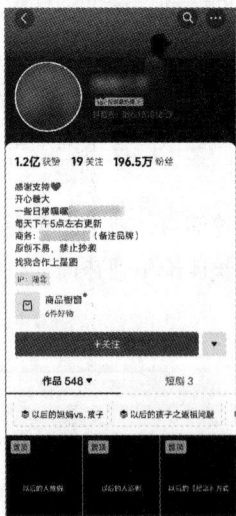

图6-4 在账号简介中展示其他账号　图6-5 在短视频简介中"@"其他账号

③ 在评论区进行互动。短视频的评论区是创作者与粉丝进行互动的地方，创作者可以将评论区当成一个免费的广告位，运用不同的账号在评论区进行评论互动，从而实现账号之间的引流。

④ 关注矩阵中的账号。创作者关注矩阵中的账号，从而实现互相引流。

（3）构建单平台账号矩阵的注意事项。

创作者采用单平台账号矩阵的运营模式时，需要注意以下几点。

① 每个账号要有不同的内容定位，即不同的账号发布的内容要有所区别，否则将无法得到短视频平台的推荐，账号之间也无法实现互相引流。

例如，在自媒体"秋叶"构建的账号矩阵中，账号"秋叶Excel"输出Excel使用技巧方面的内容，账号"秋叶PPT"输出制作PPT的技巧，账号"秋叶Word"输出Word相关的使用技巧，每个账号输出的内容各不相同，满足不同用户的需求。该账号矩阵通过不同定位的账号吸引了不同的人群，最终增加了秋叶品牌的整体曝光量。

② 每个账号之间具有一定的关联。矩阵中的每个账号在保证内容定位有所不同的前提下，还要在某个点上形成一定的关联，这样才能让矩阵中的各个账号通过这个联结点实现相互引流。

例如，在自媒体"秋叶"构建的账号矩阵中，虽然每个账号输出的内容有所不同，但这些账号之间也存在着一定的关联。首先，矩阵中每个账号都是以"秋叶××"的格式命名的，用户一看这些账号名称就能知道它们是属于同一个系列的；其次，这些账号输出的内容涉及Excel、PPT、Word等多个软件的使用，而Excel、PPT、Word是用户需要使用的办公软件，矩阵中各个账号的目标受众存在一定的重合，账号之间容易形成互相引流。

③ 每个账号风格要一致。在矩阵运营过程中，创作者要注意矩阵内账号不能太杂或过于混乱，风格必须保持一致，不能相差太多。同时，创作者还要仔细斟酌短视频的内容，创作的内容要足够吸引粉丝。

2. 多平台账号矩阵

创作者除了可以在同一平台上做纵深拓展，还可以在多个短视频平台上进行横向覆盖。多平台账号矩阵是指创作者在多个短视频平台上创建短视频账号，在发布短视频时，多个平台同步分发的形式。一般来说，多平台账号矩阵是多平台同账号矩阵，即创作者在不同的短视频平台上创建名字相同的短视频账号，这样便于粉丝识别创作者。

多平台账号矩阵运营技巧主要体现在以下几个方面。

（1）寻找适配平台。

建立多平台账号矩阵运营模式，并不是说创作者要在主账号和其他所有平台之间建立联系，而是选择合适的平台建立协作关系。不同类型的账号所需的平台类型也不尽相同，首先是形式上的匹配，其次是内容的兼容。

无论是个人号还是企业号，其短视频都需要与平台相匹配。仅从形式上看，可以发布短视频的平台有很多，如抖音、快手、腾讯微视、微博、西瓜视频等。除了形式，创作者还要考虑内容的兼容性。创作者采取多平台账号矩阵模式，首先要对各个短视频平台进行充分的调研和分析，了解不同平台的特性，然后根据短视频平台的特性创作符合该平台特性的视频内容。

此外，不同的短视频平台，其用户群体也会有所不同，创作者在选择构建多平台账号矩阵时，要分析目标短视频平台的用户群体是否与自己的目标用户群体重合，如果两者的重合度较低，那么这个短视频平台可能就不适合自己运营，即使在该平台上投入了时间和精力，也很可能无法达到理想的引流效果。

选择适配平台时要注意：首先，选择的平台必须具有一定的用户规模，用户数量足够多，这样引流的效果才会好；其次，引流平台与原平台之间最好不要存在竞争关系，有竞争关系的平台间会有很多潜在的竞争行为，如果将有竞争关系的平台作为引流平台，可能会产生反作用。

（2）引导流量交流。

在选择了适配的引流平台之后，短视频主账号与其他短视频平台之间已经具备了建立联系的基础。创作者要真正实现引流，在此基础上还要让不同平台的流量之间产生交流。

引导流量的方式有很多，以微博为例，首先是创作者分享的内容中要具备指向性的因素，如短视频中的水印。创作者在微博上分享自己的短视频时，如果有用户对这个短视频感兴趣，自然会关注这个微博账号成为其粉丝，但要想把微博上的粉丝转化为短视频平台的粉丝，仅靠吸引力是不够的。微博上的粉丝如果想观看更多类似的短视频，根据短视频中短视频平台的水印，就可以去该短视频平台，也就成功地将微博上的粉丝转化成短视频平台的粉丝。

另外，平台与平台之间的联系还可以促进创作者与粉丝之间形成互动，互动的作用就是调动平台粉丝的好奇心。例如，在短视频中留下悬念，在评论区中设置问题，引导其他平台的用户到该短视频平台上关注账号，寻找答案，这样也可以有效地进行流量转化。

（3）保持平台联系。

不同平台间的粉丝形成联系和转化后，并不代表引流完成了，重要的是持续性地保持联系，始终保持平台间的联系不中断。首先，创作者要保证短视频内容在不同平台上更新的频率基本一致，这样才能保证粉丝的活跃度和粉丝转化的连续性。其次，短视频内容要基本保持一致，不同平台的粉丝转化是需要引子的，这个引子往往就是粉丝感兴趣的短视频，因此创作者必须确保粉丝从引流平台进入短视频平台的时候，能够很快找到与吸引他们的内容相对应的短视频。

3. 做好账号矩阵管理

短视频创作者可以从平台管理、关系管理、行为管理和风险管理实施账号矩阵管理。

（1）平台管理。

平台管理是指创作者负责主账号的长期管理与规划，并通过控制管理其余账号的形式实现矩阵式发展，促进多个账号联动"涨粉"。因为矩阵拥有多个账号，为避免各账号自说自话而出现角色混乱的局面，账号矩阵管理中必须有一个主账号负责领导、管理其他账号。主账号所在的平台就是主平台，在矩阵运营中发挥领导作用，其余的账号发挥推广、客服等作用，服务于主账号。

（2）关系管理。

关系管理是指创作者除了管理自己控制的几个账号之间的关系外，还要经营自身账号同其他短视频账号的关系，甚至包括与平台官方的关系。创作者要通过管理这些关系，更好地运营自身账号。矩阵中的各个账号如果没有良性互动，就无法形成矩阵效应，也就无法充分发挥各账号的作用，只会造成资源的浪费。

（3）行为管理。

行为管理是指创作者对"吸粉"引流、品牌推广、产品营销等行为进行有效管理和运营操作。创作者通过行为管理使账号更具知名度，更有影响力。

（4）风险管理。

账号矩阵运营也存在一定的风险，风险主要来源于内容和言论，如果短视频内容违规或让粉丝有很大的不满情绪，账号就会出现危机。一个账号出现危机，其他的账号也可能被牵连。因此，创作者要严格审核内容，有效引导舆论，及时疏解粉丝的不良情绪，处理不满言论，解决账号危机，避免危机进一步扩大。

🎓 经验之谈

构建单平台账号矩阵需要创作者深度了解自己选中的短视频平台的特性和规则，在该短视频平台上深耕。构建多平台账号矩阵需要创作者熟悉多个短视频平台的特性和规则，在不同的平台投入时间、资金和人力。如果创作者在资金和人力方面资源充足，可以选择构建多平台账号矩阵。

动手做

在各个短视频平台上收集一些采用多账号运营的创作者，分析他们采用的哪种账号矩阵模式、创作者是如何为矩阵中的账号命名的、各个账号之间是如何进行互相引流的。

▋任务实施

选择一个具有一定粉丝量的短视频账号，分析该账号的创作者是如何运用各种免费方式为短视频引流的，包括如何优化短视频的形象、如何为短视频设计话题、如何实施粉丝运营、是否构建了账号矩阵，填写表6-1。

表6-1　短视频账号免费引流方法分析

短视频账号名称	引流方式	具体说明
	优化短视频的形象	
	为短视频设计话题	
	实施粉丝运营	
	构建账号矩阵	

▋任务思考

通过本任务的学习，思考并回答以下问题。

1. 如何选择发布短视频的时间点？

2. 除了本任务中介绍的免费引流方法外，你是否还有其他方法？请和同学们分享。

任务二　实施平台付费引流

在资金条件允许的情况下，创作者也可以选择付费方式为短视频引流。为了获得更好的付费引流效果，创作者在具体操作中需要掌握一定的技巧。

▌任务目标

本任务主要介绍抖音和快手平台短视频付费推广工具的使用方法，希望读者通过本任务的学习，掌握以下知识和技能。

（1）掌握在抖音平台为短视频投放"DOU+"的技巧。

（2）掌握在快手平台为短视频投放"快手粉条"的技巧。

▌知识储备

为了更好地帮助创作者推广自己的短视频，一些短视频平台相继推出了付费推广服务，下面主要介绍抖音的"DOU+"和快手的"快手粉条"。

一、投放"DOU+"

"DOU+"是抖音官方推出的一款付费推广工具，创作者可以根据自己的需求选择增加点赞评论量、粉丝量、主页浏览量、头像点击量等不同的投放目的，并设置投放时长、投放目标用户群体等参数。

投放"DOU+"需要掌握一定的技巧，盲目投放可能会导致事倍功半，达不到预期的效果。

1. 确保短视频符合投放要求

投放"DOU+"的短视频需要经过抖音系统审核，只有通过审核的短视频才可以投放"DOU+"。在投放"DOU+"之前，创作者要保证短视频的质量。

系统对投放"DOU+"的短视频的要求主要包括以下几个方面。

• 制作精细，质量优良，内容完整，画面清晰等。

• 坚持原创，短视频中不能含有其他视频账号和其他平台的水印等。

• 营销有道，不能长时间展示商品及品牌，不能出现明显的营销类内容。

• 把握底线，不能包含违法违规、令人不适的内容，如内容低俗、虚假宣传等。

2. 选择合适的投放时间点

创作者投放"DOU+"时，要选择合适的投放时间点。创作者在发布一条短视频后，要及时到账号后台查看该短视频的各项数据，如果短视频的完播率、点赞量、评论量、转发量等数据在短时间内提高得很快，说明该条短视频是比较受欢迎的。此时，创作者可以及时为该短视频投放"DOU+"，以让其获得更多的流量，助推其成为爆款短视频。

抖音采取流量叠加推荐机制，对于新发布的短视频，如果其完播率、点赞量、评论量、转发量等数据表现良好，抖音会逐层将新发布的短视频投放到规模较大的流量池内，不断增加对该短视频的流量扶持。因此，短视频发布初期是投放"DOU+"的黄金时期。在这个阶段，创作者投入较少的资金就可能让短视频冲进更大的流量池内，获得更多的流量扶持。随着短视频发布的时间越来越长，为短视频投放"DOU+"的效果会越来越不明显。

3. 选择合适的目标用户群体

在设置投放目标用户群体时，"DOU+"为用户提供了系统智能推荐和自定义定向投放两种模式。

- **系统智能推荐**：系统根据短视频的内容，将其推送给经常浏览此类内容的用户，如图6-6所示。例如，如果投放"DOU+"的短视频是搞笑剧情类的，系统就会将该短视频推送给经常浏览搞笑剧情类短视频的用户。如果创作者为短视频投放"DOU+"的目的是提高短视频的点赞评论量或粉丝量，就可以选择系统智能推荐。
- **自定义定向投放**：创作者可以自己设置要投放的目标用户群体属性，包括目标用户群体的性别、年龄、地域、兴趣标签等，如图6-7所示。如果创作者有清晰的用户群体画像，就可以选择自定义定向投放，以提高"DOU+"投放的精准性，让短视频出现在更多精准用户的面前，为短视频吸引精准流量。

在自定义定向投放模式中，创作者可以选择投放达人相似粉丝。创作者可以选择一些抖音达人，系统会将短视频推荐给这些达人的粉丝，或者与这些达人粉丝兴趣相似的群体，如图6-8所示。例如，创作的短视频是记录宠物发生的各种趣事的，创作者就可以选择抖音上的动物达人账号，这样也有利于提高投放用户的精准性。

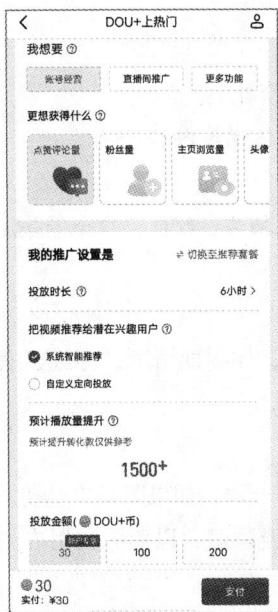

图6-6 系统智能推荐　　图6-7 自定义定向投放　　图6-8 达人相似粉丝推荐

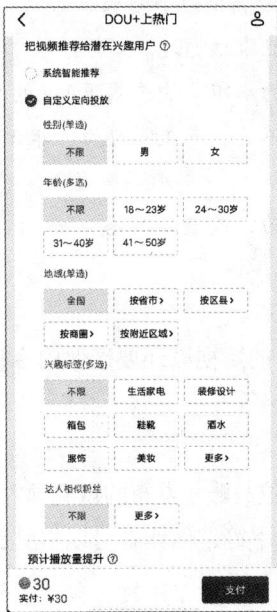

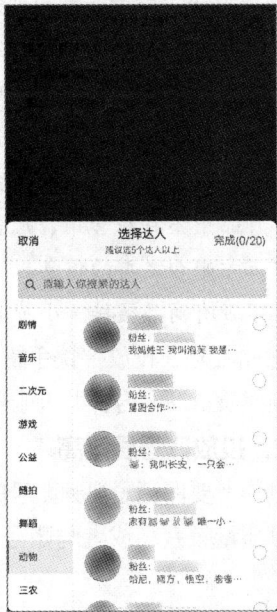

4. 进行"小额多次"投放

创作者在投放"DOU+"时可以遵循"小额多次"的投放原则，即每次投放较少的资金，进行多次投放。假设创作者有2000元的"DOU+"投放预算，可以选择每次投200元，共投放10次的策略，而不要一次性地投放2000元，这样有利于创作者有效地控制投放DOU+的试错成本。

5. 调整优化投放方案

在投放"DOU+"期间，创作者要随时查看短视频的数据表现，并根据短视频的数据变化及时调整和优化投放方案，以加强投放效果。

经验之谈

为短视频投放"DOU+"确实能够帮助创作者增加短视频的曝光量，扩大短视频的传播范围，但这并不意味着只要创作者为短视频投放了"DOU+"，短视频就会成为爆款。"DOU+"只是一个帮助短视频获得更多流量和曝光量的工具，其主要作用是让创作者的短视频被更多的人看到，至于短视频能否成为爆款，主要取决于短视频的质量，优质的内容才是打造爆款的关键。

二、投放"快手粉条"

"快手粉条"是快手推出的一款主要推广个人快手短视频的付费推广工具，投放了"快手粉条"的短视频会在发现页、关注页、同城页得到展现，可以让更多的用户看到短视频。要想让作品推广获得较好的投放效果，创作者可以运用以下技巧。

1. 保证作品质量

如果创作者想购买"快手粉条"服务，首先要保证自己的短视频符合相关要求，否则无法通过平台审核，也就无法投放"快手粉条"。

投放"快手粉条"的短视频需要满足以下要求。

- 发布时间在30天以内，公开且审核通过。
- 作品为原创，没有其他平台的水印（快手旗下App的水印除外）。
- 作品不存在违法违规、引人不适、不文明行为、非正向价值观等内容。
- 作品不包含特殊业务内容。
- 作品中不存在营销、广告行为，或者二维码、联系方式、抽奖、红包、口令等导流到第三方平台之类的信息。
- 不带有商品链接（小黄车）。

除此之外，投放"快手粉条"的短视频还要确保内容优质，如封面清晰、标题富有吸引力、画面质量高、内容贴近账号风格等。

2. 投放账号质量高

创作者要保证短视频账号的定位与账号发布的短视频内容相一致，如果账号中早期发布的短视频质量较差，或者与账号定位不符，创作者可以将其删除或隐藏，以免影响用户的观看体验。

如果创作者运营的是一个新账号，可以在账号中预先发布一些作品，然后从中选择在没有投放"快手粉条"的情况下自然流量较高的作品进行优先推广，以减少引流"涨粉"的成本。

3. 选择合适的投放时长

创作者在首次为自己的短视频投放"快手粉条"时，可以选择较短的投放时长，随后及时查看投放效果，图6-9所示为选择投放时长页面。如果短视频的各项数据表现良好，可以增加投放金额，延长投放时长。创作者也可以选择为账号中的多个短视频投放少量金额的"快手粉条"，然后及时关注各个短视频的数据表现，从中选择数据表现最好的短视频追加投放。

4. 根据目的选择推广目标

创作者要明确自己投放"快手粉条"的目的，并选择合适的推广目标。在"快手粉条"标准版模式中，设置的推广目标有"点赞评论数""涨粉数""播放数""主页浏览数"，如图6-10所示。

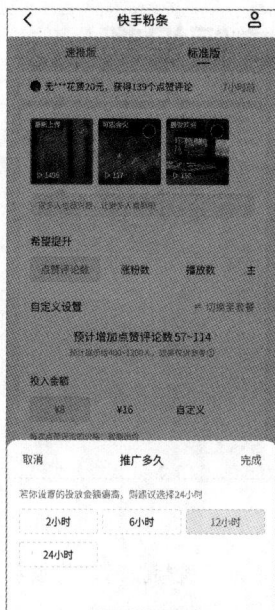

图6-9 选择投放时长页面　　　　图6-10 选择推广目标

创作者如果想提高短视频的互动率，可以选择"点赞评论数"推广目标，以吸引更多的粉丝对短视频进行点赞、评论，增强粉丝的黏性。对粉丝量较少的账号来说，创作者可以选择"涨粉数"推广目标，为账号积累人气，积累粉丝量。对播放量较低的短视频，创作者可以选择"播放数"推广目标，帮助短视频提升播放量。如果创作者的账号主页装修精美，则可以选择"主页浏览数"推广目标，提高粉丝的留存率。

任务实施

为了帮助创作者吸引更多的流量，各个短视频平台推出了多种不同的付费引流工具。分别总结并分析西瓜视频、小红书、哔哩哔哩、腾讯微视推出的短视频付费引流工具的类型、特点，以及创作者使用这些工具时的注意事项，填写表6-2。

表6-2 短视频平台付费引流工具分析

短视频平台名称	短视频付费引流工具	特点	使用注意事项
西瓜视频			
小红书			
哔哩哔哩			
腾讯微视			

任务思考

通过本任务的学习，思考并回答以下问题。

1. 抖音和快手两个平台的短视频推荐机制各有什么特点？
2. 如何更好地运用抖音和快手平台的推荐机制为短视频引流？

项目实训：通过免费渠道推广短视频

1. 实训目标

掌握通过各种免费渠道为短视频引流的方法，会为短视频设置封面、拟定标题和撰写作品描述；能为短视频添加合适的话题，并进行多平台分发；积极回复粉丝的评论，并能采用合适的方式引导粉丝进行互动；会根据自身情况规划账号矩阵。

2. 实训内容

以小组为单位，采用各种免费方式推广短视频，包括设置短视频封面、标题，撰写作品描述，为短视频添加话题，并多平台分发短视频；回复粉丝的评论，并引导粉丝进行互动；策划短视频账号矩阵运营方案。

3. 实训步骤

（1）优化短视频形象

为短视频设计精彩的封面，拟定一个吸睛的标题，并为短视频撰写具有吸引力的作品描述。

（2）添加话题和多平台分发

根据短视频的内容为短视频添加合适的话题，并多平台分发短视频。

（3）引导粉丝互动

采用合适的方式引导粉丝进行互动，关注粉丝对短视频的评论，并对评论做出及时的回复。

（4）策划短视频账号矩阵运营方案

小组内成员讨论并策划实施短视频账号矩阵运营的方案，如是选择构建多平台矩阵，还是构建单平台矩阵，如何为矩阵中的短视频账号命名，矩阵中各个账号内容侧重点是什么等，填写表6-3。

表6-3　短视频账号矩阵策划

账号矩阵模式	矩阵中账号名称	内容侧重点

4. 实训总结

学生自我总结	
教师总结	

项目七 短视频流量变现

学习目标

➤ 掌握通过承接商业广告进行流量变现的模式。

➤ 掌握通过电商进行流量变现的模式。

➤ 掌握通过直播进行流量变现的模式。

➤ 掌握通过内容付费进行流量变现的模式。

➤ 掌握通过平台渠道进行流量变现的模式。

➤ 掌握通过开发IP价值进行流量变现的模式。

➤ 能够根据自身情况选择适合自己的流量变现方式。

➤ 能够运用选择的流量变现方式实施流量变现。

➤ 增强责任心，承担社会责任，让短视频流量释放正能量。

➤ 摆脱"利益至上"的观念，在流量变现中强化底线意识，坚守底线。

当短视频账号积累了足够多的人气和流量后，创作者就可以考虑进行流量变现了。在短视频运营中，进行流量变现不仅能挖掘短视频的商业价值，也能激发创作者的创作热情和积极性，为其持续输出优质内容提供全方位的资金支持，推动创作者开创内容创作新高度，满足用户多样化、深层次的需求。随着短视频的快速发展，其商业变现模式也变得更加多元化和灵活化。

任务一 承接商业广告

广告变现是短视频变现的常用方法，也是一种直接、高效的变现方式。当短视频有了一定的播放量，短视频账号有了一定的粉丝量后，广告主可能会主动联系创作者，这时创作者就可以考虑拍摄广告类短视频，以达到变现的目的。

任务目标

本任务主要介绍通过承接商业广告进行短视频流量变现的方法，希望读者通过本任务的学习，掌握以下知识和技能。

（1）掌握通过植入广告进行短视频流量变现的技巧。

（2）了解贴片广告的类型和优势。

（3）掌握通过制作品牌广告进行短视频流量变现的技巧。

知识储备

目前，在短视频行业，广告变现的常见方式有植入广告、贴片广告和品牌广告3种。

一、植入广告

植入广告是在短视频内容中插入商家的商品或服务信息，使广告和短视频内容相结合，在潜移默化中达到广告营销的目的的广告形式。这类广告对内容、商品或品牌信息的契合度有着较高的要求。

创作者在短视频中植入广告的方式有很多种，常见的有台词植入、剧情植入、道具植入、奖品植入和音效植入等，各种植入方式的操作要点如表7-1所示。植入广告是一种软广告，这种广告多采用故事化叙事的模式，模糊了广告与内容的界限，以达到"润物细无声"的效果。

表7-1 短视频中植入广告的方式

植入方式	操作要点
台词植入	将广告信息融入台词中，短视频中的人物在合适的节点通过说台词的方式传递出广告信息。需要注意的是，广告台词与剧情台词之间的衔接要自然、流畅，不能在剧情台词中生硬地插入广告信息，以免引起用户的反感
剧情植入	将广告信息融入剧情中，在剧情发展过程中自然地展现广告信息
道具植入	商品或品牌信息作为短视频场景中的道具，随着故事场景的切换自然地出现在用户面前。采用这种植入方式时，道具的出现要适度、自然，无须对道具商品或品牌频繁地使用特写镜头，以免让广告显得过于刻意，让用户觉得目的性太强
奖品植入	在短视频中设置抽奖活动，如赠送优惠券、代金券或小礼品等，在奖品中融入广告信息，或者直接将广告商品作为奖品
音效植入	在短视频中使用能够代表商品或品牌信息的音效，从而达到推广商品或品牌的目的。例如，使用某品牌手机特有的手机铃声作为音效

例如，某创作者发布的一条短视频，采用剧情植入的方式在短视频中自然地植入了广告：男主人公由于忙于工作时常不在家吃饭，在一次公司会议中，男主人公的升职机会也被别

人顶替。此时，妻子打来电话，询问男主人公晚上想吃什么，男主人公由于失去了升职机会心情不佳，不耐烦地回答说自己晚上要加班，不回家吃饭。随后在同事的对话中，男主人公意识到自己的工作方法存在问题，于是感觉很沮丧。下班后，同事请男主人公吃饭，男主人公婉拒，表示自己要回家吃饭。回到家后，男主人公看到了饭桌上妻子用美的电饭煲为自己留的饭菜。之后，短视频用倒叙的方式展示了妻子用美的电饭煲准备饭菜的过程（视频画面中，用特写镜头展示了美的电饭煲的外观，见图7-1）。随后，镜头转回现在，夫妻两人在互相陪伴中用餐（视频画面中，用特写镜头展示了美的电饭煲的内部结构，见图7-2）。在短视频的结尾，创作者利用文字点明广告中商品的品牌（见图7-3）。

图7-1　特写镜头展示商品外观　　图7-2　特写镜头展示商品内部结构　　图7-3　结尾点明商品品牌

在这条短视频中，广告商品随着剧情的发展非常自然地出现，不会使观众在观看短视频时感觉突兀，同时商品也显得更有人情味。

🎓 经验之谈

在短视频中植入广告时要注意，要选择与短视频内容契合度高的品牌或商品，同时还要考虑用户的接受程度。此外，还要保证短视频内容与广告的统一性。

二、贴片广告

贴片广告是通过展示品牌本身来吸引人们注意的一种比较直观的广告形式，一般出现在短视频的片头或片尾，紧贴短视频内容。贴片广告是短视频广告中比较明显的广告形式，属于硬广告。

贴片广告分为平台贴片和内容贴片。

- **平台贴片**：大多是前置贴片，即在短视频播放之前出现的广告，如图7-4所示。这种广告一般不能被跳过（一般来说，视频平台的会员可以选择跳过该广告）。
- **内容贴片**：大多是后置贴片，即在短视频播放结束后出现的广告。

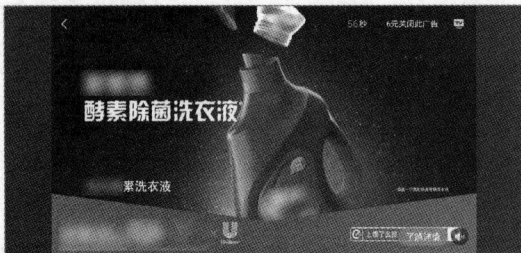

图7-4　贴片广告

贴片广告主要具有以下优势。

（1）触达率高：观看贴片广告是用户观看短视频内容的必经之路。只要打开短视频，用户大多会接触广告信息。

（2）传递高效：与电视广告一样，贴片广告的信息传递高效且丰富。

（3）互动性强：由于形式生动、立体，贴片广告的互动性很强。

（4）成本较低：贴片广告不需要投入过多的经费，成本较低，播放率较高。

（5）抗干扰性强：在广告与短视频内容之间不会插播其他无关内容。

贴片广告通常会在短视频播放之前或之后自动播放，突然出现的广告会让用户感觉突兀和生硬，而且贴片广告内容与短视频本身的内容相关性不高，这都可能会给用户带来不好的观看体验，甚至引起用户的反感。

三、品牌广告

品牌广告是指以品牌为中心，为企业量身定做的专属广告。这种广告针对性强，受众的指向性明确，但制作成本比较高。

在制作品牌广告时，创作者可以采用以下创意。

- **展示商品功能**。直接在短视频中展示商品，重点表现商品的功能、性能、使用场景等。
- **展示商品口碑**。在短视频中展现消费者排队购买商品的场景、展示商品的销售额或订单量等，从侧面凸显商品的好口碑。
- **展示商品的创意用法**。在短视频中展示商品的创意用法，凸显商品多样化的用途，以此吸引用户的注意力。
- **展示企业文化**。在短视频中展示企业员工日常工作环境、工作场景，彰显企业文化。
- **设计场景化故事**。将商品信息融入一个富有感染力的故事中，通过故事营造代入感，并向用户传递商品信息。

▌任务实施

在短视频平台上寻找3～5条承接商业广告的短视频，并分析这些短视频分别采用了哪种商业广告形式，说一说这些短视频中的广告设计有什么优缺点，填写表7-2。

表7-2 短视频商业广告分析

序号	商业广告形式	商业广告设计优缺点
1		
2		
3		
4		
5		

任务思考

通过本任务的学习，思考并回答以下问题。

1. 你认为品牌广告和植入广告有什么区别？

2. 你是否还看到过通过其他广告形式实现流量变现的短视频？说一说这些短视频变现的特点。

任务二 通过电商变现

在短视频领域，电商的运营模式是创作者为用户提供短视频内容，为电商提供用户群；短视频作为电商的流量入口，为电商吸引流量，增强用户黏性；而电商作为短视频变现的一种渠道，帮助短视频实现商业价值。

任务目标

本任务主要介绍创作者通过电商模式进行流量变现的方法，希望读者通过本任务的学习，掌握以下知识和技能。

（1）掌握通过自营电商模式进行流量变现的方法。

（2）掌握通过短视频带货模式进行流量变现的方法。

知识储备

短视频通过电商进行变现的模式主要有两种，即自营电商变现模式和短视频带货模式。

一、自营电商变现模式

自营电商变现模式分为两种：一种是创作者通过短视频打造个人IP，创建自己的个人电商品牌，从而实现变现；另一种是创作者通过短视频为自建电商平台导流，进而实现变现。

1. 为个人电商品牌导流

为个人电商品牌导流是指创作者创建个人电商品牌并自营网店，运用短视频将用户导流至自营网店，获得商品销售收入。例如，创作者"闲不住的阿俊"通过短视频打造出个人IP，建立了个人电商品牌和网店，并在自己发布的短视频中向用户推荐自己品牌的商品，引导用户去网店进行购买。图7-5所示为"闲不住的阿俊"个人品牌抖音旗舰店页面，图7-6所示为其品牌下的一款商品。

图7-5 "闲不住的阿俊"个人品牌抖音旗舰店页面　　图7-6 "闲不住的阿俊"个人品牌商品

2. 为自建电商平台导流

为自建电商平台导流是指创作者通过优质的短视频作品为自建的电商平台导流，吸引用户购买平台内的商品，从而实现流量变现。例如，优质生活媒体账号"一条"自建电商平台"一条生活馆"，创作者通过短视频为电商平台导流，挖掘短视频的商业价值。图7-7所示为"一条生活馆"网站页面。

图7-7 "一条生活馆"网站页面

二、短视频带货模式

短视频带货模式是指创作者在短视频中添加购物车，推广其他商家网店中的商品，促成商品成交，并从中获取佣金。目前，很多短视频平台都设有商品分享功能，创作者开通此功能后，就可以在短视频中添加商品链接推广商品，用户在观看短视频的过程中如果对链接中的商品感兴趣，就可以点击链接进入商品详情页并购买商品，用户付款后，创作者可以从中获得一定比例的佣金。这样，创作者在没有货源的情况下也可以通过销售商品进行变现。

为了提高短视频带货的转化率，创作者在拍摄带货类短视频时可以采用以下方法。

1. 展示商品卖点

在短视频中用简单、直白的方法展示商品卖点，让用户直观地了解商品的特点，并产生购买欲。

2. 展示商品的使用过程

在短视频中直接展示商品的使用方法或使用场景，让用户清楚、直观地看到商品的使用过程，从而刺激用户产生购买欲。例如，某创作者带货一款自动升降式火锅，就在短视频中展示了这款火锅的使用方法，并向用户介绍了这款火锅的优势，如图7-8所示。

图7-8　展示商品的使用过程

3. 展示商品的制作过程

在短视频中展示商品的制作过程，让用户了解商品的制作原材料、制作工艺、制作方法等，以增加用户对商品的信任度。例如，某美食领域创作者通过短视频带货一款烤香肠，在短视频中展示了制作烤香肠的过程和所使用的原材料（见图7-9），让用户直观地看到这款烤香肠用的是真材实料。

图7-9　展示商品的制作过程

4．展示商品的测评过程

在短视频中展示对商品进行测评的过程，客观地向用户介绍商品的功能、特点等。例如，某美食领域创作者发布了一条测评一款猪肚鸡汤面的短视频。在短视频中，创作者分别从汤头的配料、味道，面条的口感等方面介绍了汤面的特点（见图7-10），让用户对这款汤面形成了比较全面的认知。

图7-10　展示商品的测评过程

5. 设计剧情

这种方法是指设计精彩的剧情，将商品自然地融入剧情中，借助剧情吸引用户购买商品。采用这种方式进行带货时，需要注意的是商品的融入要自然、不突兀。

🎓 经验之谈

创作者可以运用一些数据平台，如飞瓜数据、蝉妈妈等，查看并分析各个短视频平台上的热销商品，从中选择适合自己的商品进行推广。此外，也可以在各个电商平台上搜索与自己短视频账号定位相关的高销量商品，将其作为选品参考。

任务实施

在各个短视频平台上浏览短视频，收集4～6条采用带货模式进行流量变现的短视频，并分析这些短视频分别运用什么方法来展示商品，这种方法各有什么优缺点，填写表7-3。

表7-3　带货短视频分析

序号	展示商品的方式	带货短视频设计优缺点
1		
2		
3		
4		
5		
6		

任务思考

通过本任务的学习，思考并回答以下问题。

采用短视频带货模式进行变现的一个基本要求就是选好商品，在带货过程中为自己打造良好的带货口碑。你认为在选品时需要注意哪些事项？

任务三　运用直播变现

直播不仅是一种娱乐和社交方式，同时也是众多创作者实现流量变现的重要方式之一。在短视频平台上，许多创作者纷纷开通了直播功能，通过直播来实现变现。

任务目标

本任务主要介绍通过直播进行流量变现的各种方式，希望读者通过本任务的学习，掌握以下知识和技能。

（1）掌握主播带货模式的类型、常见的内容表现形式、讲解商品的策略。

（2）了解粉丝打赏、直播内容付费、企业品牌宣传、主播承接广告等变现方式。

▌知识储备

"短视频＋直播"的变现模式不断完善并逐渐成熟，如今直播变现的模式灵活多样，主要包括以下几种。

一、主播带货模式

主播带货模式是指主播通过视频直播向用户展示并介绍商品，以吸引用户购买商品。

1. 主播带货模式的类型

主播带货模式可分为两种类型，即直播销售自营商品和直播销售其他商家商品。

（1）直播销售自营商品。

直播销售自营商品就是主播通过短视频积累流量后，采用直播的方式销售自己店铺内的商品，提升店铺的销售额。

（2）直播销售其他商家商品。

直播销售其他商家商品就是主播通过直播的形式推广其他商家的商品，并从中获得收益。主播获得收益的方式主要有两种，即纯佣金和"佣金+坑位费"，如表7-4所示。

表7-4　主播直播销售其他商家商品的收益方式

收益方式	说明
纯佣金	主播根据直播商品的最终销售额，按照事先与商家约定好的比例从商家处获得佣金。在直播行业中，主播的级别不同，直播的商品不同，佣金比例也会有所不同
佣金+坑位费	主播不仅能从商家处按照约定的比例获得佣金，还可获得商家支付的固定坑位费（坑位费是指商品出现在主播直播间需要支付的商品上架费）

2. 直播带货内容表现形式

目前，直播带货常见的内容表现形式如表7-5所示。

表7-5　直播带货常见的内容表现形式

内容表现形式	说明
商品分享式直播	主播在直播间向用户分享和推荐商品，整个直播的内容就是主播展示并讲解商品。直播间可以是主播专门搭设的直播场地，可以是实体门店，也可以是商品生产车间、海鲜市场、大型商场等地方
现场制作式直播	主播在分享推荐商品的过程中，还会现场对商品进行加工制作，向用户展示商品经过加工后的真实状态。例如，对一些需要经过加工才能食用的食材，主播在讲解商品时，可以展示烹饪食材的过程，加工完成后，主播可以试吃，这样既能让用户清楚地看到食材加工的方法，提高用户对食材的信任度，又能让直播内容变得丰富、有趣
教学培训式直播	主播以授课的方式在直播中分享一些有价值的知识或技巧，如制作婴儿辅食的技巧、运动健身的技巧、化妆技巧等，主播在分享知识或技巧的过程中推广一些商品。例如，主播在直播间向用户分享制作各类婴儿辅食的方法，在此过程中，主播会推广制作辅食时使用的各类食材、工具等。这样不仅能让用户学到一些有用的知识或技巧，还能让其感受到主播的专业度，从而提升对主播所推荐商品的信任度
才艺表演式直播	主播直播表演唱歌、舞蹈、脱口秀等才艺，在表演才艺的过程中使用某些商品，并在直播间中推广这些商品。例如，主播在直播中推广表演舞蹈时穿着的服装、鞋，使用到的乐器等
开箱式直播	主播开箱并介绍箱内的商品。主播要以客观、诚实的态度对商品进行全面的介绍，让用户对商品形成一个比较全面的认知，并产生购买的欲望。例如，主播开箱一款手机，客观地向用户介绍手机的外观、配件、使用体验等

内容表现形式	说明
访谈式直播	主播对嘉宾就特定的话题进行采访，并与嘉宾进行讨论、交流，在采访、讨论和交流的过程中向用户推荐一些商品
展示日常式直播	主播直播企业研发新品的过程、企业领导开会的情景、企业员工工作的状态等，向用户展现企业文化、经营理念等

3. 直播带货讲解商品的策略

在直播带货中，主播对商品进行全面、专业的讲解有利于激发用户对商品产生兴趣，并下单购买。主播对商品的讲解是影响直播商品转化率的重要因素之一。主播可以采用提出需求、放大需求、引入商品、赢得信任、刺激下单的策略来讲解商品，如表7-6所示。

表7-6 讲解商品的策略

商品讲解策略	操作要点	话术示例
提出需求	主播结合商品的消费场景，以提问的方式指出用户的需求点	求职面试是一个人进入职场面临的第一道关口。我想很多人在求职面试时都会面临一个问题，就是如何穿搭才能给自己加分
放大需求	主播以与朋友聊天的态度，针对前面提出的需求点，与用户展开讨论，将用户容易忽略的方面尽可能地放大	根据众多参加过求职面试的人总结的经验，合适的服装穿搭能给面试官留下良好的第一印象，有利于提高面试成功的概率
引入商品	主播用一种自然的方式，以帮助用户解决问题为切入点引入商品，指出商品能够帮助用户解决某些问题	一个人的穿着会影响给别人留下的第一视觉印象，在参加求职面试时，在穿着上要能展现出自己干练、有精神的气质。例如，在春季参加求职面试时，女士可以穿衬衣、深色长裤搭配高跟鞋，这样的穿搭可以散发出时尚、自信的气质。今天直播间里的3号春款衬衣就非常适合女士在参加求职面试时穿
赢得信任	主播可以采用FABE法则对商品进行全面、深度的讲解，加深用户对商品的信任度。其中，F即特征（Feature），包括商品的材质、成分、使用的工艺或技术等；A即优势（Advantage），指商品所具有的不同于其他同类商品的特色；B即好处（Benefit），指商品能够给用户带来的好处、利益；E即证据（Evidence），包括商品的成分列表、专利证书、现场实验结果、销量评价、行业对比情况等	F：这款衬衣使用的是混合面料，面料为58.9%聚酯纤维、41.1%棉，版型修身、不束身，大尖领设计，简约大方 A：全棉面料的衬衣虽然穿起来很舒服，但抗皱性、耐磨性较差，而且容易透光。而含有一定比例聚酯纤维的面料具有较强的抗皱性和耐磨性，而且不易透光，容易打理。如果你需要一件不易皱、不透光的衬衣，建议选择棉聚混合面料的衬衣。而且这款衬衣是内隐式门襟，不易走光、暴扣；大尖领设计，能修饰脖颈，让你更显气质 B：对初入职场的大学生来说，如果想拥有一件能够让自己显得成熟、稳重，而且打理起来简单的衬衣，这款就是一个不错的选择。女生穿着这款衬衣时，下半身可以搭配长裤、九分裤，也可以搭配职业半身裙，都能彰显出稳重、干练的气质，在气温较低的时候，外面可以搭配一件西装 E：下面我给大家展示一下这款衬衣搭配各种款式的职业半身裙、长裤、九分裤的上身效果
刺激下单	介绍商品的优惠活动，如价格优惠、赠送礼物等	在直播间购买的用户可以享受超值优惠，这款衬衣原价98元，现在直播优惠价只要68元，机会难得，大家抓紧时间下单吧

动手做

选择一款商品，总结其卖点，并尝试用直播带货的方式对其进行讲解，吸引用户产生购买欲。

二、粉丝打赏模式

粉丝打赏模式是指粉丝在直播平台上付费充值，购买平台上的虚拟礼物和道具送给自己喜欢的主播，平台将这些虚拟礼物和道具折换成现金，按照一定的比例与主播进行分成，主播因此而获得收益的一种变现方式。如果主播隶属于某个公会，则由公会和直播平台统一结算主播获得的虚拟礼物和道具，主播获得工资和部分提成。

随着直播平台的不断升级和优化，各大直播平台礼物系统中的虚拟礼物和道具也越来越多样化。图7-11所示为抖音直播间粉丝打赏主播的虚拟礼物页面。

图7-11 抖音直播间粉丝打赏主播的虚拟礼物页面

三、直播内容付费

对于优质的直播内容，创作者可以采用内容付费的方式实现流量变现。例如，一对一直播、在线教育直播等，这些在用户付费后才有权限进入直播间观看。目前，比较常见的直播内容付费变现模式主要有先免费再付费、限时免费和折扣付费的形式。

采用这种变现模式对直播内容质量要求较高，创作者必须有好的内容才能有效地留住用户。除此之外，短视频账号还要有一定数量的粉丝，并且粉丝的忠诚度较高，才可能持续实现盈利。

四、企业品牌宣传变现模式

企业品牌宣传变现模式就是企业通过专属的品牌直播间对品牌或商品进行宣传，提高品牌知名度，促进企业商品销售，提高商品销量，增加企业收益，从而实现变现的一种模式。

采用这种模式，通常由短视频平台提供技术支持和营销服务支持，企业通过平台进行如发布会直播、招商会直播、展会直播、新品发售直播等多元化直播，打造专属的品牌直播间，以实现宣传互动性、真实性、及时性，更好地完成宣传企业品牌或促进商品销售的目的。

五、主播承接广告

当主播拥有一定的影响力之后，品牌方会委托主播对自家企业的商品进行宣传推广，主播收取一定的推广费用，该模式即主播承接广告的变现模式。在直播中，主播可以通过带货、商品体验、商品测评、工厂参观、实地探店等形式满足品牌方的宣传需求，达到变现目的。

▍任务实施

观看2～3场带货直播，总结并分析这些直播中主播带货的风格，主播在讲解商品时采用了哪些技巧；直播场地的设置有什么特点；主播在直播中采用了哪些方法与观众进行互动，调动直播间的氛围；等等。把分析结果填入表7-7。

表7-7　直播带货特点分析

直播间（主播）名称	直播分析项目	具体内容
	主播带货风格	
	商品讲解技巧	
	直播场地设置	
	直播互动方式	
	主播带货风格	
	商品讲解技巧	
	直播场地设置	
	直播互动方式	
	主播带货风格	
	商品讲解技巧	
	直播场地设置	
	直播互动方式	

▍任务思考

通过本任务的学习，思考并回答以下问题。

1. 与短视频带货相比，直播带货有什么优势？

2. 直播带货讲解商品时，主播除了要对商品进行全面、详细的讲解外，还要注意哪些问题？

短视频营销与运营（第2版 视频指导版）

任务四　开通内容付费

与长视频和音频相比，短视频内容具有时长短、信息承载量丰富的特点，其内容付费市场潜力巨大，创作者以内容付费的形式进行流量变现大有可为。

任务目标

本任务主要介绍通过内容付费进行流量变现的方式，希望读者通过本任务的学习，掌握以下知识和技能。

（1）了解通过用户付费观看的形式进行流量变现的方法。

（2）了解会员付费制变现模式的具体内容。

知识储备

目前，短视频通过内容付费变现的方法主要有用户付费观看和会员付费制两种形式。

一、用户付费观看

这种形式下，创作者通过销售专业知识付费课程来实现变现。创作者以短视频形式帮助用户提高专业技能，用户向创作者支付费用，用户付费观看这种变现模式类似于线下交易的方式。

创作者可以制作一些与用户的生活和工作紧密相关的知识内容，帮助用户获得知识或提升技能。例如，网易公开课中除了有免费课程外，还上线了诸多付费课程，为用户讲解各种专业知识，如企业管理、沟通逻辑、办公技巧、法律、金融等相关专业知识，这些知识大多与用户的生活和工作密切相关。

创作者还可以聚焦某一领域，在该领域持续地输出优质内容，吸引对该领域感兴趣的用户。销售垂直细分领域知识，以细分的深度吸引相对小众的用户群体付费观看；短视频内容越垂直细分，越能吸引某一类用户群体付费购买。例如，服务某类目标人群，美妆内容以年轻女性为目标人群，育儿知识以"宝妈"为目标人群等；聚焦某类场景知识，如急救知识、恋爱技巧、谈判技能等。

二、会员付费制

付费会员服务模式早已在长视频领域得到了广泛的应用，用户在平台上付费成为平台会员才能观看某些精彩剧集。目前，很多短视频平台的付费观看模式与付费会员模式相互融合，形成会员付费制，用户既可以通过充值会员免费观看大量原创的优质短视频，又可以只针对某条短视频付费。

例如，抖音创立了专属会员制度，创作者粉丝数大于等于1000、未开通商家会员即可开启专属会员功能，向用户提供专属会员权益，并从中获得相应的收益。图7-12所示为开通抖音专属会员页面。

160

图7-12 开通抖音专属会员页面

任务实施

在短视频平台上收集3~5个采用内容付费形式进行流量变现的账号，分析这些账号采用的是哪种内容付费形式，并说一说这些需要付费的内容有什么特点，填写表7-8。

表7-8 短视频账号内容付费分析

账号名称	内容付费形式	内容特点

任务思考

通过本任务的学习，思考并回答以下问题。

1. 你认为什么样的内容会吸引用户付费观看？
2. 采用内容付费形式进行流量变现需注意哪些事项？

任务五 获取平台渠道收益

短视频平台与创作者之间保持着共生共荣和互相依赖的关系。主流短视频平台纷纷推出了活动补贴计划和分成计划，以此吸引更多的优质创作者入驻平台并持续输出高品质的内容，从而提高平台自身的流量，优化平台内容生态环境。而对创作者来说，参与平台有奖创作活动、获得平台分成或者与平台签约，可以实现自身账号的变现。

任务目标

本任务主要介绍通过平台渠道获得收益的方式，希望读者通过本任务的学习，掌握以下知识和技能。

（1）掌握通过参与平台有奖创作活动进行变现的技巧。

（2）掌握通过获得平台分成进行变现的技巧。

（3）了解通过与平台签约进行变现的方式。

知识储备

目前，比较常见的通过平台渠道获得收益的方式主要有参与平台有奖创作活动、获得平台分成和与平台签约。

一、参与平台有奖创作活动

各大短视频平台为了激励创作者的创作热情，鼓励创作者生产更多的优质作品，会不定期地发布各类有奖创作活动。创作者可以按照活动规则创作短视频。如果创作者创作的短视频脱颖而出，获得活动举办方的认可，创作者就能从活动中获得相应的奖励。通常活动不同，奖项设置也不同，奖品一般包括现金奖励、流量奖励、虚拟货币或专属礼物。图7-13所示为腾讯微视发布的有奖创作活动。

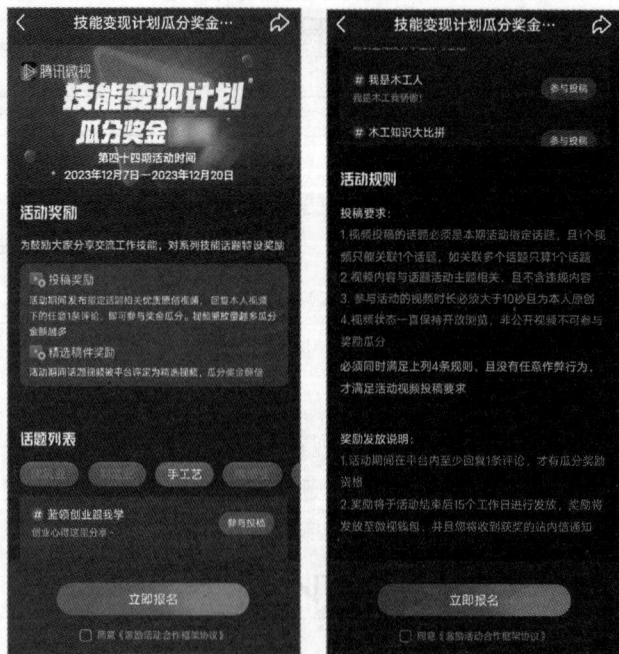

图7-13　腾讯微视发布的有奖创作活动

创作者要想通过参与平台有奖创作活动获得收益，需要注意以下两点。

（1）按照活动规则创作。短视频平台发布的各项有奖创作活动都有相应的参与规则，创作者在参与活动之前要详细了解活动的规则，然后按照活动规则创作出优质的短视频作品。

（2）选择适合自己的活动参与。各大短视频平台都会发布有奖创作活动，创作者要分析自己的兴趣和能力，选择适合自己的活动参与。因为只有符合创作者自身兴趣和能力的活动，才能充分激发其创作热情，展现其独特的创意和创作能力，创作者才能创作出高质量的作品，获得不错的收益。

二、获得平台分成

一些短视频平台推出了平台分成计划，为创作者提供了更多商业变现的渠道。创作者参与平台分成计划后，平台会在创作者发布的某些短视频中添加广告，并向创作者支付一定的广告展示费。对创作者来说，这是一种非常省时、省力的变现方式。在账号运营初期，创作者选择合适的平台分成模式可以快速积累资金，为后期创作及运营提供便利与支持。

（1）了解可分成的平台及其分成规则。

要想从短视频平台获得分成，首先需要了解有哪些平台为创作者提供了分成计划，以及各个短视频平台的分成规则。

例如，抖音推出了"创作者广告分成计划"，创作者参与计划后，系统会在创作者个人账号主页开放广告位，当用户进入创作者的个人账号主页连续浏览其中的内容时，广告就可能以一条单独的视频呈现，如果用户只是进入创作者的个人账号主页，但并未连续浏览其中的内容，则不会看到相关广告内容。创作者可以根据广告推广的效果获得相应的收益。创作者参与"创作者广告分成计划"无须专门拍摄短视频，该计划也不会对其作品的播放量及上热门等权益造成任何影响。

（2）选择合适的分成平台。

创作者入驻的分成平台越多，获得的收益就越多。但是，不同的分成平台对短视频的要求不同，创作者应根据实际情况有所侧重地选择分成平台。

例如，抖音、快手是智能推荐机制，短视频的播放量较少受到人为因素的干预，只要创作者的短视频质量够好，就可能获得不错的播放量，创作者也就可以从中获得不错的收益。爱奇艺采用人工推荐机制，但它属于综合性视频平台，很多好的资源位通常会被各大影视剧、综艺节目所占据。对尚未形成广泛影响力的创作者来说，要想在该平台上获得不错的分成收益可能会存在一定的困难。

三、与平台签约

在新媒体时代，各大短视频平台层出不穷，为了能够获得更强的市场竞争力，很多平台纷纷开始与创作者签约独播。与平台签约独播是创作者实现短视频变现的一种快捷方式，但这种方式比较适合运营成熟、粉丝众多的创作者，因为对新手创作者来说，获得平台青睐、得到签约收益并不是一件容易的事情。

签约是平台与创作者之间相互选择的结果。短视频平台为了更好地吸引优秀创作者，通常会给予创作者丰厚的奖励；而创作者要想与平台进行签约独播，必须达到一定的发展水平，有一定的影响力，或者可以让平台看到自身未来发展空间。签约独播是实现短视频变现中要求较高的一种模式，需要创作者在前期进行较多的准备。

例如，快手推出了"快手光合优创计划"，创作者加入该计划后，可以通过完成基础发文任务获得比光合计划更高的现金收益。此外，创作者还可以享受现金奖励升级、平台长期扶持、商单优先推荐、专属助手答疑等权益。图7-14所示为"快手光合优创计划"入口，图7-15所示为"快手光合优创计划"首页。

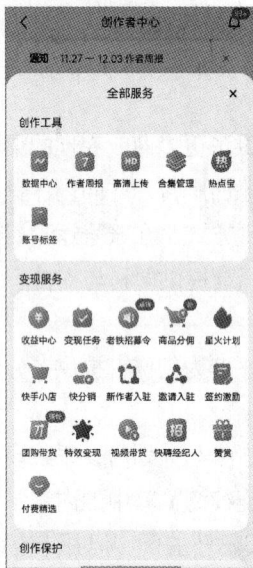

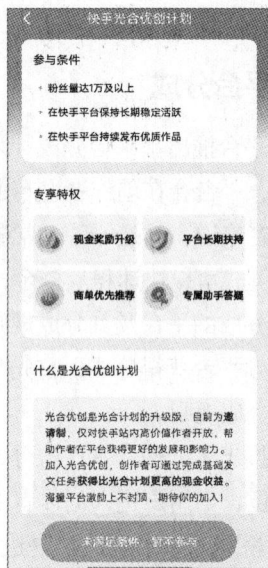

图7-14 "快手光合优创计划"入口　　图7-15 "快手光合优创计划"首页

任务实施

对各个短视频平台提供的各种变现方式进行深入了解，有利于创作者更好地选择变现方式。分别登录抖音、快手、西瓜视频、小红书、哔哩哔哩、腾讯微视等短视频平台，了解这些平台为创作者提供的各种变现服务，填写表7-9。

表7-9　短视频平台变现服务分析

短视频平台	变现服务	相关要求
抖音		
快手		
西瓜视频		
小红书		
哔哩哔哩		
腾讯微视		

任务思考

通过本任务的学习，思考并回答以下问题。

如果采用与平台签约的方式进行流量变现，需要注意哪些事项？

(任务六) 开发IP价值

在新媒体时代，互联网领域的IP可以理解为所有成名文创（文学、影视、动漫、游戏等）作品的统称。也就是说，此时的IP更多代表智力创造的版权，如发明、文学和艺术作品等版权。进一步引申来说，创作者能够仅凭自身的吸引力，挣脱单一平台的束缚，在多个平台上获得流量并进行内容分发，就形成一个IP。创作者可以尝试通过开发IP价值来进行变现。

任务目标

本任务主要介绍通过开发IP价值进行变现的方式，希望读者通过本任务的学习，掌握以下知识和技能。

（1）了解版权输出变现的方式。

（2）了解开发IP衍生品变现的方式。

知识储备

目前，创作者利用IP价值实现变现的方式主要有两种：一种是版权输出变现，另一种是开发IP衍生品。

一、版权输出变现

创作者形成自己的IP后，可以根据自己的版权内容著作出书，或者借助IP的影响力打造影视化节目，从而实现IP版权变现。例如，"陈翔六点半"凭借打造的爆笑迷你情景短剧成为短视频行业极具代表性的IP，积累了大量粉丝，成功地打造了个人IP形象。之后，该账号先后推出《陈翔六点半之废话少说》《陈翔六点半之铁头无敌》等喜剧电影并成功上线，收获了不错的票房。

除了自我使用IP版权外，创作者还可以通过IP授权或转让版权的方式变现。也就是说，创作者可以将自己打造的IP形象或版权内容授予他人使用，从中收取版权费。例如，"一禅小和尚"的IP持有者就将"一禅小和尚"的IP形象授予了其他品牌使用，并与其他品牌开发了联名款商品，如图7-16所示。

图7-16 "一禅小和尚"联名款商品

二、开发IP衍生品

创作者可以使用IP中的角色人物、场景、道具、标识等开发衍生品，通过销售衍生品进行变现。例如，"萌芽熊"的IP持有者开发了毛绒公仔、单肩包、绿植等衍生商品，并在天猫开设了网店销售这些商品，如图7-17所示。

图7-17　萌芽熊旗舰店销售的部分IP衍生商品

随着短视频的快速传播，IP全产业链价值正在被人们深度挖掘，进而短视频变现的方式也越来越多。很多创作者发展为超级IP，并通过衍生出的IP附加值实现了多种方式的变现，例如推出自己的品牌商品，接品牌商广告，做品牌代言人，进入影视娱乐圈，等等。

▌任务实施

收集2～3个采用开发IP价值进行变现的短视频账号，分析这些账号是如何开发IP价值的，其变现效果如何，填写表7-10。

表7-10　短视频账号IP价值开发分析

短视频账号名称	开发IP价值的方式	变现效果

▌任务思考

通过本任务的学习，思考并回答以下问题。

你认为要想通过开发IP价值进行流量变现，需要满足什么条件？

项目实训：进行直播带货

1. 实训目标

掌握采用直播带货方式进行变现的技巧，会选择适合自己的直播商品，并通过富有表现力的商品讲解，激发用户下单。

2. 实训内容

3～5人一组，以小组为单位，采用直播分享商品的方式销售商品。

3. 实训步骤

（1）了解直播规则

了解直播平台的相关规则，确保直播符合平台相关要求，避免因直播内容不合规中断直播，甚至账号被封。

（2）选择直播商品，总结商品卖点

小组讨论，根据短视频账号的定位、内容类型等选择合适的直播商品。可以在淘宝、京东等电商平台进行选品；也可以通过参考同类账号的直播商品进行选品；还可以运用第三方数据分析工具，通过分析各类商品的数据进行选品。选好商品后，对商品进行分析，总结商品的卖点，填写表7-11。

表7-11 商品卖点分析

商品名称	卖点

（3）直播销售商品

小组成员轮流作为主播进行直播。主播在直播过程中要对商品进行详细的讲解，商品讲解要能够激发用户的购买欲。同时，要能灵活运用各类互动活动来活跃直播间的氛围。

4. 实训总结

学生自我总结	
教师总结	

项目八 短视频运营数据分析

学习目标

➢ 掌握短视频运营数据分析的基本步骤。

➢ 掌握短视频运营数据分析的指标和维度。

➢ 掌握短视频运营数据分析的方法。

➢ 掌握短视频平台数据分析工具的使用方法。

➢ 掌握第三方数据分析工具的使用方法。

➢ 能够对短视频账号运营数据进行科学、客观的分析。

➢ 能够运用数据分析工具分析短视频账号运营数据。

➢ 培养数据运营思维，善于运用数据发现问题、解决问题。

➢ 保证数据的真实性、可靠性，在数据分析过程中不编造数据。

数据化运营是一种科学的运营方法。通过专业的数据分析，创作者可以了解自己短视频账号的运营状况，并根据数据分析结果调整与优化运营策略，同时还能了解竞争对手的运营状况，分析他们的运营策略，以指导自身运营。

任务一　初识短视频运营数据分析

在大数据时代，用数据驱动运营决策是做好短视频账号运营的必选策略之一。创作者应将数据分析贯穿短视频账号运营的始终，运用数据实现精细化运营。

▎任务目标

本任务主要介绍短视频运营数据分析的作用、基本步骤、指标、维度，以及常用的方法。希望读者通过本任务的学习，掌握以下知识和技能。

（1）掌握短视频运营数据分析的基本步骤。

（2）了解常用的短视频运营数据分析指标。

（3）掌握短视频运营数据分析维度。

（4）掌握常用的短视频运营数据分析方法。

▎知识储备

创作者要想做好短视频运营，就必须懂得运用数据发现问题，然后寻找解决问题的方法，从而调整并优化短视频运营策略，让自己的短视频运营更加科学、高效。

一、短视频运营数据分析的作用

数据指导运营，运营建立在数据分析的基础之上。对短视频运营来说，数据分析的作用主要表现在以下3个方面。

1. 指导短视频内容创作方向

"万事开头难"，在短视频账号运营初期，创作者可能对短视频市场、短视频选题方向等了解并不充分，此时就需要用数据来指导短视频内容创作方向。

在运营初期，创作者可以先拍摄几条短视频并将其发布到某个短视频平台上，然后关注这些短视频在该平台的播放量和点赞量，这样创作者可以初步总结用户对哪些短视频比较感兴趣，用户感兴趣的短视频有哪些特点。之后，创作者可以根据自己的总结来开展短视频的内容策划和拍摄工作，经过不断总结与优化，创作方向就会越来越清晰。

2. 确定运营重心

短视频平台有很多，究竟是深耕某个平台，还是全网铺开，在多个平台上同时分发内容，这是创作者需要考虑的问题。

如果创作者实力雄厚，人力、物力、财力等资源充足，可以选择全网铺开；如果创作者的实力有限，则可以考虑将有限的资源重点投放在某个平台上。在运营初期，创作者可以在多个平台上发布相同内容的短视频，然后跟踪并分析短视频在不同平台上的数据表现。对于数据表现较好的平台，创作者可以将其作为自己重点运营的平台；对于数据表现不好的平台，创作者则可以直接选择放弃。

明确了重点运营的平台后，创作者要利用数据分析充分了解该平台的创作环境、用户画像等特征，使用数据分析结果在该平台上进行精细化运营，并且不断探索和研究在该平台上获得高流量的方法。

3. 优化短视频运营

短视频账号的运营步入正轨后，创作者需要借助数据分析来进行更精细化的运营，包括优化短视频内容创作、优化发布时间等。

（1）优化短视频内容创作。

创作者确定了内容创作方向后，需要通过分析自身短视频账号的数据和竞品的数据来不断优化短视频的内容，包括优化短视频的选题、标题设计、拍摄方法、台词或解说词设计等。通过分析数据，创作者可以总结点赞量高、评论量高或转发量高的短视频的选题有什么特点，标题和封面设置有什么特点，以及短视频拍摄方法、台词或解说词的设计有什么特点等，然后根据分析结果进行短视频创作。

（2）优化发布时间。

不同的短视频平台具有不同的特性，创作者发布短视频以后，需要记录短视频的发布时间和各个平台的数据表现，分析在哪个时间段发布在哪个短视频平台上能够获得更多的流量，从而让自己的短视频获得更多的播放量。

二、短视频运营数据分析的基本步骤

短视频运营数据分析通常分为5个步骤，即明确目的、收集数据、处理数据、分析数据和总结。

1. 明确目的

在开展数据分析之前，首先要明确实施数据分析的目的，即想通过数据分析发现并解决哪些问题。例如，寻找近期短视频账号"涨粉"速度下降，甚至出现"掉粉"情况的原因，或者分析近一个月短视频账号带货销售额等都可以作为数据分析的目的。

2. 收集数据

明确了实施数据分析的目的后，就要针对目的有针对性地收集数据。创作者可以通过以下4个渠道来收集数据。

- **短视频账号后台**：短视频账号后台会记录账号运营的相关数据，如播放量、点赞量、评论量、分享量等。创作者要及时关注账号表现，并定期对账号后台的数据进行收集、整理和归档，以便后期使用。
- **平台数据工具**：一些短视频平台会为创作者提供一些数据分析工具，如抖音电商罗盘、快手生意通等，创作者可以充分利用这些工具收集自己账号电商方面的运营数据。
- **第三方数据工具**：市场上有一些专门为用户提供数据分析服务的第三方数据工具，如飞瓜数据、蝉妈妈、达多多等，这些工具通常会提供与短视频相关的监测数据、商品销售数据、行业分析等各类内容，创作者可以利用这些工具来获取自己需要的数据。
- **网页数据爬取工具**：创作者可以使用诸如八爪鱼采集器之类的网页数据采集器或Python语言来爬取数据。

3. 处理数据

很多情况下创作者在收集数据环节得到的数据是原始数据，一般无法直接使用，需要对数据进行相应的处理，使其成为适合开展数据分析的数据类型。

数据处理通常包括数据剔除、数据合并、数据计算等。

- **数据剔除**：将数据中无用的数据或与分析目的无关的数据剔除。例如，分析短视频账号流量变现能力，一般需要使用短视频带货商品曝光次数、商品点击次数、成交金额、成交订单数、成交人数、佣金收入等数据，而用户性别、用户所属地域等数据可以剔除。

- **数据合并**：有些原始数据中存在相近或重复的数据，创作者可以将相近或重复的数据合并，结果会更直观。

- **数据计算**：有些数据不能直接从原始数据中提取出来，需要经过计算获得。例如，原始数据中只有商品的销量和单价两项数据，但创作者需要的是商品的销售额，此时就需要使用商品的销量和单价两项数据进行计算，即"销售额=销量×单价"。

4. 分析数据

分析数据就是使用合适的工具和方法对处理后的数据进行分析，从中得到有价值的信息。

创作者可以使用的数据分析工具有Excel、SPSS Statistics、Python等，常用的数据分析方法有直接评判法、对比分析法、七问分析法等。在分析数据的过程中，创作者可以通过表格、图形等形式来展示数据以及数据之间的关系和规律。

5. 总结

创作者对数据分析的结果进行总结，得出指导性的结论，从中发现短视频账号运营过程中存在的问题，为调整和优化账号运营方案提供有效的参考。

创作者可以撰写数据分析报告，完整、直观地呈现整个数据分析的过程和结论，并在分析报告中提出有价值的建议或解决方案，用于指导账号的后续运营。

🎓 经验之谈

在实施数据运营分析时，应遵循4个原则。

- **科学性**，即要以科学、严谨的态度来对待数据分析各个环节的工作，以确保数据分析结果的科学性与客观性。
- **系统性**，即数据分析是一项系统性比较强的活动，它由一系列环节和步骤组成，需要进行周密的策划和组织。
- **针对性**，即要根据实际情况选择要使用的数据、数据分析方法与模型。
- **实用性**，即数据分析是为账号运营服务的，在保证数据分析科学性的同时，还要考虑其对账号运营是否具有指导意义和实用价值。

三、常用的短视频运营数据分析指标

在开展数据分析之前，创作者需要对短视频数据分析指标有所了解。常用的短视频数据分析指标如表8-1所示。

表8-1 常用的短视频数据分析指标

指标类型	指标名称	说明
账号诊断类数据指标	投稿数	某个时间周期内创作者发布的作品个数
	粉丝净增量	账号净增粉丝数，账号"涨粉"数减去"掉粉"数
	账号搜索量	账号在对应时间周期内，在搜索结果中用户曝光次数与账号的所有作品在对应时间周期内被搜索的次数和
	作品搜索量	账号的所有作品在对应周期内被搜索的次数和
	主页访问量	用户访问创作者个人主页的次数
作品表现类数据指标	播放量	短视频在某个时间段内被用户观看的次数
	完播率	短视频完整播放的播放量与短视频总播放量的比值
	平均播放时长	短视频播放的平均时长
	作品2s跳出率	短视频播放2s内跳出的播放量与短视频总播放量的比值
	作品5s完播率	短视频播放超过5s的播放量与短视频总播放量的比值
	点赞量	短视频被用户点赞的次数
	点赞率	短视频点赞量与短视频播放量的比值
	评论量	短视频被用户评论的次数
	评论率	短视频评论量与短视频播放量的比值
	分享量	短视频被用户分享的次数
	分享率	短视频分享量与短视频播放量的比值
	收藏量	短视频被用户收藏的次数
	收藏率	短视频收藏量与短视频播放量的比值
	下载量	短视频被用户下载的次数
	作品"吸粉"量	用户观看短视频后关注创作者的数量
	"脱粉"量	取消关注的粉丝数量
	"脱粉"率	"脱粉"量与播放量之间的比值
	不感兴趣量	用户对短视频点击"不感兴趣"按钮的次数
	不感兴趣率	短视频不感兴趣量与播放量的比值
	平均浏览数	被浏览的平均图片数
	手动滑图数占比	用户手动滑动图片数量与图片滑动总数量之间的比值
	展开率	被展开的图文详情页次数与作品被观看总次数的比值
	展开完读率	完成阅读图文详情页的次数与阅读图文详情页总次数的比值
	平均浏览时长	浏览图文详情页的平均时长

四、短视频运营数据分析维度

创作者可以从以下两个维度进行数据分析。

1. 同一账号下的短视频分析

同一账号下的短视频分析，是指创作者对相同账号下的短视频进行分析，包括单视频分析、横向对比分析和纵向对比分析3种方式。

（1）单视频分析。

单视频分析是指创作者对自己短视频账号中的某条短视频的数据进行分析，通过分析相关数据发现其中的问题，并寻找相关原因。

（2）横向对比分析。

很多创作者为了提高粉丝量会选择在多个平台上运营短视频账号，而横向对比分析针对的就是这种情况。横向对比分析是指创作者将自己发布在不同平台上的短视频的数据进行整合、统计，分析这些短视频在不同平台上的运营情况。相同的短视频在哪个平台上的数据表现较好，说明其比较符合该平台的用户需求，这样创作者就可以确定最适合自己的平台，将该平台作为自己的运营重心。

（3）纵向对比分析。

纵向对比分析是指创作者将自己账号中的短视频按照选题或拍摄风格的不同划分为不同的类型，然后分析各种选题、各种拍摄风格的短视频数据，根据数据分析结果优化短视频的选题、拍摄方法等。

2. 竞品分析

竞品分析是指创作者对竞争对手的短视频进行分析，了解竞争对手的短视频在哪些方面具有优势，自己的短视频存在哪些不足，从而不断优化自己的短视频内容。创作者可以按照以下3个步骤进行竞品分析。

（1）确定竞品。

对创作者来说，与自己短视频的类型相同或相似的短视频及其账号，都可以称为竞品。

一般来说，竞品分为核心竞品、重要竞品和一般竞品3类。以创作者自己的账号及短视频的水平为基准点，高于自己账号及短视频水平且非常有竞争力的竞品为核心竞品；高于自己账号及短视频水平但竞争力一般的竞品为重要竞品；在自己账号及短视频水平之下，或者竞争力不如自己的竞品为一般竞品。

（2）收集竞品资料。

创作者在收集竞品资料时，要秉持客观、准确的原则。创作者可以借助第三方数据分析工具来收集竞品资料。

（3）分析竞品。

创作者在分析竞品时，需要重点关注竞品的账号定位、目标用户群体特征、短视频内容定位、短视频数据表现、账号盈利模式等信息。

创作者可以选择不同类别的竞品，并对其进行长期跟踪和分析，以此来研究竞品的发展动向和自身潜在的危机，不断提高自己账号及短视频水平。

面对不同的竞品，创作者可以采用不同的运营策略，对于核心竞品，如果很难与之竞争，就学习其长处来优化自己账号的内容，实施避强策略；对于重要竞品，要分析它们的优势，找到超越它们的突破口；而对于一般竞品，则不需要花费太多的时间，主要研究其短板，避免自己出现同样的问题。

五、常用的短视频运营数据分析方法

单独的数据通常并不能说明某个问题，创作者需要运用科学的方法对数据进行分析，从数据中提取有价值的信息，并用于指导账号运营。

1. 直接评判法

直接评判法是指创作者根据自身经验通过观察数据直接做出判断。例如，创作者通过观察短视频的分享量直接判断短视频的传播效果，通过观察短视频的收藏量直接判断用户对短视频的喜爱程度等。使用直接评判法开展数据分析需要满足两个条件：一是创作者要具备足够的短视频运营经验，了解各种数据所反映的问题；二是处理后的数据非常直观，能够直接反映某项数据的优劣。

2. 对比分析法

对比分析法是指将两个或两个以上的数据进行对比，分析这些数据之间的差异，并揭示这些数据隐含的规律的分析方法。

同比和环比是对比分析法中最常用的两种方法。

同比是指今年第*N*月与去年第*N*月相比较。同比有利于消除季节变化所产生的影响，用于说明本期发展水平与去年同期发展水平的对比情况，从而得到相对发展速度。同比增长率的计算公式如下。

同比增长率=（本期数据-上期同期数据）/上期同期数据×100%

环比是指报告期水平与其前一期水平做对比，能够表明事物逐期的发展速度。环比增长率的计算公式如下。

环比增长率=（本期数据-上期数据）/上期数据×100%

在运用对比分析法时，可以采用以下方法。

（1）将完成值与预设目标做对比。

将完成值与预设目标做对比就是将账号运营中某项工作的完成情况与预先设定的目标做对比。例如，将账号本月实际粉丝增长数量与本月预设粉丝增长数量做对比，以了解预设的粉丝增长数量目标是否合理，是否需要调整。

（2）在行业内做对比。

在行业内做对比就是将自身发展水平与行业内竞争对手或行业平均水平做对比，以了解自身发展水平在行业中所处的位置，自身在行业中的竞争力等。

（3）将各条短视频做对比。

创作者可以将账号中在某个方面存在相似性但在其他方面不相似的短视频做对比。例如，将选题相似但叙事方式不同的短视频做对比，或者将叙事方式相似但选题不同的短视频做对比，从而发现哪种类型的短视频更受用户喜欢，为优化短视频提供参考。

3. 七问分析法

七问分析法就是运用何事（What）、何因（Why）、何人（Who）、何时（When）、何地（Where）、如何做（How）、何价（How much）七个带有疑问性质的词语构建分析思路的分析方法，如表8-2所示。

表8-2　七问分析法的内容

七问	说明
何事（What）	分析对象是什么，实施分析的目的是什么等
何因（Why）	导致出现这种情况的原因是什么，这么做的原因是什么等
何人（Who）	谁来完成，谁来负责，客户是谁等
何时（When）	什么时机，什么时间等
何地（Where）	什么地方，从哪里入手等
如何做（How）	如何实施，采用何种方法等
何价（How much）	数量是多少，费用是多少等

例如，采用七问分析法分析账号中添加商品链接的短视频的变现情况，其分析思路如表8-3所示。

表8-3　采用七问分析法分析添加商品链接的短视频变现情况的思路

七问	说明
何事（What）	带货销售额最高的短视频是什么类型，例如，是剧情式的带货短视频，还是纯广告式的带货短视频等
何因（Why）	该短视频带货销售额最高的原因是什么，例如，商品选得好，短视频的内容设计好，为短视频投放了付费推广且投放效果好等
何人（Who）	在观看该短视频时购买商品的是哪些人，例如，是新关注短视频账号的用户，还是回访账号的用户
何时（When）	用户大多在什么时间段观看短视频并购买商品，用户隔多长时间会再次浏览短视频或购买商品等
何地（Where）	浏览该带货短视频的用户来自哪里，例如，用户是从视频详情页而来，还是从直播间而来，还是从视频推荐而来等
如何做（How）	用户购买商品的方式是怎样的，例如，用户是静默下单，还是咨询客服后下单等
何价（How much）	短视频中商品的价格是多少，例如，商品的单价是多少，商品的成交总额是多少等

4. 问题树分析法

问题树分析法就是将影响某个问题形成的所有因素分层罗列出来，将影响该问题的所有因素进行细化，尽可能多地找出影响该问题的因素的分析方法。

具体来说，问题树分析法就是数据分析人员将要研究的问题作为"树干"，然后分析可能会影响这个问题形成的因素，每想到一个因素就将其作为一个"树枝"添加在"树干"上，并表明该"树枝"代表的含义。"树枝"上还可以再分化小的"树枝"。以此类推，逐步将可能会对该问题产生影响的因素细化到最小的地步，形成一棵"树"，最终找到尽可能多地与要研究的问题相关的因素。问题树分析法的基本结构如图8-1所示。

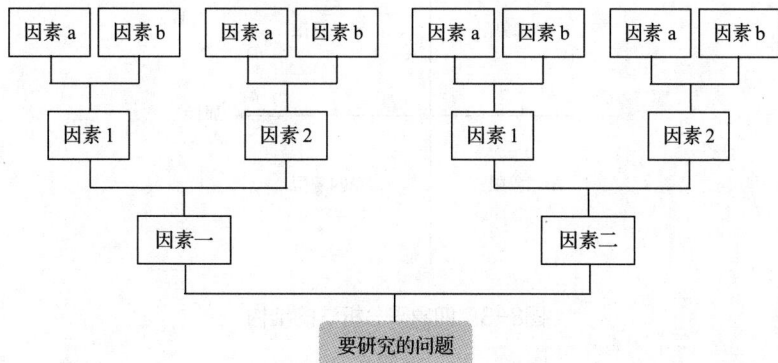

图8-1　问题树分析法的基本结构

例如，采用问题树分析法分析短视频账号完播率低的问题，其分析框架如图8-2所示。

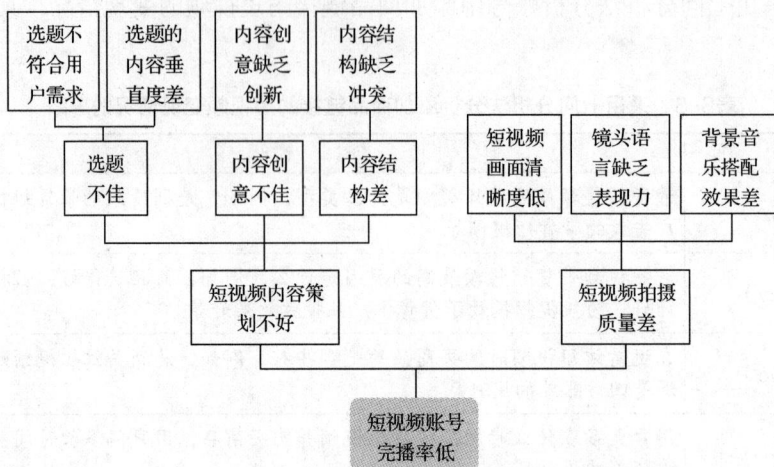

图8-2　基于问题树分析法分析短视频账号完播率低的分析框架

经验之谈

在运用问题树分析法进行数据分析时，需要注意3点：第一，在细分相关因素时，划分每一层级因素的标准要保持一致；第二，每一层级的因素要与上一层级的因素保持较高的相关性；第三，遵循"不重不漏"的原则，将涉及的因素考虑全面。

5. 四象限分析法

四象限分析法也称矩阵分析法，指将分析对象的两个重要属性作为横轴和纵轴，组成一个坐标系，然后在坐标轴上分别按某一标准做好高与低或好与坏的划分，形成从两个属性反映分析对象表现情况的四个象限，如图8-3所示。之后，数据分析人员可以将分析对象按照其在这两个属性上的表现投射到四个象限中，然后分析不同象限中分析对象所呈现出的特点。

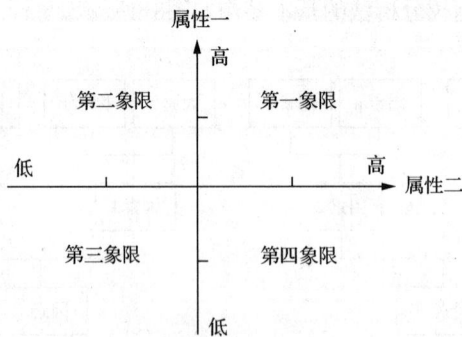

图8-3　四象限分析法的结构

例如，创作者可以运用四象限分析法分析关键词的竞争度，以确定自己是否要将某个关键词用于内容创作。创作者可以将关键词的热度和关联视频数作为横坐标轴和纵坐标轴的属性，构成四个象限，然后分别按照一定的标准将热度和关联视频数做出高低、多少之分，如图8-4

所示。创作者可以根据各个关键词的热度和关联视频数将其投射到相应的象限中，根据各个象限所表现的特点分析各个关键词的表现，并确定是否要将该关键词收入选题库用于短视频创作。

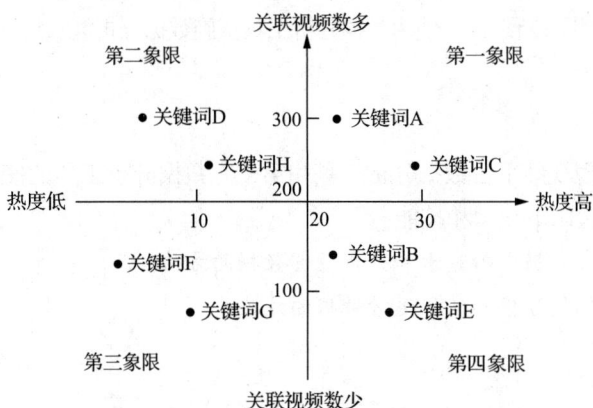

图8-4　运用四象限分析法分析关键词的竞争度

根据横坐标轴和纵坐标轴的数据总结各个象限的特征，如表8-4所示。由表8-4可知，创作者进行创作时的最佳选择是第四象限的关键词B、E，也可以将第三象限的关键词F、G作为备选。如果创作者选择使用第一象限的关键词A、C和第二象限的关键词D、H，要想自己的短视频更出彩，需要找到独特的切入角度，为短视频融入更多创意，以增强短视频内容的竞争力。

表8-4　关键词特点分析

象限	象限特征分析	关键词
第一象限	热门题材，关键词的热度高、关联的视频数多，机会多，但竞争也较激烈	关键词A、关键词C
第二象限	成熟题材，关键词的热度低，关联的视频数多，内容创作趋于饱和，创作空间有限	关键词D、关键词H
第三象限	小众题材，关键词的热度低，关联的视频数少	关键词F、关键词G
第四象限	潜力题材，关键词的热度高，但关联的视频数较少，有较大的创作空间	关键词B、关键词E

任务实施

在网络上收集一些短视频领域的数据分析报告，认真阅读数据分析报告，讨论报告中使用的数据可以通过何种渠道获得，报告中使用了哪些数据分析方法，如何展现数据分析结果，报告中的数据分析对短视频账号运营有什么作用，等等。

任务思考

通过本任务的学习，思考并回答以下问题。

1. 为了确保数据的可用性和科学性，在收集数据时需要注意什么？

2. 短视频数据分析指标有很多种，分析短视频运营数据时，如何选择数据分析指标？

任务二　使用短视频运营数据分析工具

数据分析工具通常具有强大的数据收集和分析能力，不仅能为数据分析提供足够的数据支持，还能提供详细的数据分析诊断建议。使用数据分析工具实施数据分析能够达到事半功倍的效果。

▌任务目标

本任务主要介绍短视频平台数据分析工具和第三方数据分析工具的使用方法，希望读者通过本任务的学习，掌握以下知识和技能。

（1）掌握使用抖音数据中心查看和分析运营数据的方法。

（2）掌握使用蝉妈妈分析和使用运营数据的方法。

▌知识储备

数据分析工具是开展数据分析的有效帮手，要想充分发挥数据分析工具的作用，需要掌握一定的技巧。下面分别介绍使用短视频平台提供的数据分析工具和第三方数据分析工具进行数据分析的方法。

一、短视频平台数据分析工具的使用

一般情况下短视频平台会提供数据分析工具，帮助创作者记录并分析账号运营数据，指导创作者更好地进行内容创作。例如，在抖音数据中心可以查看和分析账号多方位数据，并查看诊断建议，助力账号运营，操作方法如下。

短视频平台数据分析工具的使用

步骤 **01** 进入抖音，点击"我"，如图8-5所示。

步骤 **02** 进入账号主页，点击"更多"按钮，在弹出的列表中点击"抖音创作者中心"，如图8-6所示。

步骤 **03** 进入抖音创作者中心首页，在账号名称下方为账号7日数据概览，如图8-7所示。点击"详情"，即可进入数据中心。

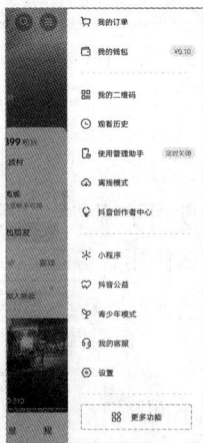

图8-5　点击"我"　　图8-6　点击"抖音创作者中心"　图8-7　抖音创作者中心首页

数据中心包括总览、数据全景、作品数据、粉丝数据4个部分，每个部分都能为创作者提供多种数据。

1. 总览

总览能为创作者提供与同类内容账号相比的数据诊断，并有针对性地提出相关建议。进入数据中心，点击"总览"选项卡，即可查看总览数据，如图8-8所示。

在总览数据中，账号诊断板块展现了创作者账号与同类内容账号的运营数据对比。通过这些数据，创作者可以了解自己账号与同类内容账号之间的差距。在诊断建议板块，系统根据账号诊断的结果，针对播放量、互动指数、投稿数、粉丝净增、完播率分别给出诊断建议，创作者可以参考诊断建议来优化内容创作。

在图8-8中，数据中心针对该账号播放量提出诊断建议，根据诊断建议，创作者可以从同类内容账号的内容创作中学习经验，用于指导自己的内容创作。此外，创作者可以将热门话题、热门音乐和道具用于自己的短视频创作，以提高短视频的播放量。

在核心数据概览板块，为创作者展示了流量、互动、收入、粉丝4个方面的分析数据，创作者可以设置时间范围和数据类型进行查看。图8-9所示为账号作品近7日流量分析。

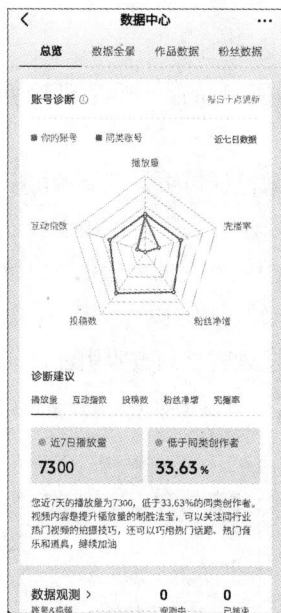

图8-8 总览数据-账号诊断与诊断建议

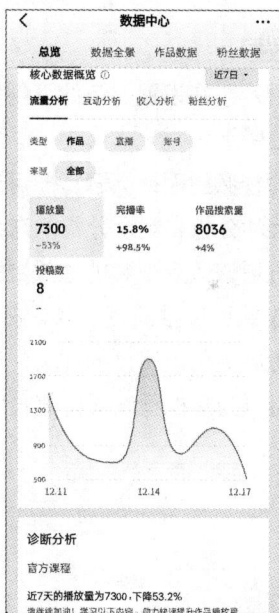

图8-9 账号作品近7日流量分析

在诊断分析板块，系统根据分析结果为创作者提供了优化运营的官方课程，创作者可以通过学习课程提高运营能力。

2. 数据全景

数据全景展示了统计时间内账号的作品、直播、收入、电商、星图5个方面的数据。图8-10所示为账号的作品、直播、收入、电商近7日的数据概览。

点击"作品""直播""电商""星图"选项卡，创作者可以查看相应项目的详细数据，图8-11所示为作品的详情数据。

点击"自定义"选项卡，创作者可以根据需要自定义要展示的指标，如图8-12所示。

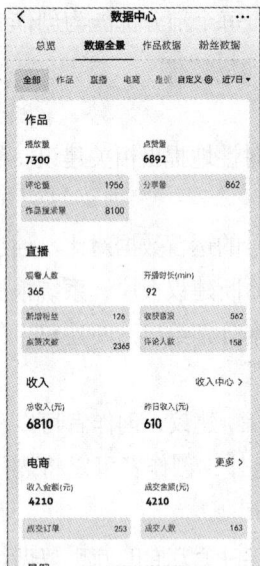

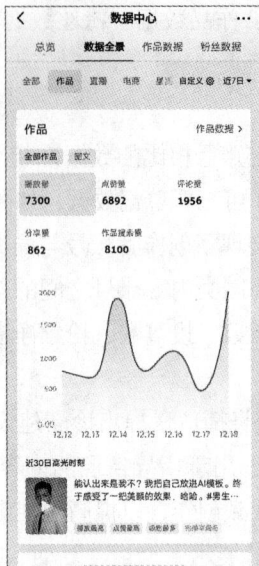

图8-10　数据全景　　　　图8-11　数据全景-作品数据　　　　图8-12　自定义展示指标

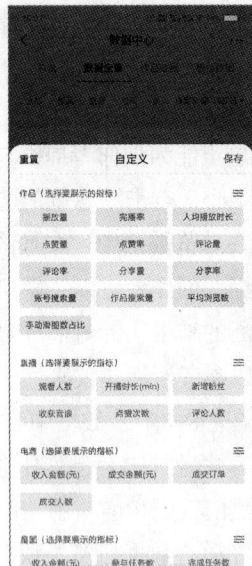

3．作品数据

作品数据展示了在设置的条件下创作者发布的各条短视频的点赞量、评论量、分享量和播放量，如图8-13所示。

点击某条短视频封面或标题，即可进入该条短视频数据详情页，创作者可以查看该条短视频播放分析、互动分析和观众分析的详细数据。图8-14所示为某条短视频播放分析中的播放数据分析详情。查看该条短视频的播放数据，发现该条短视频的完播率较低、2s跳出率偏高、5s完播率偏低，由此可以推断，该条短视频的开头对观众缺乏吸引力，导致观众一看开头就跳出，所以创作者应优化短视频的开头，让观众一打开短视频就立刻被吸引住，产生往下看的欲望。此外，还可以为短视频设置价值吸引、转折或高潮，以提高短视频的完播率。

图8-13　作品数据首页　　　　　图8-14　作品数据详情-播放分析1

在播放分析页面下方，可以查看图文跳出分析、播放来源和关联搜索词，如图8-15所示。其中，图文跳出分析展现了短视频每个时间点跳出的用户占比，反映了本条短视频跳出的具体时间范围。从图8-15中可以看出，本条短视频00:01跳出率最高，说明本条短视频的开头对观众缺乏吸引力。点击"时长分布"按钮可以查看短视频跳出时长分布，如图8-16所示。从图8-16中可以看出，本条短视频开头的用户跳出率最高，同时系统给出数据解读，建议创作者优化作品第2张前的内容。

综合图8-14、图8-15、图8-16的分析结果，针对此条短视频，创作者应优化短视频的开头，提升开头对观众的吸引力。

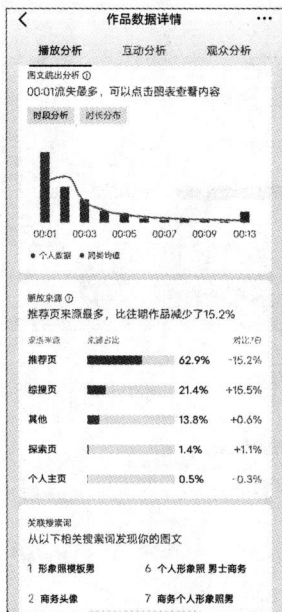

图8-15 作品数据详情-播放分析2　　　图8-16 作品数据详情-播放分析3

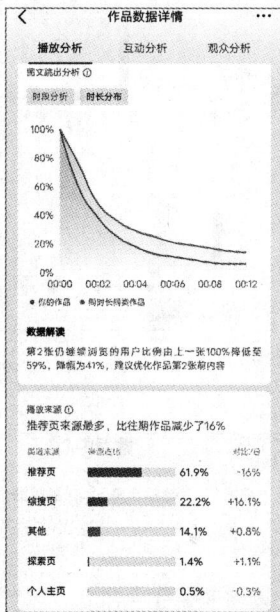

播放来源板块展现了短视频的播放渠道来源。从图8-16中可以看出，推荐页在所有播放来源中占比最高，说明多数用户是在系统推荐下发现此条短视频的。对创作者来说，做好短视频的内容设计，提升短视频的拍摄质量，有助于短视频获得系统推荐，让短视频获得更多流量。

关联搜索词板块展现了与短视频内容相关的关键词，用户搜索这些关键词就可能搜索到此条短视频。在优化短视频时，创作者可以在短视频的标题、作品简介中加入这些关键词，这样有利于提高短视频被用户搜索到的概率。

4. 粉丝数据

粉丝数据包括粉丝分析、粉丝画像和粉丝兴趣3部分：粉丝分析展现了账号粉丝数量变化、粉丝关注来源等数据；粉丝画像包括账号全部粉丝画像、新增粉丝画像、流失粉丝画像，图8-17所示为账号全部粉丝画像分析；粉丝兴趣包括全部粉丝兴趣分析、新增粉丝兴趣分析和流失粉丝兴趣分析，图8-18所示为账号全部粉丝兴趣分析。通过分析粉丝画像，创作者可以了解自己账号粉丝的特点。通过分析粉丝兴趣，创作者可以更好地了解粉丝对哪些内容感兴趣，从而更好地挖掘粉丝需求，优化短视频创作。

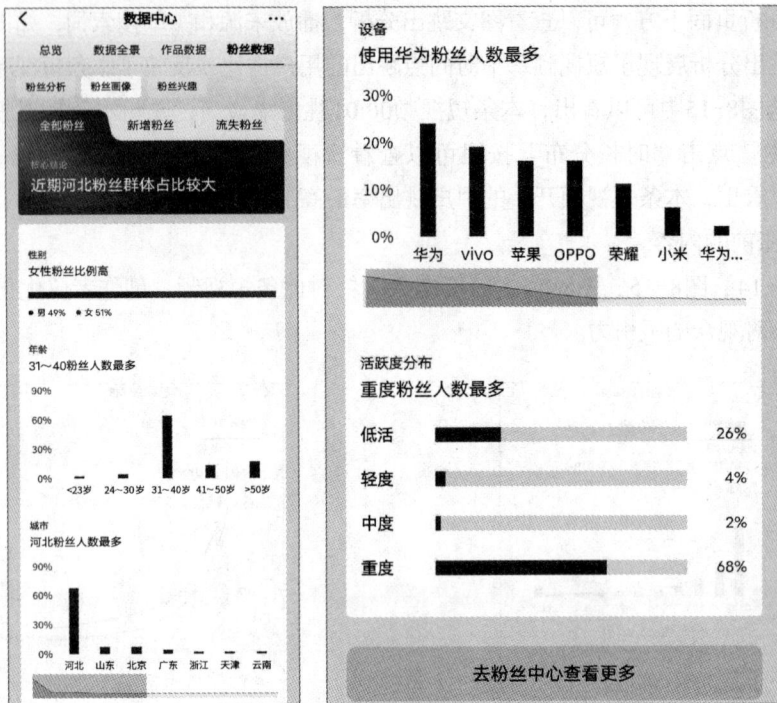

图8-17 粉丝画像分析

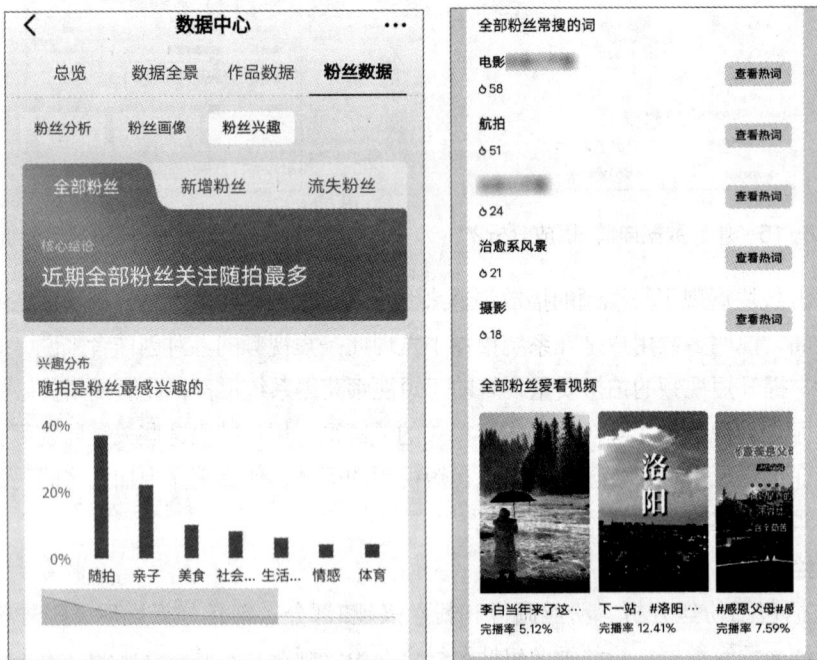

图8-18 粉丝兴趣分析

从图8-18中可以看出，该账号粉丝对随拍类内容更感兴趣，粉丝常搜的关键词有"航拍""治愈系风景""摄影"等，创作者可以多创作随拍类短视频，并在短视频的标题、作品简介中添加"航拍""治愈系风景""摄影"等关键词，以提高短视频被搜索到的概率。

二、第三方数据分析工具的使用

随着数据分析理论在实践应用层面的逐渐成熟，很多具备数据分析能力的公司推出了实用性很强的数据分析工具，创作者可以使用这些工具更便捷地开展数据分析工作。下面以蝉妈妈为例，介绍第三方数据分析工具的使用技巧。

蝉妈妈是一个内容营销与电商增长一站式服务平台，能为电商从业主体，如品牌方、商家、达人等提供内容营销全链路的数据查询、分析、决策等工具和解决方案。蝉妈妈为用户提供了PC端和移动端两个版本，下面以PC端版本为例进行介绍。

1. 分析抖音号运营数据

创作者可以通过蝉妈妈了解自己的抖音号和其他创作者的抖音号相关运营数据，操作方法如下。

步骤01 登录蝉妈妈官方网站，注册并登录账号，进入账号首页，单击账号头像，在列表中单击"我的抖音号"超链接，如图8-19所示。

图8-19 单击"我的抖音号"超链接

步骤02 进入运营工具页面，创作者可以添加自己的抖音号，查看自己抖音号的相关数据。选择"抖音号分析"—"我的抖音号"命令，在右侧单击"添加抖音号"按钮，如图8-20所示。打开抖音并登录自己的账号，扫描对话框中的二维码，即可将自己的抖音号添加到蝉妈妈账号中。

图8-20 添加抖音号

步骤 03 创作者还可以添加其他创作者的抖音号，了解其账号运营数据，发现自身与对方的差距。返回运营工具页面，选择"抖音号分析"—"抖音号对比"命令，在右侧单击"添加对比"按钮，如图8-21所示。

图8-21 添加对比抖音号

步骤 04 在弹出的对话框的搜索框中输入想要对比的抖音号或达人名称，单击"搜索"按钮，在搜索结果中选中目标抖音号或达人名称后面的复选框，将其添加至对比栏，如图8-22所示。

图8-22 选择并添加目标抖音号或达人名称

步骤 05 添加完想要对比的抖音号或达人名称后，单击对比栏中的"开始对比"按钮，如图8-23所示。

步骤 06 在弹出的对话框中查看对比结果，如图8-24所示。

图8-23　单击"开始对比"按钮

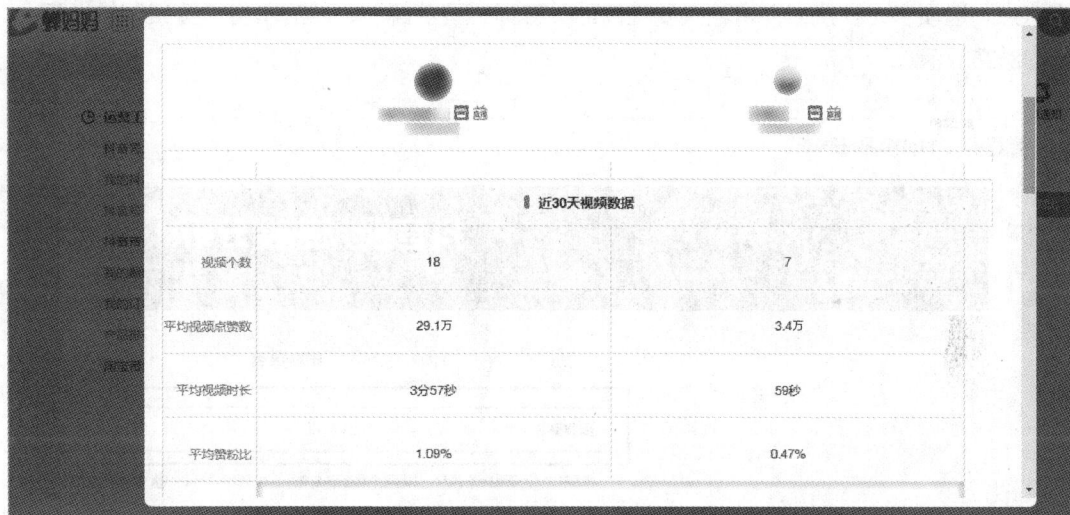

图8-24　查看对比结果

动手做

　　选择一款第三方数据分析工具，如蝉妈妈、飞瓜数据、达多多等，登录官方网站了解其功能，初步了解其使用方法。

2. 寻找短视频创意灵感

　　创作者可以运用蝉妈妈提供的相关工具如"抖音视频热搜分析"来寻找创作短视频的创意灵感，提高创作短视频的效率。

　　创作者可以使用"抖音视频热搜分析"寻找热点关键词，并将其作为选题参考，操作方法如下。

寻找短视频创意灵感

步骤① 进入蝉妈妈首页，选择"热门工具"—"抖音视频热搜分析"命令，如图8-25所示。

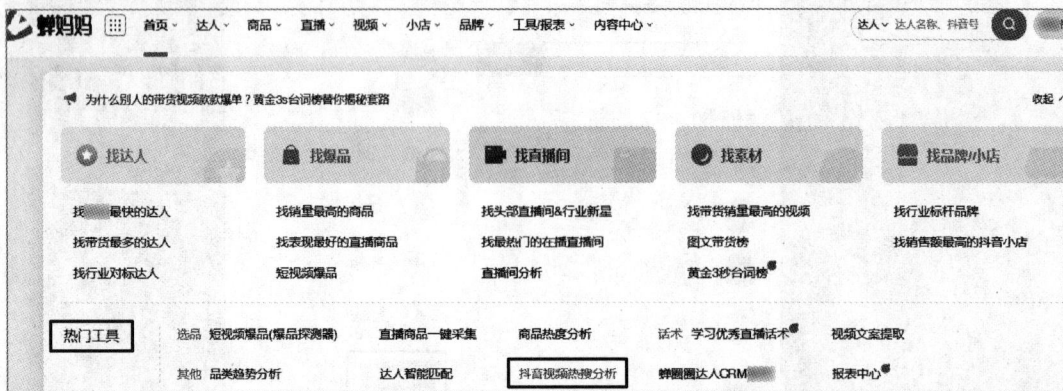

图8-25 选择"热门工具"—"抖音视频热搜分析"命令

步骤② 进入"抖音视频热搜分析"首页，可以按内容热点、电商热点查询热搜词。单击"内容热点"选项卡，在搜索框内输入要查询的关键词"蛋黄酥"，然后单击"搜索"按钮 🔍，如图8-26所示。

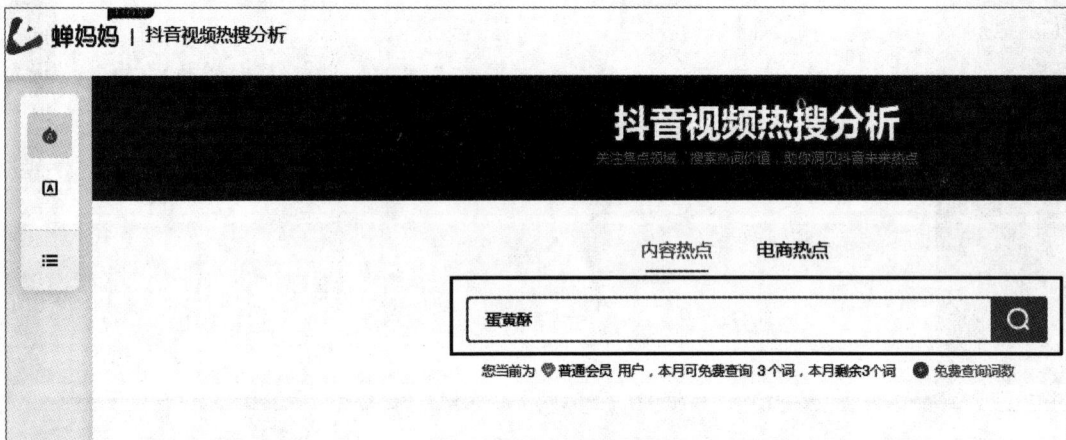

图8-26 输入关键词

步骤③ 进入搜索结果页面，可以概览关键词的热度情况，如图8-27所示。

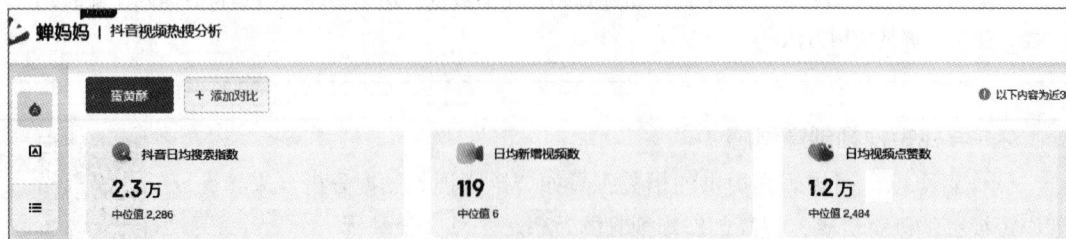

图8-27 关键词热度概览

步骤 04 在页面下方，可以查看该关键词近30天的抖音搜索指数曲线，了解该关键词在抖音的搜索变化趋势，如图8-28所示。

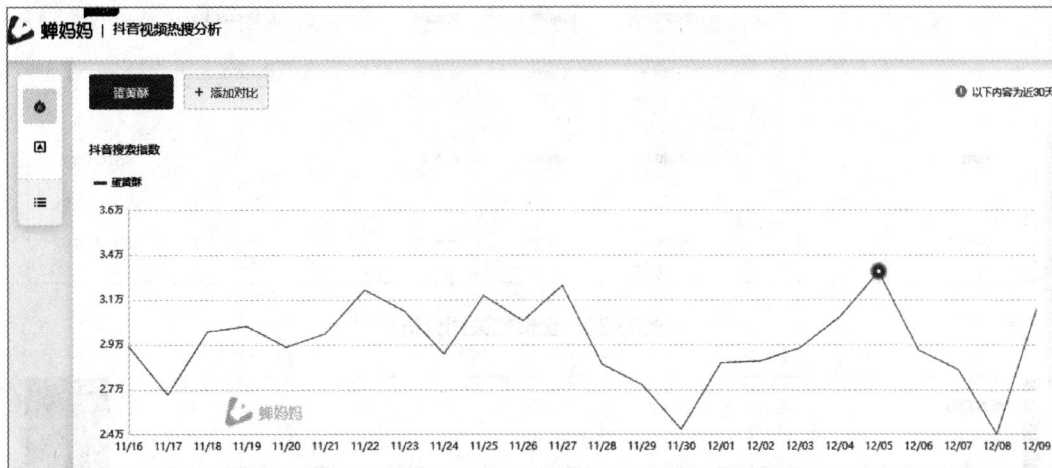

图8-28 关键词"蛋黄酥"的抖音搜索指数

步骤 05 在相关词竞争分析板块，创作者可以了解与该关键词相关的其他词的分布情况，找到优质相关词，让自己有更多的选题角度进行内容创作，如图8-29所示。建议选择热度高、关联视频数少的潜力热词进行创作。

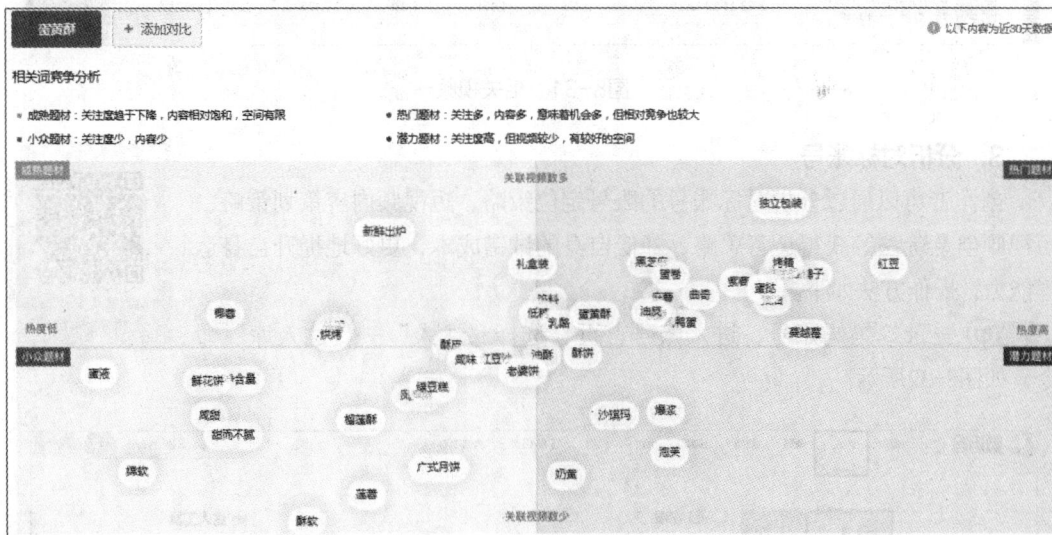

图8-29 相关词竞争分析

步骤 06 在全部相关词板块，可以查看相关词的关联视频数、搜索指数、潜力指数、近7天搜索指数趋势，并查看相关视频，如图8-30所示。

步骤 07 单击想要查看的相关词后面的"查看相关视频"超链接，即可查看与该相关词相关的视频，如图8-31所示。发现优质视频后，创作者可以从中挖掘创意素材，用于指导自己进行脚本创作。

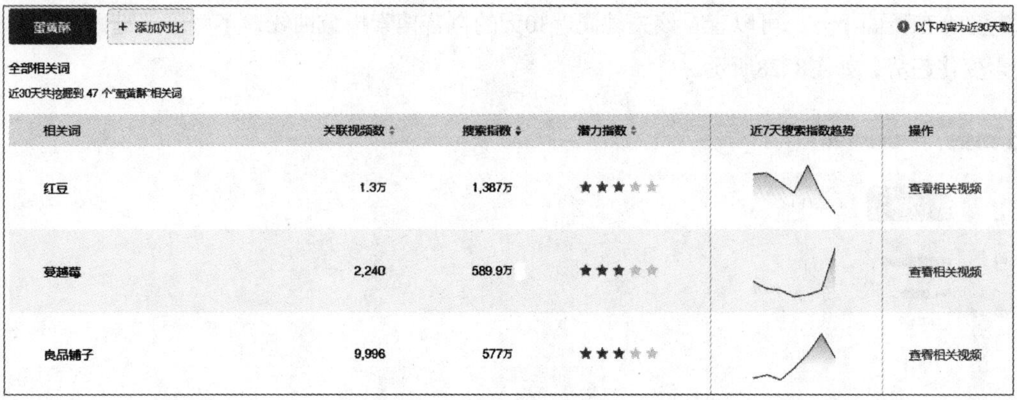

图8-30　全部相关词分析

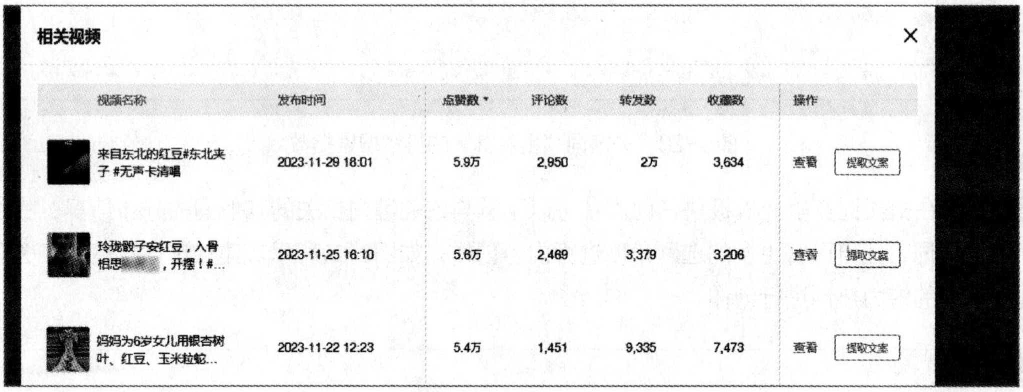

图8-31　相关视频

3. 分析对标账号

创作者可以通过分析对标账号的账号定位策略、短视频内容策划策略、短视频创意玩法等获得运营思路，降低自身的试错成本，更好地提升自身运营能力，操作方法如下。

步骤01 登录蝉妈妈账号，进入账号首页，选择"达人"—"达人库"命令，如图8-32所示。

分析对标账号

图8-32　选择"达人"—"达人库"命令

步 骤 02 进入"达人库"页面，在搜索框内输入达人名称、达人主页链接或抖音号，然后单击"搜索"按钮 🔍，如图8-33所示。

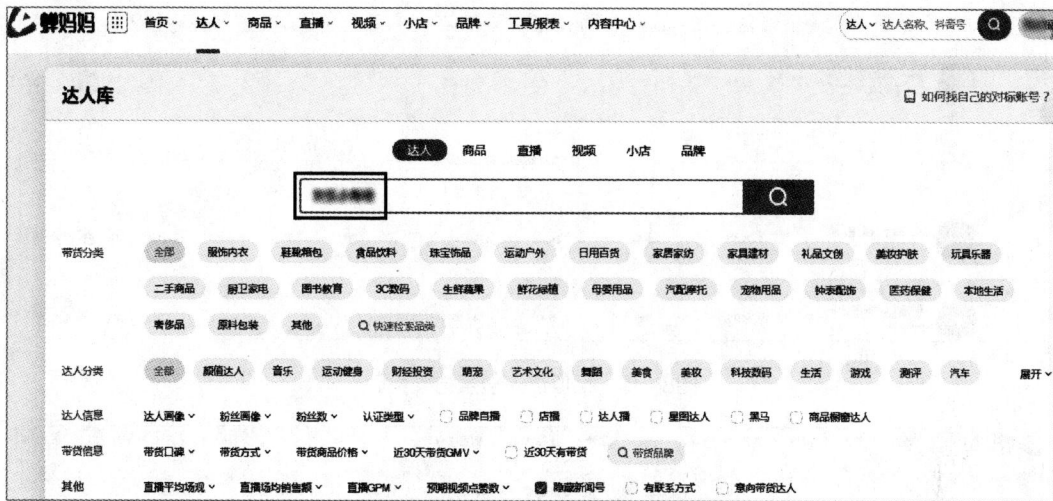

图8-33 输入达人名称、达人主页链接或抖音号

步 骤 03 进入达人详情分析页面，单击页面右上角的"相似达人"按钮，如图8-34所示。

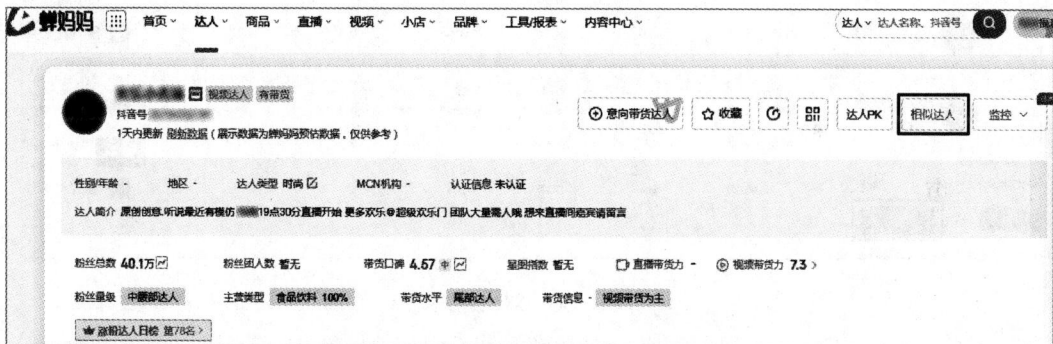

图8-34 单击"相似达人"按钮

步 骤 04 进入相似达人搜索结果页面，如图8-35所示。搜索结果页面最多可以展示50个相似达人账号，创作者可以按照粉丝总量、粉丝增量、平均点赞数、平均赞粉比等维度来查看相似达人的数据。

步 骤 05 如果想进一步缩小相似达人的范围，可以使用达人对比功能。单击"操作"板块中的"PK"按钮，将相关达人添加至"PK"面板，然后单击"对比"按钮，如图8-36所示。

步 骤 06 进入"PK"页面，查看对比数据，如图8-37所示。创作者可以选择相关数据更接近自己账号数据的达人，并将其作为对标账号。

步 骤 07 确定对标账号后，可以单击该账号名称，进入账号详情页（见图8-38），查看该账号的关键信息，了解该账号的运营情况，并有针对性地分析该账号的运营策略，从中学习运营经验。

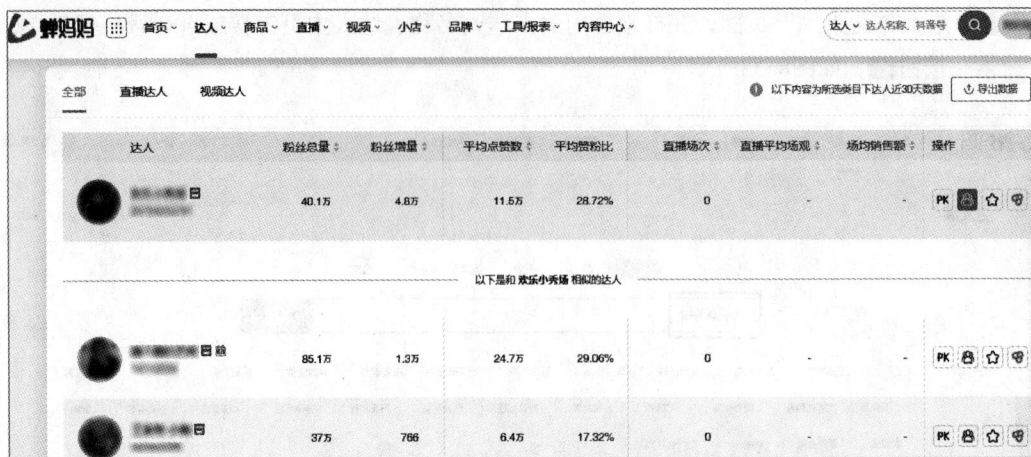

图8-35　相似达人搜索结果页面

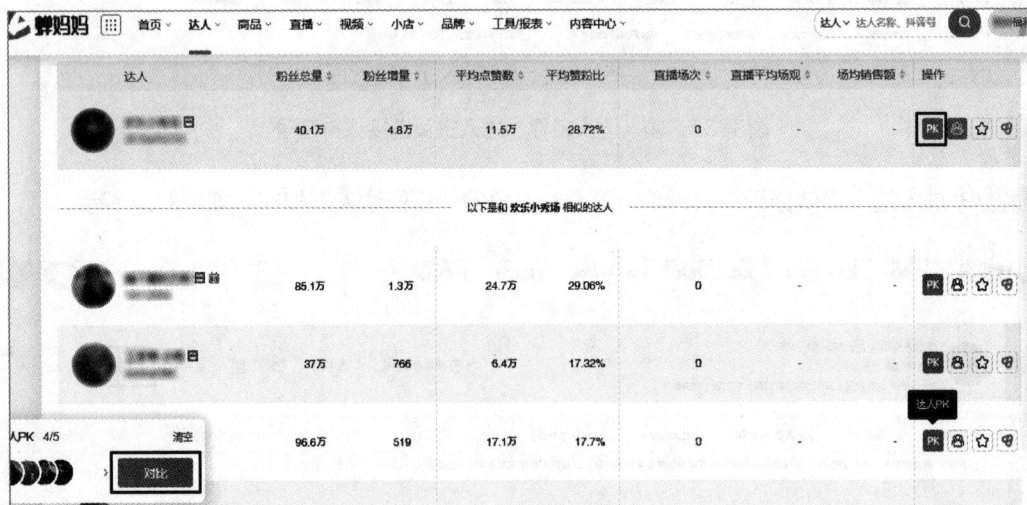

图8-36　对比达人

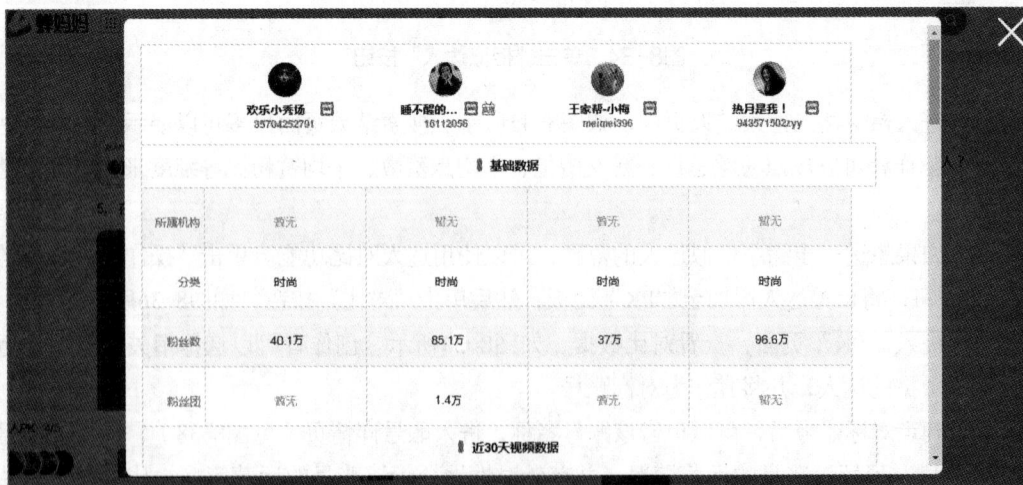

图8-37　查看对标账号数据

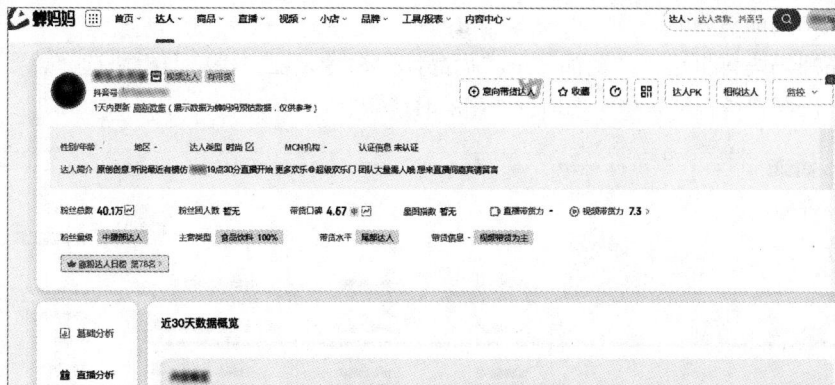

图8-38 账号详情页

4. 带货选品

下面介绍几种使用蝉妈妈相关功能进行短视频带货选品的方法。

（1）使用商品库选品。

步骤 01 在蝉妈妈首页选择"商品"—"商品库"命令，如图8-39所示。

带货选品

图8-39 选择"商品"—"商品库"命令

步骤 02 进入商品库（见图8-40），可以设置不同的条件进行选品。在"商品信息"板块选中"引流商品"复选框，可以快速筛选并查看平台低价福利爆款商品，这种商品适合作为直播间的引流商品；在"带货方式"板块选中"直播带货为主"或"视频带货为主"复选框，可以查看有直播带货的商品或视频带货的商品。

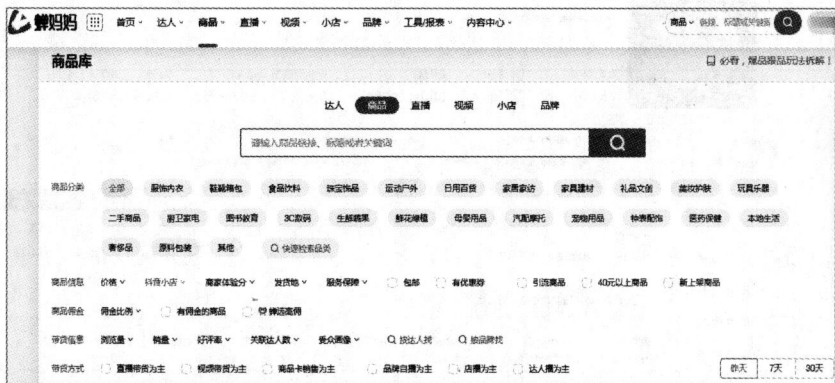

图8-40 商品库

（2）使用商品榜选品。

步骤 01 在蝉妈妈首页选择"商品"—"商品库"命令，在"榜单"板块选择想要查看的榜单。例如，选择"抖音销量榜"选项，如图8-41所示。

图8-41 选择"抖音销量榜"选项

步骤 02 进入抖音销量榜榜单，设置筛选条件，快速定位爆款商品，如图8-42所示。

图8-42 设置商品筛选条件

步骤 03 单击商品图片或标题，进入商品详情页，查看此款商品的详细信息，如图8-43所示。

图8-43 商品详情页

（3）使用爆品视频探测器选品。

创作者可以使用爆品视频探测器设置不同的筛选条件，查看近期同行业创作者发布的带货商品销量较好的短视频，从中发现爆款商品，操作方法如下。

步骤01 在蝉妈妈首页选择"找爆品"—"短视频爆品"命令，如图8-44所示。

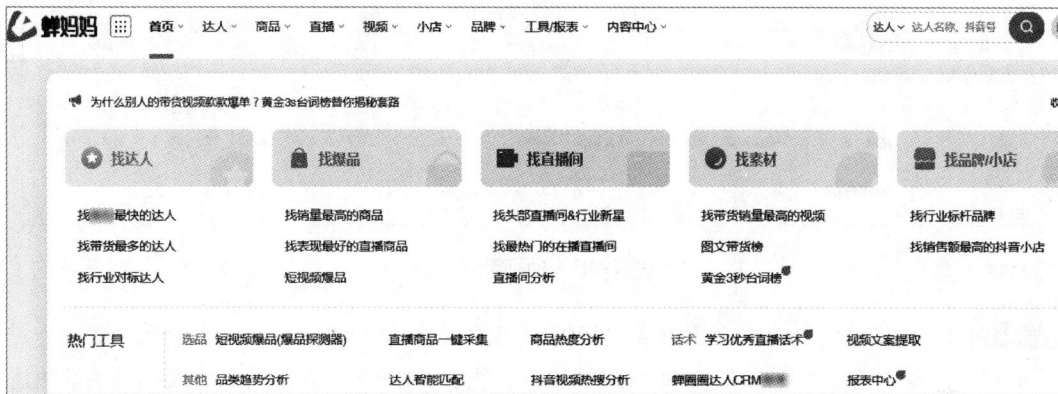

图8-44 选择"找爆品"—"短视频爆品"命令

步骤02 进入"爆品视频探测器"页面，选择查看每日探测榜、三日探测榜和七日探测榜，并设置商品分类。图8-45所示为每日探测榜榜单。

图8-45 每日探测榜榜单

步骤03 单击短视频封面或标题，进入详情页，查看短视频的内容、标题、评论等详情，如图8-46所示。创作者可以拆解此条带货短视频的创作逻辑，从中提炼短视频的带货创意，挖掘商品的营销卖点，用于指导自己的短视频创作。

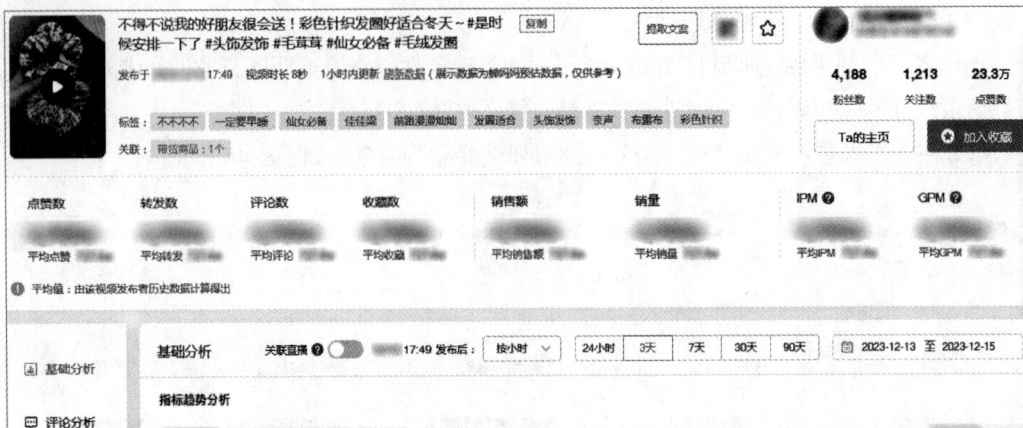

图8-46　短视频详情页

步骤 04 在爆款短视频搜索结果页面单击商品图片或商品标题，进入商品分析详情页（见图8-47），查看商品的分析详情，如商品的售价、佣金、转化率、好评率，以及商品关联的达人分析、直播分析、视频分析等，分析商品的市场潜力。

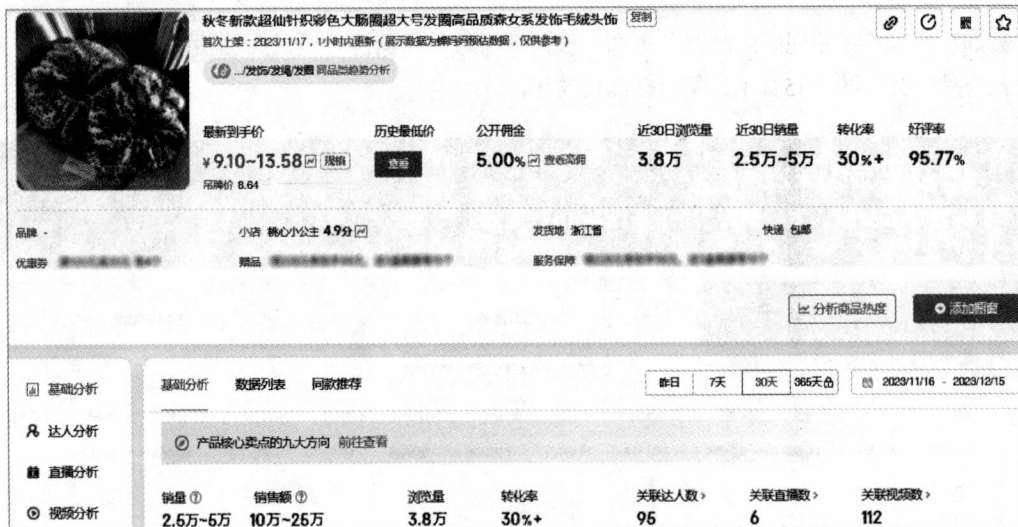

图8-47　商品分析详情页

此外，在商品分析详情页中还可以选择"基础分析"—"同款推荐"命令，查看同类商品，挖掘潜力爆品。

（4）通过对标账号选品。

创作者可以通过分析对标账号的带货偏好进行选品。在对标账号详情页中单击"带货分析"，进入带货分析页面，如图8-48所示。单击"直播场次最多"选项卡，查看在直播中出现次数最多的前5款商品，了解对标账号的带货偏好。在"直播场次最多"列表中选择一款商品，在右侧可以查看此款商品近30天的直播销量/销售额及其占比趋势，了解所选商品的销售走势，分析所选商品当前所处的生命阶段，进而决定是否将此款商品放入自己的选品库。

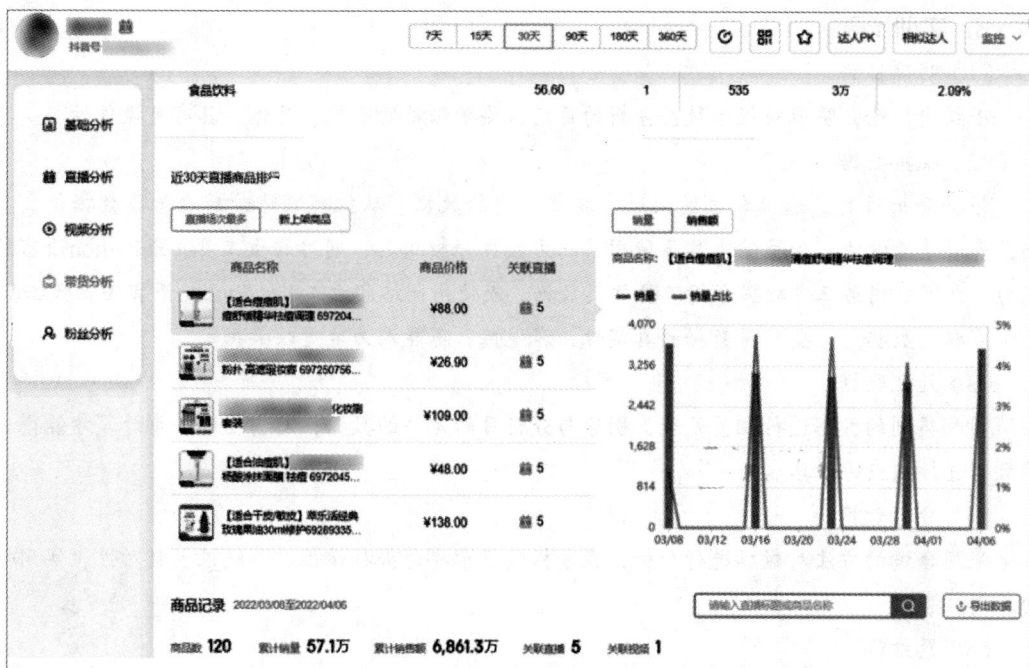

图8-48　对标账号带货分析

任务实施

　　了解所选短视频平台的数据分析工具，以及这些数据分析工具的各项功能。进入短视频账号后台，查看短视频运营数据，分析该账号的运营情况。

任务思考

　　通过本任务的学习，思考并回答以下问题。

　　1. 在分析对标账号的短视频内容时，应重点关注哪些指标？

　　2. 在实施带货选品分析时，应重点关注商品的哪些指标？

项目实训：分析短视频运营数据

1. 实训目标

　　掌握短视频运营数据分析的方法，会确定合适的数据分析目的，会根据数据分析目的收集数据、处理数据，并采用合适的方法对数据进行分析，会根据数据分析的结果总结短视频账号运营是否存在问题，并制订相应的优化策略。

2. 实训内容

　　以小组为单位，确定实施短视频运营数据分析的目的，并分析短视频的相关运营数据，了解短视频账号的运营情况。

3. 实训步骤

（1）明确目的

小组内讨论，明确短视频数据分析的目的，要确保目的明确、具体，具有可操作性。

（2）收集数据

根据分析目的，选择合适的渠道，收集需要的数据。从短视频账号后台收集数据是最直接、最简单的方法，如果学生具备使用第三方数据分析工具、网络爬虫工具，或Python语言的能力，也可采用第三方数据分析工具收集数据，或使用网络爬虫工具、Python语言爬取数据。

在收集数据时，要确保数据的真实性、客观性，不能人为地更改数据。

（3）处理数据

对收集到的数据进行相关处理，剔除与分析目的无关的数据，对需要进一步计算才能得出的数据进行相应的计算。

（4）分析数据

采用合适的方法对数据进行分析，在分析过程中要遵循科学性、系统性、针对性、实用性的原则。

（5）总结

根据数据分析的结果进行总结，指出短视频账号运营是否存在问题，若存在问题需指明存在哪些问题，针对这些问题后续应如何调整或优化运营策略等。

4. 实训总结

学生自我总结	
教师总结	